o feiticeiro da tribo

A farsa de Mario Vargas Llosa e do
neoliberalismo na América Latina

Atilio Borón

© Autonomia Literária, para a presente edição.

Conselho Editorial: Carlos Sávio Gomes Teixeira (UFF), Edemilson Paraná (UFC/UnB), Esther Dweck (UFRJ), Jean Tible (USP), Leda Paulani (USP), Luiz Gonzaga Belluzzo (Unicamp/Facamp), Michel Löwy (CNRS, França), Pedro Rossi (Unicamp), Victor Marques (UFABC).

Coordenação Editorial: Cauê Seignemartin Ameni, Hugo Albuquerque, Manuela Beloni

Tradução: Franco López

Revisão de texto: Tarcila Lucena e Mariana Serafini

Preparação final: Hugo Albuquerque

Projeto gráfico: Rodrigo Corrêa/@cismastudiocisma

Ilustração da capa: Sacerdote asteca realizando sacrifício, 1889 (gravura), American School

---

Dados Internacionais de Catalogação na Publicação (CIP)
(eDOC BRASIL, Belo Horizonte/MG)

Boron, Atílio.
B736f   O feiticeiro da tribo: A farsa de Mario Vargas Llosa e do neoliberalismo na América Latina / Atílio Boron; tradutor Franco López. – São Paulo, SP: Autonomia Literária, 2021.
14 x 21 cm

Título original: El hechicero de la tribu Vargas Llosa y el liberalismo en América Latina
ISBN 978-65-87233-45-1

1. Vargas Llosa, Mario, 1936- -- Crítica e interpretação. 2.Ciência política. 3. América Latina – Neoliberalismo. I. López, Franco. II.Título.

CDD 327.8

Elaborado por Maurício Amormino Júnior – CRB6/2422

Autonomia Literária
Rua Conselheiro Ramalho, 945,
CEP: 01325-001 – São Paulo – SP
autonomialiteraria.com.br

Prefácio à edição brasileira:
O liberalismo foi cumplice da escravidão
e dos regimes nazifascistas   **8**
por Jones Manoel

I. Introdução: por que Vargas Llosa?   **20**

II. Cuba, Thatcher, Reagan   **44**

III. Adam Smith, ou a falsidade de uma teoria   **62**

IV. José Ortega y Gasset:
filosofia amena sem imaginação   **84**

V. Friedrich von Hayek:
um fanático sem complexos   **104**

VI. Karl Popper ou o serralheiro frustrado   **126**

VII. Raymond Aron, o mundo sem
o Terceiro Mundo   **146**

VIII. Isaiah Berlin: verdades e morais opostas   **166**

IX. Jean-François Revel,
profeta das catástrofes   **184**

X. Liberalismo, "Liberismo" e Democracia:
análises de uma relação infeliz   **202**

Agradecimentos   **240**

A Fidel, pelos ensinamentos, por suas lutas, por sua fé
martiana na necessidade da batalha das ideias,
por seu internacionalismo e sua inquebrável resistência
ao imperialismo, por sua inabalável fé no futuro socialista da
humanidade, e porque há dois anos de sua partida física seu
legado político e intelectual vive no coração e nas mentes de
milhões de militantes que lutam por um mundo melhor e por
cumprir com seu mandato quando disse, em 1992:
"Salve-se a humanidade"

Prefácio à edição brasileira: O liberalismo foi cúmplice da escravidão e dos regimes nazifascistas

Por Jones Manoel[1]

[1] Jones Manoel é historiador, militante do PCB, youtuber e coorganizador dos livros "Revolução Africana" e "Raça, classe e revolução".

Enquanto escrevia as linhas deste prefácio, acompanhava ansioso o resultado da eleição presidencial peruana. Em um segundo turno acirradíssimo, o sindicalista, líder camponês e professor simpático ao marxismo Pedro Castillo disputava a presidência com Keiko Fujimori – filha e defensora do legado do ditador Alberto Fujimori.

Keiko, durante toda a campanha, defendeu o projeto político do seu pai. Um projeto autoritário, racista, violento, genocida e que se sustentou sob o liberalismo econômico. O antigo ditador do Peru foi responsável, dentre outras barbaridades, pela esterilização forçada de 350 mil mulheres e 25 mil homens camponeses e indígenas, prática prevista pelo Programa Nacional de Planejamento Familiar.

Frente a essa disputa, os liberais peruanos não tiveram dúvidas e embarcaram de armas e bagagem no projeto fujimorista. O renomado escritor e maior ícone vivo do liberalismo na América Latina, Mário Vargas Llosa, seguiu a tendência de seus pares e também declarou apoio a Keiko Fujimori. No momento em que terminei o texto que o leitor tem em mãos, o resultado eleitoral tinha sido uma vitória de Pedro Castillo com 50,12% dos votos válidos contra 49,87% de Keiko Fujimori. Keiko, seguindo o histórico da direita latino-americana, não aceitou o resultado das urnas e o Peru vive uma batalha para garantir a posse do líder sindicalista.

É surpreendente que um liberal de fama mundial como Vargas Llosa apoie um projeto político que até as pedras dos Andes sabem ser de um atroz autoritarismo racista? A resposta imediata é um gigantesco não. Nada é tão comum na história do liberalismo como a profissão de fé na democracia e na liberdade enquanto passeia de mãos dadas com figuras como Augusto Pinochet, Hadji Mohamed Suharto, Daniel François Malan, Ariel Sharon, Jorge Rafael Videla, Castelo Branco e tantos outros.[2]

A partir dessa contradição entre discurso e ação, podemos concluir que o liberalismo defende belos valores, mas tem dificuldades de realizá-los na prática? Essa seria a conclusão mais simplista e, infelizmente, a mais recorrente no debate brasileiro. Vamos reposicionar esse debate a partir de duas questões: uma mais teórica sobre a história do liberalismo e a relação entre teoria e prática no projeto liberal, e um debate sobre como setores da esquerda brasileira encaram o liberalismo.

No Brasil corre forte o mito de que o liberalismo nas nossas terras seria mais autoritário que na Europa e Estados Unidos, e que esse projeto político nunca se ambientou bem na nossa realidade já que, dentre outras coisas, os liberais aqui defendiam a escravidão e ditaduras. Esse tipo de compreensão pode, no máximo, acusar o liberalismo de cinismo e de não ser liberal de verdade, uma crítica impotente na forma e no conteúdo.

O projeto liberal nasce no período de acumulação primitiva de capital expressando os interesses orgânicos da burguesia em ascensão e refletindo as novas relações sociais em gestação (como aumento do comércio, mercantilização da economia, trabalho assalariado e relações contratuais), e se consolida como espírito do tempo no modo de produção capitalista. Uma definição do liberalismo, considerando sua longa duração histórica e diversidade de expressões nacionais, poderia resumi-lo como ideologia de um regime social centrado na propriedade privada dos meios de produção, apropriação privada da riqueza social produzida e uma estrutura jurídico-política que proteja e garanta os dois elementos citados.

Alguém pode afirmar que essa definição é "economicista" e redutora. Vejamos. John Locke, o chamado pai do liberalismo

---

[2] Conferir o livro *Balas de Washington: uma história da CIA, golpes e assassinatos* de Vijay Prashad (Expressão Popular, 2020).

político, não só defendeu filosoficamente a escravidão, como era acionista de uma empresa que traficava escravos. John Stuart Mill e Alexis de Tocqueville defenderam sem pudores o colonialismo europeu e seus massacres. A defesa universalista da vida, não era uma questão para os três.[3]

O Barão de Montesquieu não era contra a escravidão em si, mantendo apenas restrições à sua aplicação na Europa. Adam Smith, evocado até hoje pelos liberais como o teórico do mercado "autorregulado", também defendia o colonialismo europeu. Thomas Jefferson e os outros "pais fundadores" dos Estados Unidos defendiam a escravidão e não achavam que era uma contradição com seus princípios liberais o extermínio dos povos originários chamados de "peles vermelhas".[4]

Por falar nos Estados Unidos, foi indisfarçável a posição favorável dos ambientes liberais da Inglaterra, durante a Guerra Civil Americana, com o Sul escravista e não com a União – posição duramente criticada por Karl Marx. Ainda nos Estados Unidos, um dos mais famosos e prestigiados teóricos liberais do país, John C. Calhoun, era um ardoroso defensor da escravidão.

Nenhum desses teóricos citados defendia o sufrágio universal – o princípio de uma cabeça, um voto – e a maioria deles era contrário a variados princípios e instituições do que chamamos hoje de democracia política. Alguém poderia argumentar que todos esses nomes citados foram anteriores à nossa "época contemporânea" e vários aspectos foram revistos pela tradição liberal, numa espécie de "evolução". Tem sentido esse argumento? Vamos passear por nossa "época contemporânea".

---

[3] Para conferir esse debate no pensamento de Locke, Mill e Tocqueville: *Liberalismo. Entre a civilização e a barbárie* de Domenico Losurdo (Editora Anita Garibaldi, 2020).

[4] Para conferir o debate sobre escravidão e/ou colonialismo no pensamento do Barão de Montesquieu, Adam Smith, Thomas Jefferson e os Pais Fundadores: *Contra-história do liberalismo* de Domenico Losurdo (Edeias & Letras, 2006).

Uma das maiores barbáries do século XX, sem dúvida, foi o apartheid na África do Sul. Inglaterra e Estados Unidos são os países com mais sólida e longeva tradição liberal. Qual foi, historicamente, a posição desses países sobre o odioso regime racista? Apoio velado ou aberto. Os dois grandes líderes do neoliberalismo, Ronald Reagan e Margaret Thatcher, não só deram todo apoio possível ao apartheid, como o primeiro era pessoalmente racista[5] e a segunda mantinha uma hostilidade doentia contra Nelson Mandela.[6]

E em relação ao nazifascismo? Wiston Churchill, apontado como maior símbolo "ocidental" do antifascismo, apoiou o fascismo italiano e, antes de Adolf Hitler sonhar em ter relevância política, ele mantinha um discurso antissemita militante, o que lhe fazia pensar o mundo, inclusive a Revolução Russa, pela ótica de uma onipresente conspiração judaica.[7] As teses funda-

---

[5] "Um dos antecessores da Obama, Ronald Reagan, lutou à exaustão para manter o regime do apartheid. Foi necessária uma intensa mobilização popular e uma firme ação parlamentar, encabeçada pelo falecido senador Ted Kennedy, para que Reagan fosse derrotado e os EUA acabassem aprovando sanções contra o regime de Pretória, em 1986, o que finalmente conduziu ao seu desaparecimento." – Acessado em 12/06/2021. Disponível no link: https://brasil.elpais.com/brasil/2013/12/06/internacional/1386358234_473074.html.

[6] "Em 1987, a então premiê britânica Margaret Thatcher disse: 'O CNA – Congresso Nacional Africano, partido de Mandela – é uma típica organização terrorista...Qualquer um que pense que ele vá governar a África do Sul está vivendo na terra do faz de contas'" – Acesso em 12/06/2021. Disponível no link: https://www.terra.com.br/noticias/mundo/africa/nelson-mandela/homenageado-ao-morrer-mandela-ja-foi-odiado-por-lideres-ocidentais,85884fc73e7c2410VgnVCM5000009ccceb0aRCRD.html.

[7] "Isso podia implicar em uma guerra de aniquilação contra o 'bolchevismo judeu', e é difícil acreditar que Churchill ou qualquer outra pessoa na classe dominante britânica tivessem algum problema com isso. Já a expansão no continente europeu era uma outra questão. Em outras palavras, o fascismo só se tornou um problema quando Churchill reconheceu nele uma ameaça para o Império Britânico e a ordem

mentais da ideologia nazista ou foram inventadas nos Estados Unidos ou gozaram de igual prestígio nos dois lados do atlântico – Hitler, repetidas vezes, dizia que se inspirava no regime de segregação racial e no extermínio dos "peles vermelhas" nos Estados Unidos para formatar o seu projeto.[8]

Também nunca é demais lembrar que na Europa Ocidental, dois regimes fascistas sobreviveram à Segunda Guerra Mundial: salazarismo e franquismo. Ambos não só gozaram de farto apoio do mundo liberal, como Portugal fascista foi membro fundador da OTAN – a grande teórica do totalitarismo, a filósofa Hannah Arendt, coincidentemente, é claro, não colocou o Portugal fascista, membro da OTAN, na lista de países totalitários. Também não custa lembrar que a Alemanha Ocidental não só aceitou os nazistas em altos cargos do Estado sem quaisquer problemas, como em muitos ramos da administração pública, tinha tantos nazistas como durante o período do nazismo.[9]

---

europeia dominante de Estados-nação. Só então, e somente a esse respeito, o fascismo se tornou pior do que o comunismo. Churchill tornou-se um proeminente advogado do rearmamento e um adversário da maioria do establishment militar e político britânico, que queria apoiar Hitler em sua guerra contra a Rússia. No entanto, ele continuou pensando que os nazistas poderiam ser isolados e que um eixo poderia ser criado com os fascismos italianos e espanhóis e, como tal, continuava a lisonjear Mussolini e se opunha a qualquer apoio à Espanha republicana, antifascista. Na Guerra Civil Espanhola, que foi, em muitos aspectos, um prelúdio para a Segunda Guerra Mundial, ele considerou a República como uma "frente comunista" e os fascistas apoiados por Hitler, um "movimento anti-vermelho" apropriado." – *O verdadeiro Winston Churchill* de Richard Seymour, publicado na *Jacobin Brasil*. Disponível no link: https://jacobin.com.br/2019/12/o--verdadeiro-winston-churchill/.

[8] Sobre o tema, conferir o livro *Colonialismo e luta anticolonial: desafios da revolução no século XXI* de Domenico Losurdo (org. Jones Manoel, Boitempo, 2020).

[9] "A RFA (Alemanha Ocidental), por sua vez, continuou empregando a vasta maioria desses fascistas: em 1957, 77% dos principais membros do Ministério da Justiça haviam sido oficiais do governo nazista.

13

O colonialismo na África e Ásia realizou, com as antigas potências liberais da Europa, como França, Inglaterra e Bélgica, massacres brutais com rios de sangue derramado, sendo um dos mais famosos a guerra da França contra a Argélia, com mais de um milhão de argelinos assassinados; também organizaram assassinatos horrendos, como a morte de líderes como Patrice Lumumba que, dentre outras coisas, achava que seu povo tinha direito de desfrutar de democracia, estado de direito, liberdades civis e etc.

Fora de África, os Estados Unidos eram o grande responsável pela matança para impedir a revolta anticolonial. Na Coreia, o imperialismo estadunidense matou 30% da população e destruiu todas as cidades; no Vietnã matou mais de 2 milhões de pessoas; no Camboja matou outros milhares e apoiou diversas formas a carnificina do Khmer Vermelho[10] e segue uma lista gigantesca de atrocidades. Os defensores da ordem liberal e da "sociedade aberta", como Hannah Arendt e Karl Popper, nunca conseguiram colocar-se numa posição anticolonial e defender

---

Segundo um estudo endossado pelo atual Ministério da Justiça, havia uma proporção surpreendentemente maior de nazistas no sistema judicial da RFA do que durante a própria era nazista. Fatos similares podem ser mencionados a respeito do Ministério do Interior da Alemanha Ocidental." – *30 anos da Reunificação: um crime contra a Alemanha* de Bronwyn Cragg, publicado na Revista Opera. Disponível no link: https://revistaopera.com.br/2020/10/12/30-anos-da-reunificacao-um-crime-contra-a-alemanha/

[10] "De acordo com Kiernan, os Estados Unidos gastaram dezenas de milhões de dólares para financiar guerrilheiros aliados com as forças do Khmer Vermelho (KV) durante a década de 1980 e pressionaram as agências de ajuda da ONU a fornecerem ajuda "humanitária" adicional para alimentar e vestir o KV que se escondiam perto da fronteira tailandesa, permitindo assim o KV fazer sua campanha contra os vietnamitas." – *Nixon e o Genocídio no Camboja* de Brett S. Morris, publicado no Traduagindo. Disponível no link: https://traduagindo.com/2017/10/13/nixon-e-o-genocidio-no-camboja/

que aqueles povos também tinham direito ao famoso "império da lei" e serem considerados humanos.

É chamativo como durante o período de maior revolta anticolonial da história da humanidade e no auge da luta antirracista nos Estados Unidos – o tempo de Martin Luther King, Malcolm X, Rosa Parks, movimento pelos direitos civis e etc. -, a filósofa Hannah Arendt tenha lançado um livro, *Da Revolução* (o ano de lançamento é 1963), que sentencia a Revolução Americana como a criadora da mais gloriosa liberdade moderna, "esquecendo" de considerar no plano teórico, filosófico e político a escravidão, extermínio dos povos originários e o regime de segregação racial montado após o fim da escravidão.[11]

Na nossa contemporaneidade, os Estados Unidos assumiram o papel de país guia do capitalismo, personificação do "ocidente" e a pátria por excelência do liberalismo. O país também é celebrado como a mais antiga democracia moderna. Mas o Estados Unidos, nascidos da luta pela emancipação nacional do império britânico, manteve a escravidão. Após o fim da escravidão, temos o regime de segregação racial Jim Crow. Só em 1965 – décadas depois da União Soviética – a morada preferencial do liberalismo no século XX estabeleceu o sufrágio realmente universal, o princípio de uma cabeça, um voto. Contudo, ao fim do regime de segregação racial, começa o que muitos intelectuais e militantes chamam de terceira ou nova segregação, centrada no aparato penal e carcerário e legitimado pelo discurso de "guerra às drogas" e "tolerância zero" ao crime.

A nova segregação criou a maior onda de encarceramento em massa já vista no "ocidente". Nunca antes na história do "mundo ocidental" vimos uma expansão tão rápida do número de encarcerados e capturados pela malha penal. A maioria dos dois milhões de presos nos Estados Unidos são de negros e latinos, mesmo que não sejam maioria da população, e não faltam

---

[11] Conferir o livro *Da Revolução* de Hannah Arendt (Cia das letras, 2006).

inovações jurídicas para restringir, de novo, o direito de voto da população negra.[12]

Voltamos à pergunta inicial. Será isso incoerência entre teoria e prática? Belos valores mas difíceis de realizá-los no plano político? Duas questões se impõem. Primeiro, historicamente, o liberalismo sempre teve cláusulas de exclusão. A ideologia liberal nunca foi universalista. Seus conceitos centrais como liberdade, direitos, autonomia, ser humano e outros, sempre tiveram critérios de exclusão de acordo com determinada época histórica. A grande habilidade do liberalismo é, depois de perder batalhas políticas e ser obrigado a mudar, como aceitar que todo operário tem direito ao voto, praticar um hábil revisionismo histórico para dizer: o liberalismo sempre defendeu a democracia!

Esse revisionismo histórico é tão eficiente que fados básicos, elementares, não são percebidos. Por exemplo, a libertação das Províncias Unidas, a Revolução Gloriosa e a Revolução Americana não acabaram com a escravidão. Antes o contrário. A revolução burguesa ou potencializou o papel desses países no tráfico internacional de pessoas escravizadas ou aumentou o número de escravos internamente (ou os dois). A única revolução burguesa a questionar de verdade a escravidão foi a Revolução Francesa no seu período jacobino, mas isso mudou rapidamente com a derruba de Maximilien de Robespierre, quando

---

[12] "De acordo com o Brennan Center for Justice, em 2011 e 2012, 25 leis com o objetivo de endurecer as condições do direito de voto foram adotadas por dezenove estados. E as coisas se aceleraram em 2013: 92 leis, em 33 estados. Esse recrudescimento ocorreu após uma decisão da Suprema Corte dos Estados Unidos que, em 25 de junho de 2013, abriu um precedente ao invalidar o artigo 5o do Voting Rights Act de 1965, que obrigava os estados a obter aprovação do governo federal para mudanças no código eleitoral." – *Nos Estados Unidos, o retorno discreto da discriminação eleitoral* de Brentin Mock, publicado no Le Monde Diplomatique Brasil. Disponível no link: https://diplomatique.org.br/nos-estados-unidos-o-retorno-discreto-da-discriminacao-eleitoral/.

16

a escravidão nas colônias francesas foi restaurada – e, como sabemos, o período jacobino é demonizado pela tradição liberal. Depois de mais de 200 anos de convivência harmônica do liberalismo com a escravidão, depois do tráfico de pessoas escravizadas ter papel central na acumulação primitiva que dá origem ao capitalismo e a partir da segunda metade do século XIX, o projeto liberal passa a apresentar uma oposição majoritária à escravidão. No século XX ou XXI, no Brasil, o "crítico" do liberalismo diz: "os liberais brasileiros não são verdadeiros liberais, eles apoiavam a escravidão". O que parece crítica é, na realidade, o coroamento do revisionismo histórico burguês e a incompreensão das diversas fases históricas de negação do universalismo no projeto liberal.

Aliado a isso, como dizemos, o centro do liberalismo é a defesa da propriedade privada, apropriação privada da riqueza socialmente produzida e o arcabouço jurídico-político que garante essas relações. Todo resto é tático. E o liberalismo sabe muito bem operar com flexibilidade tática. Quem admitiu isso de maneira cristalina foi o patriarca do neoliberalismo, Friedrich Hayek, quando disse ao jornal *El Mercurio*, em 1981, que: "pessoalmente, eu prefiro um ditador liberal a um governo democrático que falte liberalismo" (essa declaração de Hayek foi uma, dentre várias, demonstrações de apoio ao ditador Augusto Pinochet).

Incapazes de fazer uma análise imanente e histórica do liberalismo, muitas figuras da esquerda brasileira, ao serem confrontados com o projeto liberal e sua vertente neoliberal, procuram não disputar a hegemonia ou desconstruir esse projeto, mostrando-se mais liberal que o liberalismo – como se a concordância com os "valores do liberalismo", valores apresentados no plano ideal e fundamentados no revisionismo histórico que comentamos acima, fossem prova de "compromisso democrático". Três exemplos rápidos.

O candidato do PT na eleição de 2018, o professor Fernando Haddad, deu uma entrevista para o tradicional programa de

TV Roda Viva. Ao ser questionado sobre o golpe na Bolívia em 2019 – que a apresentadora não chamou de golpe –, Haddad se orgulhou de ter cobrado Evo Morales, em um grupo do Whatsapp, por ter tentado a "reeleição", mas não conseguiu chamar o golpe de golpe e nem denunciar a participação do imperialismo nele.[13] A maior preocupação de Haddad era mostrar-se fiel ao princípio liberal de "alternância de poder".

No final de 2020, os monopólios de mídia começaram a divulgar que uma jornalista foi presa na China. A prisão seria fruto de suas denúncias sobre comportamento negligente e a omissão de informações por parte da China. Na realidade, a "jornalista", Zhang Zhan é uma blogueira de extrema direita, negacionista e daqueles tipos que acham que o vírus não existe e é tudo parte de uma conspiração comunista – o brasileiro conhece bem esse tipo. Sem pesquisar, sem questionar, aceitando acriticamente a narrativa "democracia versus autoritarismo", Luciana Genro, candidata a presidente pelo PSOL em 2014 e dirigente do MES (Movimento de Esquerda Socialista, tendência do PSOL), foi para suas redes sociais atacar a China e falar em "liberdade de expressão", reforçando o mito de que a China "esconde informações" sobre o vírus. Novamente, querendo se mostrar fiel ao "princípio" liberal da "liberdade de expressão", uma figura da esquerda atua como linha auxiliar do imperialismo.[14]

O último exemplo, e talvez mais grave, vem do site *Esquerda Online*, da organização trotskista Resistência (tendência interna do PSOL). Publicado em fevereiro de 2020, o título do texto é *China: O vírus de Xi Jinping*. Uma peça de propaganda reacionária, sinofóbica, alinhada com os discursos mais delirantes do establishment dos Estados Unidos – texto que poderia ser

---

[13] A entrevista pode ser conferida no canal do programa Roda Viva no Youtube. Disponível no link: https://www.youtube.com/channel/UCNVsZnDXOM4PodYIEgM2e4w.

[14] Os comentários de Luciana Genro foram postados nas suas redes sociais.

divulgado sem problemas por um jornalista da *Fox News*. A desculpa de fundo? Uma defesa da "democracia" contra o autoritarismo, repetindo o velho binômio liberal.[15]

Os exemplos poderiam se multiplicar aos montes. Uma esquerda que não consegue fazer uma crítica teórica imanente, profunda e séria ao liberalismo e que aceita acriticamente todo revisionismo histórico burguês não só é incapaz de representar um verdadeiro projeto popular, revolucionário e anti-imperialista, como fica desarmada, nos diversos combates conjunturais, para enfrentar a ideologia dominante e, na prática, atua como linha auxiliar da Embaixada de Washington.

Ajudando a superar essa debilidade da cultura política e capacidade de disputa pela hegemonia, chega ao Brasil este livro de Atílio Borón. *O feiticeiro da tribo: a farsa de Mario Vargas Llosa e do neoliberalismo na América Latina* é uma análise refinada, com arguta capacidade teórica e profundo sentido histórico. Não é só uma crítica demolidora da produção de Vargas Llosa – o que não seria pouco.

O livro de Atilio Borón, um dos mais criativos e geniais marxistas latino-americanos, é uma aula de como fazer a batalha das ideias, a crítica da ideologia dominante e seus intelectuais. Do mesmo modo que lemos livros como o *18 Brumário* de Karl Marx não só como uma análise de conjuntura da França do século XIX, mas também como uma aula de como fazer uma análise do tempo presente, essa crítica ao pensamento de Vargas Llosa deve ser encarada como um exemplo, uma aula, de crítica e enfrentamento ao projeto neoliberal.

Pense este livro em suas mãos como mais uma arma para forjarmos uma esquerda radicalmente popular, anti-imperialista e que consiga combater frontalmente a ordem burguesa e os seus espadachins.

Boa leitura!

---

[15] O escrito está disponível nesse link: https://esquerdaonline.com.br/2020/02/17/china-o-virus-de-xi-jinping/.

Capítulo I
Introdução:
por que Vargas Llosa?

O mais recente livro de Vargas Llosa,[16] *O chamado da tribo*, é a história da aventura – ou, se preferir, da perda – intelectual e política do autor desde os remotos dias em que era um jovem comunista peruano que devorava com paixão os exemplares do *Les Temps Modernes* e que lia Jean-Paul Sartre "devotamente" até a consumação de sua deserção e a execração de tudo o que alguma vez admirou. Com o passar do tempo, tudo aquilo que na juventude lhe outorgou sentido à vida, anos depois, converteu-se em objeto de uma incansável, inesgotável e doente animosidade. Como afirma um dos mais importantes estudiosos de sua obra, "Vargas Llosa não só deixou de ser um marxista, segundo seu critério e convicção, mas, ao se transformar em um convertido confesso, apaixonado pela sua nova verdade, tornou-se um implacável inimigo das lutas sociais dos povos que tratam de se libertar das cadeias da colonialidade que o liberalismo tem imposto".[17]

Llosa começou sua vida política no Partido Comunista Peruano (PCP). Afirma que "participou primeiro como simpatizante e logo como militante" no grupo Cahuide, uma célula clandestina do PCP na Universidade de San Marcos. Como militante e com o pseudônimo de 'Camarada Alberto', VLL tomou outras responsabilidades e, "além de escrever no periódico partidário, (teve que) representar publicamente o partido". Porém, em 1954, afastou-se do PCP e, em um espetacular giro, passou

---

[16] Nota de Edição: ao longo do livro o autor se referirá a Mario Vargas Llosa também como VLL.

[17] Cf. José Luis Ayala, *Los abismos de Mario Vargas Llosa* (Lima: Fondo Editorial Cultura Peruana, 2017), p. 11.

a militar na Democracia Cristã. Como afirma um estudioso de sua vida e obra, "o novelista se desenvolveu com facilidade nos extremos". Prova disso é seu veloz abandono do espiritualismo e da democracia cristã e, já instalado em Paris, sua ardente adesão à Revolução Cubana pouco depois da entrada de Fidel e seus barbudos em Havana. Poucos anos mais tarde, VLL pegaria um caminho sem retorno em direção a um liberalismo radical que o fez azedar ainda mais, e no lugar de tentar ser com o tempo um pouco mais sábio, mais nobre, mais leal, honrado e generoso, derrapou até se transformar em um impudente apologista da monarquia espanhola, do imperialismo estadunidense e de toda a direita mundial.[18]

Vargas Llosa explica na primeira página de seu novo livro que a inspiração para escrevê-lo veio da leitura de um texto notável, *Rumo à estação Finlândia*, de Edmund Wilson. Nessa obra, reconstrói-se o itinerário da ideia socialista até sua culminação – e, segundo Wilson e o próprio Llosa, sua definitiva degeneração – com o triunfo da revolução bolchevique em outubro de 1917. Mas há uma diferença fundamental que divide a obra de Wilson da do escritor peruano: enquanto aquele pro-

---

[18] O próprio VLL se refere à sua breve permanência no comunismo peruano no capítulo "Camarada Alberto", de seu livro autobiográfico *Peixe na água*. A ditadura do general Manuel Odría (1948-1956) havia decretado a ilegalidade do PCP e implantado uma feroz perseguição contra seus quadros e militantes, o que dizimou e apagou o partido da cena política. Eram os tempos da Guerra Fria e o mesmo ocorria em quase todos os países da América Latina. No Chile, o encarregado da infame ação foi o presidente Gabriel González Videla, que chegou ao La Moneda com os votos do PC chileno e os cantos poéticos de Pablo Neruda. Ver também a obra de Julio Roldán, *Vargas Llosa entre el mito y la realidad* (Marburgo: Tectum Verlag, 2000), pp. 135-138. Dados interessantes também se encontram em "La célula Cahuide", em *Caretas* (Lima), 26 maio 2011. Uma detalhada descrição das atividades de VLL no Cahuide se encontra no livro de José Luis Ayala, pp. 71-74, ainda que existam numerosas referências pontuais a essa etapa da vida do escritor peruano ao longo da sua voluminosa escrita.

cura desenhar a trajetória da suposta decomposição do ideário socialista, no caso de Llosa trata-se, ainda que não pareça, "de um livro autobiográfico". Como afirma o autor, a obra

> [...] descreve a minha própria história intelectual e política, o caminho que foi me levando, desde a minha juventude impregnada de marxismo e existencialismo sartreano, ao liberalismo da minha maturidade, passando pela revalorização da democracia à que me ajudaram as leituras de escritores como Albert Camus, George Orwell e Arthur Koestler.[19] (p. 11)

Alguém poderia, de boa-fé, contestar os motivos pelos quais este autor que escreve, concentrado durante longos anos no ensino da teoria e da filosofia política e no estudo do imperialismo, deveria dedicar seu exíguo tempo a criticar a obra de um notável romancista. Mas lembremos que Llosa também é um tosco aficionado a examinar os grandes temas da tradição filosófico-política.[20] Llosa, como escritor, dedica-se, segundo disse mais de uma vez, a "escrever mentiras que pareçam verdades". Para que perder tempo em um livro que, como veremos, está também saturado por mentiras que parecem verdades? Para que criticar um livro que é um imenso oceano de sofismas e truques retóricos temperado com algumas poucas e pequenas ilhas onde espreita só um pouco de verdade.

A resposta é simples e contundente. Gostemos ou não, VLL é hoje o mais importante intelectual público da direita no mundo de língua espanhola e talvez um dos mais importantes em

---

[19] Daqui em diante todas as citações do livro de VLL serão referidas deste modo, para não sobrecarregar o texto, nem aborrecer ao leitor com numerosas reiterações.

[20] Não pode ser mais acertada esta afirmação de César Gaviria, o colombiano que fora secretário-geral da OEA: "Às vezes, lendo a don Mario, tenho a impressão que sua capacidade de análise política é proporcionalmente inversa às suas conquistas literárias, e deveria ouvir com mais frequência o ditado que a todos nos ensinaram quando crianças: 'sapateiro a teus sapatos'". Cf. *El País*, 18 jun. 2000.

23

nível mundial. Sua incansável empreitada como propagandista das ideias liberais ao longo de quase meio século e a formidável difusão dos seus escritos – reproduzidos *ad nauseam* em toda a imprensa ibero-americana e nos grandes meios de comunicação dos Estados Unidos e Europa – transformaram o peruano no maior profeta do neoliberalismo contemporâneo. Nenhum dos autores que Llosa examina em seu livro tem – ou teve – uma chegada à grande massa, nem sequer remotamente, semelhante à sua; tampouco têm a capacidade de recrutar uma legião de divulgadores que, através dos meios de comunicação hegemônicos, disseminaram suas ideias por todo o mundo hispano-falante. Nenhum, portanto, teve a influência política que tem VLL (que confraterniza com governantes e monarcas com frequência e familiaridade).[21]

A sua cruzada contra toda forma de coletivismo – o socialismo, o comunismo, o estatismo, o "populismo" (conceito etéreo e confuso, se é que existe) – tem exercido uma influência social e política sem precedentes na América Latina e também na Espanha, sua pátria por adoção. Apesar de seu elementar e tendencioso manejo das categorias e teorias de análise política, ou

---

[21] Seu octogésimo aniversário (28 de março de 2016) contou com a presença de dois ex-presidentes da Espanha e grandes lobistas das empresas daquele país: Felipe González e José María Aznar. Estiveram também presentes alguns homólogos latino-americanos como Sebastián Piñera, Andrés Pastrana, Álvaro Uribe e Luis Alberto Lacalle e vários políticos da primeira linha da direita da Espanha, como Rosa Díez, Albert Rivera, Marta Rivera de la Cruz e Esperanza Aguirre. Tampouco faltaram os pais do sedicioso venezuelano Leopoldo López e a senhora Mitzy Capriles de Ledezma, esposa do dirigente opositor venezuelano Antonio Ledezma. Enfim, faltou apenas o grande amigo do peruano, o rei Emérito Juan Carlos I, que já antes (3 de fevereiro de 2011) o havia homenageado outorgando-lhe o título nobiliário de marquês de Vargas Llosa. Sobre a comemoração de seu aniversário ver <https://www.efe.com/efe/america/gente/la-politica-cultura-y-los-amigos-rodean-a-vargas-llosa-en-su-cumpleanos/20000014-2879853#>.

talvez por causa da maestria com que maneja os sofismas e as "pós-verdades", VLL é uma peça fundamental no massivo dispositivo de "lavagem cerebral" e de propaganda conservadora que as classes dominantes das metrópoles, e os seus bajuladores na periferia, praticam com tanta dedicação. O dano que tem causado ao atacar com sua elegante prosa qualquer governo ou força política que se afaste dos cânones estabelecidos pelo neoliberalismo ou rejeite os mandatos emanados da Casa Branca tem sido enorme. Assim como o prejuízo ocasionado com as suas investidas contra a tradição do pensamento crítico em todas as suas variantes; ou a confusão que tem criado entre as legiões de pessoas que anseiam e precisam construir um mundo melhor; ou o desânimo que tem semeado em milhões de pessoas e a resignação que tem promovido ante às atrocidades do capitalismo e a farsa democrática que este personifica tanto nos países centrais como na periferia. Todo este conjunto de razões faz imprescindível exibir abertamente as falácias, sofismas e truques de sua função como propagandista de uma ordem social injusta, revelando as trapaças argumentativas ocultas em seus sedutores escritos.

É a partir daí que nasce o título de nosso livro. Uma das acepções da palavra feiticeiro é *alguém que realiza atos de magia ou feitiço para dominar a vontade das pessoas ou modificar os acontecimentos, especialmente se provoca uma influência danosa ou maléfica sobre elas ou seu destino.* A magia de uma prosa elegante e bem definida, o feitiço da palavra certa e de agradável sonoridade, e uma especial aptidão para a arte de fabular e mentir com a perversa habilidade do flautista de Hamelin, não só em suas novelas, mas nos seus ensaios políticos, deram a Vargas Llosa a capacidade de exercer uma influência perniciosa sobre o senso comum altamente benéfica para os donos do mundo, que o recompensaram por seus serviços enchendo-o de honras e de todo tipo de prêmios e distinções.[22]

---

[22] Seria cansativo enumerar todos além do marquesado, do prêmio Nobel de Literatura, do título de príncipe de Astúrias e tantos outros.

Sua palavra é a do partido da ordem; os sucessivos ocupantes da Casa Branca falam por sua voz; a direita europeia o tem lotado de prêmios e reconhecimentos de todo tipo; seus escritos são lidos em boa parte do mundo, começando pelo hispano-falante. Se tivéssemos que nomear um escritor, um intelectual, um personagem público que tem trabalhado incansavelmente e eficazmente para introduzir nas sociedades latino-americanas a falsa sonolência mental do liberalismo ou para perpetuar a submissão das grandes massas, a desinformação programada, o atraso cultural de sujeitos que não podem perceber alternativa nenhuma a um mundo cruel que os vitimiza e embrutece, essa pessoa é, precisamente, VLL. Por isso ninguém poderia lhe arrebatar o título de ser o feiticeiro que com suas más artes perpetua a submissão e resignação de uma enorme tribo formada por milhões de pessoas, obscurecendo seu entendimento, e que, ao fazê-lo, presta com o feitiço de suas palavras um serviço inestimável para as classes dominantes do mundo capitalista e para um império que, segundo seus mais lúcidos porta-vozes, começou a trilhar a rota de sua irreversível decadência.[23]

---

[23] Não é à toa que o significado do slogan da campanha de Donald Trump seja "Make America Great Again", tornando explícito o reconhecimento de que os Estados Unidos já não são o que alguma vez foram. Ninguém menos do que Zbigniew Brzezinski levanta, em sua última obra, o tema da "decadente longevidade dos impérios". Ver *Strategic Vision: America and the Crisis of Global Power* (Nova York: Basic Books, 2012) e o penúltimo artigo que publicou, cujo título diz tudo: "Giants, but not Hegemons", *New York Times*, 13 fev. 2013, disponível em <https://www.nytimes.com/2013/02/14/opinion/giants-but-not-hegemons.html>. Examinei este tema em *América Latina en la geopolítica del imperialismo* (Buenos Aires: Edições Luxemburg, 2012), onde a tese do desmoronamento se baseia na análise de numerosos documentos do Pentágono, do Departamento de Estado, da CIA e do Conselho de Segurança Nacional, todos coincidem sobre o império americano estar ultrapassando seu ápice e começando seu declínio. O debate é sobre a forma e o ritmo deste declínio, e não se terá lugar ou não.

Umas breves palavras antes de dar fim a esta seção sobre uma – apenas casual? – coincidência dessa inesperada aparição da palavra "tribo" no pensamento da direita latino-americana. Poucos meses antes da publicação do livro de VLL, aparecia no México *La tribu: retratos de Cuba*, de Carlos Manuel Álvarez, um jovem escritor e jornalista cubano que foi apresentado na Argentina como uma das novas vozes críticas da Revolução. Álvarez é colaborador corriqueiro em meios como *New York Times, BBC Mundo, Al Jazeera* e o conglomerado *Univisión*. O editorial mexicano definiu seu livro como "um volume de crônicas sobre a Cuba pós-revolucionária" no qual tudo está dito: a Revolução Cubana está morta e Álvarez emitiu seu atestado de morte. O livro foi apresentado em Buenos Aires na Universidade Nacional de San Martín, com o auspício da CADAL, uma organização anticastrista muito ativa radicada na Argentina. Outra vez "a tribo"(!), que agora é Cuba.[24] Não acreditamos que haja surpresa alguma quanto à futura carreira deste escritor, já integrado ao Olimpo dos escritores "consagrados" pela ordem imperial. E este reconhecimento, como no caso de VLL, não é gratuito. É a generosa recompensa do império a uma ativa militância contrarrevolucionária.

A "batalha das ideias" à qual convocaram Martí e Fidel exige uma reação à altura para responder aos escritos do peruano. Permanecer em silêncio ante seus truques e trapaças só servirá para prolongar a vitória ideológica do neoliberalismo e obstruir as vias de fuga ante os horrores causados pelas políticas que VLL divulga em suas intervenções públicas.

Radiografia em movimento

À luz do que foi dito, vemos que há razões suficientes para mergulhar em uma leitura crítica do livro que nos ocupa. Nosso trabalho, esclarecido desde o começo, não tem pretensão al-

---

[24] A apresentação do livro de Álvarez se encontra em <https://www.cadal.org/videos/nota.asp?id_nota=10672>.

guma de ser uma biografia de Llosa, mas busca oferecer uma radiografia em movimento de sua metamorfose política e das teorias e doutrinas dos autores que, segundo ele, o levaram a dar seu (mau) passo. Um incentivo complementar para nossa empreitada é que VLL representa um dos casos mais espetaculares de deserção e conversão de um intelectual de esquerda ao neoliberalismo. É claro, está longe de ser o único que embarcou nesta travessia regressiva, porém sem dúvida é o mais notável de todos, ao menos no âmbito latino-americano e caribenho, pela gravitação mundial do personagem e pela amplitude do trajeto em um extenso arco que começa com um "marxismo sartreano" hipersectário até um neoliberalismo puro e duro, ambos condimentados com o mesmo fanatismo que com tanto ardor, e desde as vísceras, pretende combater em seu livro.[25]

Vargas Llosa abdicou de suas ideias, porém manteve com tenacidade o zelo incandescente com que defende suas convicções, algo que os psicanalistas qualificariam como uma *formação rea-*

---

[25] Uma linha de análise que não podemos deixar de mencionar aqui é a que questiona o marxismo juvenil de Vargas Llosa. O livro de Ayala traz numerosas testemunhas que colocam seriamente em dúvida a profundidade e a seriedade da adesão de Llosa ao pensamento de Marx. Um dos responsáveis pela formação teórica do grupo Cahuide era Héctor Béjar. Na entrevista que Ayala faz com ele em seu livro, Béjar afirma que "VLL não foi marxista, francamente. Estava muito interessado e isso é verdade, mas não chegou a um fervor como o de Arias Schreiber, por exemplo, que para mim era o extremo". Nesta mesma linha se manifestam outros dois entrevistados, Maynor Freyre, que ante uma pergunta assegura "Eu não acredito que ele tenha sido um marxista convicto. Acredito que tenha tido só uma empolgação juvenil, porque depois se afastou da célula Cahuide" (*op. cit.*, pp. 250 e 366). Ayala confirma estas teses em um capítulo de sua obra, ao qual remeto (pp. 237-240). De qualquer maneira, muito além destas conjecturas sobre a convicção marxista de VLL, não há dúvidas de que durante quase uma década sua identificação com a Revolução Cubana foi total e indiscutível, mas infelizmente, pouco sólida.

tiva[26] que o leva a acentuar seu repúdio a tudo o que em outros tempos adorava. Com algumas reservas, poderíamos identificar um trajeto semelhante na obra de outro grande escritor, Octavio Paz, ainda que não sejam casos estritamente comparáveis. O mexicano também sofreu uma involução política igualmente deplorável. Na década de 1970, já nada tinha a ver com aquele jovem poeta que viajou para a Espanha em 1937, em plena Guerra Civil, para participar no IIº Congresso Internacional de Escritores para a Defesa da Cultura, convocado em Paris por Pablo Neruda em solidariedade ao governo da república espanhola. Seu caminho para a desonra chegou ao ápice quando, no México dos anos 1990, ele se converteu no principal porta-voz da reação neoliberal, hipnotizado pela queda do Muro de Berlim e pela iminente desintegração da União Soviética. A pedido do conglomerado Televisa e do governo do México, Paz organizou, em 1990, um grande – e exorbitante – evento acadêmico e intelectual chamado "Encontro Internacional: A experiência da liberdade", convocado pouco depois da queda do Muro em meio à euforia do suposto "advento da liberdade" no Leste Europeu e do beneplácito dos poderes dominantes com a gestão presidencial de Carlos Salinas de Gortari. A reunião foi uma fastuosa comemoração e, simultaneamente, um canto aos Estados Unidos como nave insígnia da luta por liberdade, justiça, democracia e direitos humanos no mundo. Um dos heróis que VLL examina em seu livro, Jean-François Revel, esteve nesse encontro e foi um dos mais raivosos críticos da experiência soviética e, principalmente, do projeto socialista. Vargas Llosa também participou desse conclave e, como veremos, mais adiante foi o centro de

---

[26] N. da E: Em psicanálise, a formação reativa, do alemão *Reaktionsbildung*, é um tipo de mecanismo de defesa de Nível 3, o qual pertence à espécie neurótica. Grosso modo, consiste numa resposta a emoções ou pulsões que causam perturbação, geralmente ligadas à ansiedade, que levam à realização de uma conduta oposta e exagerada: um exemplo recorrente é o pacifismo incondicional verificado em pessoas com recorrência de sadismo.

um áspero debate. Um dado que aponta em direção ao caráter pouco acadêmico e propagandístico do encontro foi um fato insólito: contrariando toda a tradição dos seminários acadêmicos, foi televisionado ao vivo durante toda sua duração, entre 27 de agosto e 2 de setembro de 1990. E não é um dado insignificante que Adolfo Sánchez Vázquez, um dos mais notáveis marxistas do mundo hispânico, tenha sido convidado a assistir ao evento e não a apresentar uma palestra.[27] Indignado ante o conjunto de calúnias e infâmias que impunemente proferiam os convidados, um mais macartista que o outro, o professor da Universidade Nacional Autônoma do México (UNAM) exigiu com insistência seu direito de réplica. Paz, que no começo lhe havia negado a palavra, finalmente o autorizou a se dirigir ao público (e aos telespectadores).[28]

Até esse sombrio momento, mais adiante explicaremos o porquê falamos disto, Paz compartilhava com Vargas Llosa o pódio em que se empinavam os dois maiores feiticeiros do neoliberalismo na *Nossa América*. Embora tocados pela indigna submissão aos poderes factuais do mundo atual, um inesperado e profundo desacordo surgiu entre ambos quando, de modo intempestivo, em um debate mantido em um programa especial da Televisa em horário nobre, o peruano emitiu uma sentença categórica e inapelável sobre a natureza do sistema político mexicano, a mesma que o descreve de corpo inteiro: é uma "ditadura perfeita". O "México é a ditadura perfeita", continuou, porque "a ditadura perfeita não é o comunismo. Não é a União Soviética. Não é Fidel Castro. A ditadura perfeita é o México...

---

[27] Tal como me informou Sánchez Vázquez em uma conversa pessoal mantida durante uma visita posterior a Buenos Aires.

[28] Parte de sua intervenção aparece em seu livro *El valor del socialismo* (México: Ítaca, 2000), pp. 121-131. Pode-se ter acesso a alguns dos temas do debate entre Adolfo Sánchez Vázquez e Octavio Paz em um vídeo disponível em <https://www.lahaine.org/mundo.php/ lel-fin-del-socialismo-realr e também em https://marxismocritico. com/2015/02/25/el-fin-del-socialismo-real-debate/>.

é ditadura camuflada... Tem as características da ditadura: a permanência, não de um homem, mas de um partido. E de um partido que é inamovível". E finalizou o discurso com um comentário carregado de veneno, porém certo: "Eu não acredito que exista na América Latina nenhum exemplo de sistema ditatorial que tenha recrutado tão eficientemente o meio intelectual, subornando-o de uma maneira muito sutil".

Muitos de nós, intelectuais que vivemos no México por longos anos, compartilhávamos desta definição do novelista peruano. Contudo eram comentários que circulavam com o maior sigilo entre os exilados e nossos amigos mexicanos. Não obstante nenhum deles tivesse jamais tido a ousadia de dizer em público o que, anos depois – e com a impunidade que lhe outorgava sua condição de celebridade internacional e mais ainda como o linguarudo do império – disse muito à vontade Vargas Llosa. É que a regulamentação do famoso e temido artigo 33 da Constituição dos Estados Unidos Mexicanos facultava ao governo expulsar do país em 24 horas qualquer um que emitisse uma opinião crítica sobre o México, sua política, sua economia, sua inserção internacional.[29] Para muitos dos exilados, senão para todos, a expulsão do México e o retorno a nossos países de origem equivaliam à cadeia, à tortura e à morte. O que VLL disse anos depois eram verdades incontestáveis, mas que circulavam como cochichos de pequenos grupos nos corredores da UNAM ou de qualquer uma das grandes instituições de educação do México, olhando sempre alerta para nos assegurar de que não houvesse nas proximidades algum suspeito que fosse informante da Secretaria de Estado ou dos "judiciais" que, ao ouvir nosso diálogo, pudessem nos denunciar nos fazendo enfrentar o que ninguém queria.

---

[29] N. da E.: O famigerado artigo 33 da Constituição Mexicana foi modificado apenas em 2011, mas ainda que a expulsão sumária não seja mais possível, os estrangeiros ainda são proibidos de se envolverem nos assuntos políticos mexicanos.

Visivelmente perturbado pelos ditos de VLL, Paz saiu em defesa do regime atacado pelo amigo, dizendo que "o México não é uma ditadura, é um sistema hegemônico de dominação em que não há ditaduras militares. Temos padecido a dominação hegemônica de um partido. Esta é uma diferença fundamental e essencial", para depois continuar a falar sobre o "bem" que o Partido Revolucionário Institucional (PRI) tinha realizado. Terminou concordando que, embora o partido do governo não tenha suprimido a liberdade, a tem manipulado.[30] Este intempestivo confronto público foi, visto à distância, como a briga de dois machos alfa disputando a liderança da tribo. O mais jovem saiu vitorioso e o mais velho, Paz, teve que admitir uma ofensa sem precedentes em seu papel de anfitrião do evento e de intelectual orgânico e legitimador número um do hipercorrupto governo priista, coveiro da grande revolução que havia nascido no México. Este escândalo exibe a impunidade da qual gozava o peruano, já naquela época, ao ser conhecido como o maior porta-voz do liberalismo contemporâneo. Sob outras circunstâncias, jamais teria se atrevido a atacar o decadente oficialismo de Paz na própria terra dele. Teria sido inimaginável que qualquer outro participante naquele encontro, especialmente um latino-americano, diria o mesmo. Porém ele já estava em outra posição, porque era a voz do império, do *establishment* capitalista internacional, enquanto Paz só representava um decrépito e desprestigiado partido governante; o peruano, em vez disso, tinha se convertido em porta-voz e bandeira do liberalismo em nível global, ao passo que, nesse momento, Paz carecia dessa projeção internacional e era uma figura local, porta-voz

---

[30] Um bom artigo sobre este incidente foi publicado pelo *El País*. Ver: https://elpais.com/diario/1990/09/01/cultura/652140001_850215. html. Outra crônica sobre o Encontro foi publicada, muito depois, por Christopher Domínguez Michael para a revista *Letras Libres* em 30 de novembro de 2009, em comemoração ao aniversário dos vinte anos da realização do evento. Ver <http://www.letraslibres.com/mexico/memorias-del-encuentro-la-experiencia-la-libertad>.

de um Estado que, com Salinas de Gortari, precipitava-se em uma corrida delirante para selar uma espécie de anexação *de facto* aos Estados Unidos, situação que poucos anos depois, em 1º de janeiro de 1994, se concretiza com a assinatura do NAFTA, o Tratado Norte-Americano de Livre Comércio.

VLL não foi o único que tomou o caminho que conduz da esquerda em direção ao descanso que advém do poder, uma vez jogadas as antigas crenças na lixeira da história. Os que alguma vez foram críticos do capitalismo se convenceram, de forma genuína ou oportunista, que este é o melhor dos mundos que a humanidade conheceu em sua história. Muitos outros também percorreram essa trilha – com empolgação e alívio em alguns casos, com desatada excitação em outros, sigilosamente lá, com ostentação cá – na América Latina e no Caribe, Europa e Estados Unidos. Alguns deles estiveram no México no encontro convocado por Octavio Paz: Lucio Colletti, Daniel Bell e Irving Howe, entre os mais notáveis. O repúdio ao capitalismo e a sua adesão aos projetos coletivistas que no final dos anos 1920 motivou Julien Benda a propor uma reflexão sobre a "traição dos intelectuais" – tema que logo retomaria Raymond Aron no *O ópio dos intelectuais* – deveria hoje ser retomado por um exame do retrocesso apressado de numerosos intelectuais de esquerda, que desertaram de suas convicções quando caiu o Muro de Berlim e ocorreu a desintegração da União Soviética. Os oportunistas e renegados, na cáustica visão de Isaac Deutscher, aderiram aos ditados da demolidora maquinaria cultural do capitalismo, virando sem maiores escrúpulos para o lado contrário, repudiando convicções supostamente arraigadas e indo engrossar as fileiras do inimigo no grande combate ideológico em curso.[31] Em uma brilhante resenha bibliográfica que fizera

---

[31] Cf. Julien Benda, *La trahison des clercs* (Grasset, 1927). Edição em língua castelhana: *La traición de los intelectuales* (Barcelona: Círculo de Leitores, 2000). Examinamos o pensamento de R. Aron no capítulo VII deste livro. Para uma breve abordagem sobre este problema, ver *Imperio & imperialismo. Una lectura crítica de Michael Hardt y Anto-*

de *The God that Failed* [O deus que fracassou] (um livro publicado em 1949 em que se recolhem ensaios de seis proeminentes ex-comunistas, entre eles um dos heróis de VLL, Arthur Koestler), Deutscher sublinhou o que, a seu juízo, é uma honesta autocrítica. De fato, ao explicar seu abandono do comunismo, Koestler admite que:

> Por regra geral, nossas lembranças representam romanticamente o passado. Mas quando alguém renuncia a um credo ou é traído por um amigo, o que funciona é o mecanismo oposto. À luz do conhecimento posterior, a experiência original perde sua inocência, se macula e fica azeda na lembrança. Nestas páginas tenho buscado recuperar o estado de ânimo em que vivi originariamente as experiências [no Partido Comunista] relatadas, e sei que não consegui. Não tenho podido evitar o intrusivo da ironia, cólera e vergonha; as paixões de então parecem transformadas em perversões; a sua certeza interior, no universo fechado em si mesmo do drogado [...]. Aqueles que foram cativados pela grande ilusão do nosso tempo e vivenciaram a sua orgia moral e intelectual, ou se lançam a uma nova droga de tipo oposto ou estão condenados a pagar pela sua entrega com dores de cabeça que lhes perdurarão até o final das suas vidas.[32]

Deutscher observa com razão que este não necessariamente foi o caso de todos os ex-comunistas. Tiveram muitos que o foram por simples oportunismo, porque viam no partido uma estrada para sua ascensão econômica e social ou uma rota em direção ao poder. Não foi o caso de VLL, seu ataque visceral e a cólera com que destrói tudo o que relembre seu passado

---

nio Negri (Buenos Aires: CLACSO, 2002 e edições posteriores), especialmente no capítulo 7, no qual se esboçam algumas reflexões sobre uma sociologia do pensamento revolucionário em tempos de derrota.
[32] Ver "La conciencia de los ex comunistas", revisão do livro *The God that Failed* publicada em *The Reporter*, Nova York, abril de 1950. Disponível em <https://www.marxists.org/espanol/deutscher/1950/conciencia_ex-comunistas.htm>.

refletem exatamente isso que levanta Koestler ao se referir aos que foram "cativados pela grande ilusão de nosso tempo e vivenciaram a sua orgia moral e intelectual". Ante a queda de um velho mundo de sonhos e utopias despedaçadas, os desiludidos enfrentam duas alternativas: "ou se entregam a uma nova droga de tipo oposto", como é o caso de VLL com o liberalismo; ou se resignam a sobreviver, convivendo até o fim de seus dias com a traição de seus ideais, porém sem os substituir por seus contrários. A apostasia secular dos ex-comunistas tem uma sequência que Deutscher descreveu com precisão: "quase todos [...] romperam com o partido em nome do comunismo. Quase todos eles se propuseram a defender o ideal do socialismo dos abusos de uma burocracia submetida a Moscou". Porém, com o passar do tempo, "essas intenções são esquecidas ou abandonadas. Depois de romper com uma burocracia de partido em nome do comunismo, o herege rompe com o comunismo", atravessa a trincheira e começa a atirar seus dardos contra os seus antigos camaradas.[33] Não é exagerado acrescentar que o oposto da heresia é o dogmatismo, doença que afeta quase sem exceção a todos os sistemas doutrinários e não só ao marxismo. Há sectarismos nesta corrente, porém há também no liberalismo, e VLL e seus amigos são um exemplo vivo disso. Por isso, se faz pertinente compartilhar uma reflexão de um peruano grande de verdade, José Carlos Mariátegui, quando, a propósito destas questões, nos ofereceu uma ponderação inesquecível, principalmente em momentos como os atuais: "A heresia é indispensável para comprovar a saúde do dogma. Algumas servem para estimular a atividade intelectual do socialismo, cumprindo uma

---

[33] Deutscher, *op. cit.*, p. 7. Um exame sobre este tema no caso da Espanha pode ser encontrado em Pepe Gutiérrez-Álvarez, "Herejes y renegados", *El Viejo Topo*, 4 set. 2017, <http://www.elviejotopo.com/topoexpress/herejes-y-renegados/> e também em uma nota de de Francesc Arroyo com o mesmo nome, mas publicada antes no *El País*, 7 nov. 1990 <https://elpais.com/diario/1990/11/07/espana/657932419_850215.html>.

oportuna função de reações. De outras, puramente individuais, tem feito justiça implacável o tempo".[34]

O ensaísta Terry Eagleton, reconhecido crítico da teoria cultural, sugere algumas hipóteses para compreender este trânsito regressivo que, parece-nos, ilumina a formidável mutação ideológica sofrida por alguns ex-comunistas e ex-marxistas.[35] Para isso nos propõe um experimento mental: imaginar o impacto que uma derrota e uma contestação prática esmagadora exercem sobre uma corrente radical de ideias, que parece apagar da agenda pública os temas e as propostas dela não só pelo resto de nossas vidas, mas talvez para sempre. Com o passar do tempo, os argumentos centrais dessa corrente pecam menos por sua suposta falsidade do que por sua irrelevância ante os olhos de seus contemporâneos. Seus críticos já não encontram nenhuma razão para debater com os representantes da velha teoria ou refutar suas ideias centrais, a não ser contemplá-los com uma estranha mistura de indiferença e curiosidade, "a mesma que a gente pode ter em relação à cosmologia de Ptolomeu ou à escolástica de Tomás de Aquino".[36]

Quais são as alternativas práticas que se abrem para os contestatários, para os suportes sociais daquela corrente aparentemente condenada pela história ante uma catástrofe político-ideológica como a que descreve o britânico? Para um marxista dogmático como era o jovem VLL, todo esse mundo de verdades aparentemente inamovíveis e objetivas – de estruturas determinantes em última instância (e às vezes não tão última), de "leis de movimento" que regem a dialética da história e de

---

[34] Citação que se encontra em "Henry de Man e a crise do marxismo", no *En defesa do marxismo*, <https://www.marxists.org/espanol/mariateg/oc/defensa_del_marxismo/paginas/i.htm>. O tempo já tem se encarregado de "fazer jus" à heresia de Vargas Llosa.

[35] No seu "Where do postmodernists come from?" incluso em Ellen Meiksins Wood e John Bellamy Foster (compiladores), *In Defense of History* (Nova York: Monthly Review Press, 1997).

[36] Ibid., p. 17.

causas eficientes que tudo explicam –dissipa-se como uma neblina. Ante à queda das velhas crenças, o agora cético militante, perdido nas brumas da derrota, corre à procura de uma nova droga que dê um sentido à sua vida. O lugar das antigas certezas não pode ficar vazio – a natureza aborrece o vazio, relembra Aristóteles –, e esse espaço foi progressivamente ocupado pelos restos do liberalismo e do pós-modernismo, com sua vistosa galáxia de fragmentos sociais, a irrupção fulminante de sujeitos, as contingências aleatórias que não obedecem à legalidade histórica alguma e as vertiginosas circunstâncias que emergem e se encontram, misturando ininterruptamente tudo o que não é para os arrependidos e renegados senão o reconhecimento da apoteose da liberdade.

Não apenas o marxismo afrancesado do jovem peruano se desmoronou, mas também toda a herança teórica do Iluminismo e seus grandes relatos. Era necessário um novo começo e reconhecer que, para a "sensibilidade pós-moderna" que definiu o clima cultural e ideológico da última década do século XX e os primeiros anos do atual, as ideias centrais do marxismo eram menos combatidas que ignoradas: não apenas por serem erradas, como asseveram seus críticos, mas porque se converteram em um irrelevante arcaísmo.[37] O discurso ideológico desta direita que agora passava à contraofensiva se sintetizava em poucas e rotundas teses: o Muro de Berlim foi demolido; a União Soviética desintegrou-se sem pena nem glória, sem que ninguém desse um único tiro em sua defesa e, para as novas gerações dos países que formaram a União Soviética, esta é ape-

---

[37] A situação atual tem mudado radicalmente, e especialmente desde o começo da nova crise geral do capitalismo, impulsada pela crise das hipotecas subprime e o afundamento do banco de investimento Lehman Brothers, em 2008. Desde então, o marxismo tem recuperado seu lugar no debate não só teórico, mas também prático de nosso tempo. *O capital* de Karl Marx está vendendo como nunca antes e, faz apenas uns meses, Xi Jinping recomendou a seus compatriotas a leitura do *Manifesto do Partido Comunista*.

nas uma vaga lembrança. O Pacto de Varsóvia foi dissolvido no constrangimento. O capitalismo, os mercados e a democracia liberal triunfam em todo lugar, e aí está a obra de Francis Fukuyama para comprovar.[38] Não apenas isso: ele nos diz que a mesma história chegou ao seu fim e que já não haverá outra partida para jogar. O capitalismo converteu-se no *"the only game in town"* [o único jogo na cidade], como dizem os neoconservadores norte-americanos. O imperialismo se desvanece, e em seu lugar dois esquerdistas pós-modernizados postulam seu definitivo desaparecimento e sua substituição por um vaporoso, inócuo, inofensivo império que não é imperialista.[39] A velha classe operária foi atomizada e pulverizada pelo pós-fordismo e está sendo rapidamente substituída pela robótica; os Estados nacionais aparecem em desordenado retiro, servilmente ajoelhados ante o impulso dos mercados globalizados e a constituição de grandes conglomerados empresariais de colossais dimensões; a social-democracia e os velhos partidos comunistas europeus – salvo, entre estes últimos, uma ou outra exceção, embora minoritária – abraçam descaradamente o neoliberalismo; China se abre ao capital estrangeiro e ingressa à OMC; e o outrora chamado "campo socialista" desapareceu da arena internacional sem deixar rastros. Só Cuba permanece em pé, e lá longe o Vietnã, Laos e o mistério norte-coreano de quase impossível catalogação. Diante deste quadro, assim apresentado e golpeado diariamente pela ideologia dominante e seus grandes meios de (des)informação de massas, o que fazer?

Eagleton levanta algumas opções que iluminam não somente o itinerário que percorreram intelectuais como VLL, mas muitos outros que profetizavam a iminência da revolução e aguardaram infrutuosamente junto a suas armas à espera do

---

38 *El fin de la historia y el último hombre* (Buenos Aires: Planeta, 1992).

[39] Referimo-nos, evidentemente, à obra de Michael Hardt e Antonio Negri: *Imperio* (Buenos Aires: Paidós, 2002). [Ed. bras.: *Império*. Rio de Janeiro: Record, 2005].

38

"dia decisivo", e percebe quatro possíveis estratégias para enfrentar o desastre.

Estão, de um lado, os que acharam sua nova droga na direita. Vargas Llosa, Regis Debray e Lucio Colletti exemplificam esta opção: passar em uma operação digna de um saltimbanco ao campo inimigo. Lucio Colletti, outrora um respeitado filósofo marxista, com fortes ingredientes maoístas e trotskistas, percorreu um espinhoso caminho que o levou a ser duas vezes eleito deputado pelo Forza Italia, partido do neofascista Silvio Berlusconi. Regis Debray foi da guerrilha de Che na Bolívia à homem de referência de sucessivos governos conservadores na França. A lista seria interminável, e uma breve biografia de convertidos e apóstatas iria consumir todas as páginas deste livro. Além de VLL, um dos casos mais ressonantes na América Latina foi a súbita conversão de Antônio Palocci, o ex-Ministro da Fazenda do governo de Lula e dirigente trotskista *à la lettre*, em um furioso neoliberal e, já na cadeia por seus delitos, em deplorável acusador de Lula.[40]

Entre a nostalgia e uma urgente epifania

A segunda alternativa, segundo Eagleton, é a daqueles que permaneceram na esquerda, porém resignados e nostálgicos diante da diluição de suas convicções pelo fato de que, quando

---

[40] Cf. Carlos Gervasoni, "Antonio Palocci o la insoportable fe de los conversos al capitalismo ", em <http://www.analisislatino.com/opinion/?id=610>. Dados sobre este fenômeno no caso chileno se encontram em <https://www.elciudadano.com/politica/los-conversos-del-allendismo-al-capitalismo/09/05/>. Ver também a interessante nota de Higinio Polo, "La lucidez del converso", *Rebelión*, 14 out. 2004. Um caso extremo é o de Joaquín Villalobos, ex-comandante da Frente Farabundo de Libertação Nacional, que em 1975 ordena executar ao poeta Roque Dalton acusando-o de ser informante da CIA. Villalobos desertou e passou à direita, na qual foi assessor de Álvaro Uribe Vélez na época mais tenebrosa deste presidente, o tempo dos falsos positivos e das fossas comuns. Ver <http://www.rebelion.org/noticia.php?id=6000>.

tinham muito bem fundamentadas todas as respostas para superar o capitalismo, mudaram-lhes as perguntas. Ou, melhor, apareceram novos desafios, produto das novidades produzidas pelo desenvolvimento do capitalismo e que não estão incorporadas às velhas perguntas.

Outros, os terceiros, fecham os olhos ante os exaustivos dados da realidade. Exibindo um fantasioso triunfalismo, acreditam antevir nos menores indícios de luta – uma mobilização estudantil, uma ocupação de terras, uma fábrica recuperada, algum protesto de rua – os claros sinais que anunciam a iminente epifania da revolução.

Estão, por último, aqueles que conservam o impulso radical, porém realocado em outra arena distinta da propriamente política, buscando refúgio e consolo em vaporosas elucidações filosóficas ou epistemológicas (o "marxismo ocidental" analisado por Perry Anderson) ou em uma obscura metafísica do social, como fizeram Michael Hardt e Antonio Negri com sua volúvel teoria de um império que já não é imperialista.[41]

Não obstante, parece que deveríamos adicionar uma quinta categoria à taxonomia de Eagleton para incluir aqueles que seguem fiéis ao projeto emancipatório do marxismo, porém sem cair na resignação, na nostalgia ou na negação da derrota, conscientes de que a história levanta novos desafios e de que, no essencial, o diagnóstico marxista continua sendo correto, ainda que as condições objetivas e subjetivas necessárias para a superação histórica do capitalismo não tenham se materializado, o que não significa que não possam fazê-lo no futuro. O próprio Eagleton se inscreve nesta categoria, como os lamentavelmente desaparecidos Ellen Meiksins Wood, Adolfo Sánchez Vázquez, Manuel Sacristán, Samir Amin, Ruy Mauro Marini,

---

[41] Sobre a obra dos já mencionados Hardt e Negri, ver *Imperio & imperialismo. Una lectura crítica de Michael Hardt y Antonio Negri.* Sobre o escape para os etéreos territórios da filosofia e da epistemologia, consultar Perry Anderson, *Consideraciones sobre el marxismo occidental* (México: Século XXI, 1979).

Agustín Cueva e Theotonio dos Santos, entre tantos outros, aos que se devem somar numerosos expoentes do marxismo contemporâneo (entre os quais o autor destas linhas); ou a proliferação internacional de revistas e seminários dedicados ao – ou inspirados no – marxismo, cuja enumeração esgotaria muitas páginas deste livro. Um marxismo, como advertimos antes, que mantém uma vigência evidenciada pela grande crise geral desatada em 2008 e da qual o capitalismo ainda não se recuperou.[42]

Obviamente não aspiramos, com esta obra, desvendar as razões conscientes e inconscientes que fizeram VLL optar por uma guinada até se converter, como dizíamos antes, no mais gravitante divulgador dos lugares-comuns do liberalismo e da democracia burguesa no mundo de fala hispânica. Adiantamos, não obstante, uma chave interpretativa: parece-nos que sua deserção obedeceu menos à influência corruptora do dinheiro que às colossais dimensões de seu ego e sua incapacidade para processar com maturidade e inteligência a frustração ocasionada pela adesão religiosa ao marxismo sartreano, bem como à sua incapacidade – precisamente por sua débil formação na teoria marxista – para compreender as contradições e vicissitudes de todo o processo revolucionário, em especial o cubano. Foram sua egolatria e seu monumental narcisismo mais do que a cobiça que, em um primeiro momento, o impulsionaram a queimar os deuses que adorava e a reverenciar novos ídolos. Deixemos para psicólogos e psicanalistas a tarefa de explorar, nas profundidades da personalidade de VLL, a origem deste extravio. Estamos interessados, realmente, em analisar seu discurso e a sua excepcional penetração na cultura contemporânea, facilitada por seu admirável domínio no manejo da linguagem, que tem sido fundamental para difundir nas sociedades latino-americanas a grande impostura do liberalismo, essa ideologia da burguesia refinadamente elaborada ao longo de mais de dois séculos para suscitar a obediência

---

[42] Examinamos este tema em *Crisis civilizatoria y agonía del capitalismo. Diálogos con Fidel Castro* (Buenos Aires: Ediciones Luxemburg, 2009), pp. 23-49.

e a submissão das classes e camadas populares e a autoculpa das vítimas do sistema. Vargas Llosa tem dado a esta ideologia um formato e uma linguagem acessível ao consumo massivo para ser utilizada como uma ponta de lança na luta contra qualquer governo que em *Nuestra América* tenha tido a ousadia de rejeitar as ordens de Washington e para estigmatizar, ou ao menos desprestigiar, forças políticas, correntes de ideias ou intelectuais que tenham o atrevimento de questionar o capitalismo.

O livro que passamos a examinar está organizado de modo bastante simples. Nele, VLL revisa uma série de pensadores que foram decisivos para que ele se convertesse de novelista peruano a publicitário do liberalismo. Cada um deles é apresentado mediante uma breve alusão aos dados principais de sua biografia, a uma ou outra nota relacionada à sua vida amorosa ou suas pulsões eróticas, para logo comentar os aportes doutrinários que o permitiram emergir das trevas em que se encontrava confinado. Neste ponto, em sua leitura quase sempre facciosa e parcial, VLL introduz as noções estereotipadas que o pensamento burguês promove sobre a boa sociedade, a democracia e o império da liberdade. Os autores incorporados neste percurso intelectual, como Virgílio na condução de Dante na busca pela virtude, e que fizeram VLL encontrar a verdade da vida social são Adam Smith, José Ortega y Gasset, Friedrich von Hayek, Karl Popper, Raymond Aron, Isaiah Berlin e Jean-François Revel. O livro termina de forma um tanto abrupta, sem um capítulo final no qual se sintetizem as principais ideias dos autores. Isto não deve surpreender a ninguém, porque haveria sido uma tarefa que excederia o manejo que VLL tem da problemática das ideias e instituições políticas. Há um primeiro capítulo que, de alguma maneira, compensa parcialmente esta falência, ainda que seu exacerbado egocentrismo e sua total ausência de qualquer referência a livros ou artigos que tenham tratado sobre o tema atentem contra o rigor intelectual de sua tentativa.[43] É ób-

---

[43] Nesse capítulo introdutório, é incompreensível que VLL não tenha considerado a obra de outro dos grandes divulgadores do pensamento,

vio que a fortaleza de VLL não são os temas de filosofia política. É um propagador inteligente e que levanta teses com um estilo literário elegante e sedutor. Embora, tal como acontece no caso de um dos autores ao qual VLL dedica um capítulo do seu livro, Sir Isaiah Berlin, em algumas partes é difícil distinguir qual é o pensamento dele e quais são os dos autores objeto de seu estudo. Ou seja, é árduo distinguir quando fala VLL e quando o fazem os pensadores (filósofos, economistas, sociólogos) cuja obra apresenta e exalta.[44] Esta indefinição da origem dá uma certa confusão a seu texto, que se soma ao modo viciado com que frequentemente, mas nem sempre, apresenta seus argumentos a favor do ideário liberal. Porém precisamente este é o objetivo deste livro, e é o que trataremos de analisar nas páginas que seguem.

---

ainda que com melhores conhecimentos do tema, e ao mesmo tempo sócio do peruano na sua cruzada contra o marxismo. Nós nos referimos a Mariano Grondona, autor de *Los pensadores de la libertad* (Buenos Aires: Sudamericana, 1986), que expõe as ideias de onze teóricos do liberalismo, apenas três dos quais se encontram na obra de VLL: Adam Smith, F. von Hayek e K. Popper. Diferente de VLL, Grondona é um autor que tem estudado durante décadas os clássicos do pensamento político, o que não pode deixar de ser destacado, apesar das intransponíveis diferenças que alguém como o autor destas páginas mantém com ele.

[44] Ver, por exemplo, no caso de Berlin, Alexis Butin, "Isaiah Berlin: a Twentieth Century Thinker", palestra apresentada no seminário internacional sobre a liberdade positiva e negativa de Isaiah Berlin na Universidade de Paris II, 29 maio 2017, p. 10.

Capítulo II
Cuba, Thatcher, Reagan

No primeiro capítulo de *O chamado da tribo*, VLL explica quais foram as circunstâncias que, no final dos anos 1960, o impulsionaram a afastar-se do marxismo. Em *Peixe na água*, já havia antecipado suas razões:

> Quando deixei de participar na minha célula, em junho ou julho de 1954, fazia tempo que me sentia aborrecido pela inércia do que fazíamos. E não acreditava mais em uma palavra de nossas análises classistas e nossas interpretações materialistas, pois, embora não tenha falado de maneira direta aos meus camaradas, elas me pareciam pueris, um catecismo de estereótipos e abstrações, de fórmulas – "oportunismo pequeno burguês", "revisionismo", "interesse de classe", "luta de classes" – que se usavam como coringas para explicar e defender as coisas mais contraditórias. E, sobretudo, porque havia na minha maneira de ser – no meu individualismo, na minha crescente vocação para escrever e na minha natureza rebelde – uma incapacidade visceral para ser esse militante revolucionário paciente, incansável, dócil, escravo da organização, que aceita e pratica o centralismo democrático – uma vez tomada uma decisão todos os militantes a fazem sua e a aplicam com fanática disciplina – contra o que, ainda que aceitasse da boca para fora que era o valor da eficácia, todo meu ser se rebelava.[45]

Esse desencanto foi logo transitoriamente sanado com o entusiasmo e "a apaixonada causa" que despertou nele a Revolução Cubana.[46] Porém pouco depois haveria de ser a sua relação com

[45] *El pez en el agua*, p. 129.
[46] *Ibid.*, p. 155.

Cuba e, em menor medida, o sombrio balanço de sua viagem à União Soviética em 1968, o que precipitou o início de seu definitivo afastamento do marxismo e de qualquer projeto político de cunho coletivista. O peruano chegou à Ilha pela primeira vez na véspera da irrupção da Crise dos Mísseis de Cuba, em outubro de 1962, momento no qual ficou maravilhado pelo espírito combativo do povo cubano, principalmente de jovens e crianças que, situados no *Malecón*, manejavam rudimentares canhões antiaéreos sem se intimidar com o voo rasante dos aviões norte-americanos.[47] Ao longo dessa década, ele manteve sua identificação com o processo cubano e participou como jurado em um concurso da Casa das Américas, tendo feito parte do comitê de colaboração de sua revista. Segundo ele, a criação das Unidades Militares de Ajuda à Produção (UMAP) terminaram se convertendo em campos de concentração nos quais se colocavam "homossexuais junto a contrarrevolucionários e delinquentes comuns", fato que lhe produziu uma insuportável indignação que culminou, anos mais tarde, na sua ruptura com a Revolução. Há muito tempo em Cuba ninguém duvida mais que a criação das UMAP foi um erro, reflexo da homofobia e do anacrônico ateísmo militante prevalecente nessa época, acentuado pela permanente agressão militar que a Ilha estava sofrendo desde o triunfo da Revolução. Porém VLL não pode ignorar que tanto a homofobia quanto o ateísmo foram combatidos energicamente por numerosos revolucionários e revolucionárias – entre eles, a União de Escritores e Artistas de Cuba – que cedo se opuseram às UMAP, fechadas em 1968.

A animosidade do peruano se acentuou após a mencionada viagem à União Soviética, ocasião em que se convenceu de que o que havia aparecido ante seus olhos como a terra prometida da humanidade não produzira outra coisa que um enorme holocausto social e uma sociedade em que, segundo lhe disse

---

[47] As ardentes notas que VLL enviou desde uma Cuba acossada militarmente pelos Estados Unidos nesse tempo podem se encontrar em Ayala, *Los abismos de Mario Vargas Llosa*, pp. 125-130.

"um russo falador", os mais privilegiados eram "os escritores submissos". A venenosa frustração desatada por essa viagem, unida a desafortunadas declarações de Jean-Paul Sartre sobre a inutilidade da literatura "frente a uma criança que morre de fome na África", o fizeram se sentir "quase que esfaqueado pelas costas" (p. 16).[48]

No entanto, se houve algum estopim foi o tão publicitado "caso Padilla". Herberto Padilla era um intelectual revolucionário cubano, funcionário em várias repartições públicas, que em 1970 lançou uma dura crítica contra a política do governo. Segundo relata VLL, Padilla foi virulentamente atacado pela imprensa e logo preso sob acusação de ser um agente da CIA.[49] Em seu livro, ele oferece uma versão de sua reação ante a atuação do governo cubano que não se ajusta aos fatos. Com efeito, relata que: "Indignados, cinco amigos que o conhecíamos – Juan e Luis Goytisolo, Hans M. Enzensberger, José María Castellet e eu – escrevemos, em meu apartamento de Barcelona, uma carta de protesto que somaria muitos escritores de todo o mundo, como Sartre, Simone de Beauvoir, Susan Sontag, Alberto Moravia, Carlos Fuentes, contra aquele abuso". Sempre de acordo com o que diz VLL, a resposta de Fidel foi acusá-los de servir ao imperialismo e proibir-lhes de regressar a Cuba "por tempo indefinido e infinito" (p. 17).[50]

---

[48] Existem boas razões para pensar que um "russo falador" dificilmente poderia ser considerado uma fonte confiável para explicar a situação da literatura na União Soviética, além dos conhecidos problemas que os escritores enfrentaram nesse país e muito especialmente durante o apogeu do stalinismo.

[49] Como veremos mais adiante, a prisão durou aproximadamente um mês, ainda que se insinue que Padilla tenha sofrido longos anos de cadeia e tormentos, o que não é verdade.

[50] Uma vez mais, o tempo deu razão a Fidel e lhe "absolveu", porque VLL e seus amigos se converteram em obscenos agentes do imperialismo.

Sobre o "caso Padilla"

Foi isso o que aconteceu? Não. Em seu livro magnífico, *Cuba defendida*, Fernández Retamar conta que em 1968 se escreveria o primeiro capítulo do "caso Padilla", que haveria de desencadear "ásperas críticas político-literárias, a partir de um livro deste escritor, que foram amplamente publicizadas pela imprensa ocidental com o objetivo de provocar nos intelectuais que até então se haviam mostrado simpatizantes da Revolução o temor de que em Cuba seriam produzidos, no domínio cultural, fenômenos como os que caracterizaram a União Soviética após a morte de Lenin". E mais adiante, Retamar acrescenta que em 1971 se abriu outro capítulo do "caso Padilla", causado dessa vez pela "prisão deste escritor e um texto de autocrítica que foi uma caricatura dos discursos pronunciados nos horríveis processos dos anos 1930 em Moscou. Longe de ser assassinado, o condenado a prisão Padilla foi libertado um mês depois". Após 38 dias de reclusão, Padilla pronunciou sua famosa autocrítica na União de Escritores e Artistas de Cuba, um texto tenebroso de autoculpa que, tempos depois seria verificado, tinha sido uma farsa: a provocação friamente calculada de um personagem sem escrúpulos, encaminhada a danificar o prestígio internacional da Revolução Cubana.

Depois dessa indigna cena, sem nenhuma reprimenda ou assédio, Padilla continuou morando em Cuba até 1980, quando foi autorizado a emigrar para os Estados Unidos com ajuda do senador Edward Kennedy. Anos depois, e desde seu confortável exílio, Padilla reconheceu que havia estudado minuciosamente as "confissões" dos horríveis julgamentos de Moscou na década de 1930 e encenado algo igual ante os juízes cubanos. Em sua trapaça, Padilla confessou, sem pudor, estar envolvido em um projeto contrarrevolucionário, causando o tão esperado espanto entre amigos e simpatizantes da Revolução Cubana que, atônitos e indignados ante sua confissão, a perceberam como uma prova irrefutável de que Cuba se encaminhava ao stalinismo.[51] Fernández Retamar dedicou muito tempo a denunciar esta montagem propagandística em diversos números de *Casa de las Américas* e no seu "Calibán revisitado", publicado no n. 157 da mesma revista e incorporado em seu *Todo Calibán*.[52] Retamar esclarece nesse texto que Padilla esteve recluso por um mês, não pela redação de algum poema, mas pela acusação de estar envolvido em atividades contrarrevolucionárias. Dado que nossa obra não tem como objetivo examinar as relações de Vargas Llosa com a Revolução Cubana, recomendamos a nossos leitores um livro definitivo de Jorge Fornet que oferece uma extraordinária documentação para compreender os acontecimentos que serviriam de pretexto a VLL para justificar o rompimento com Cuba.[53] Ver também outro texto imprescindível para a compreensão dessa época: a obra de Guillermo Rodríguez Rivera: *Decirlo todo: políticas culturales (en la Revolución Cubana)*, em que se examina a relação entre o mundo da cultura e a revolução em Cuba, e a forma com que essas intrincadas vinculações deram lugar a uma torrente de ataques do imperialismo e seus aliados, ao que se acrescente o recente livro de Abel Prieto Jiménez.[54] Em resumo: cinco textos imprescindíveis não

---

[51] *Cuba defendida* (Havana: Letras Cubanas, 2004). As referências ao "caso Padilla" se encontram principalmente nas páginas 248 e 249. Ver neste mesmo livro "A Mario Vargas Llosa, en nombre de quien ya no puede responderle", em alusão à carta que escrevera o peruano contra a falecida Haydée Santamaría, pp. 309-312.

[52] Buenos Aires: CLACSO, 2004, pp. 86-90.

[53] Trata-se de *El 71: anatomía de una crisis* (Havana: Letras Cubanas, 2013).

[54] O livro contém um prólogo de Silvio Rodríguez Domínguez (Havana: Edições Ojalá, 2018). Também recomendo a nossos leitores o livro da argentina María Eugenia Mudrovcic, *Mundo Nuevo: cultura y Guerra Fría en la década del 60* (Rosario: Beatriz Viterbo Editora, 1997), em que analisa o papel crucial da CIA na gestação e no desenvolvimento da revista e sua penetração na cena cultural latino-americana, com especial referência ao papel de Vargas Llosa – ainda que este, diferentemente do mexicano Carlos Fuentes, nunca tenha escrito

apenas para decifrar o caminho seguido pelo peruano e suas (des) razões para romper com a Revolução Cubana, mas para entender os ataques sofridos por esta última daqueles que, em um primeiro momento, foram seus simpatizantes para logo se converterem em ferozes opositores.

Mal poderíamos aqui examinar em profundidade tudo o que significou o "caso Padilla" na vida cultural e política cubana e as nefastas repercussões daquilo que a historiografia cubana denomina "o quinquênio cinza" (1971-1976). As já mencionadas obras de Fornet, Retamar e Rivera oferecem o que, a nosso juízo e de tantos outros, é a versão definitiva da gênese, do desenvolvimento e das consequências do que, mais que "caso Padilla", deveria ser chamada "operação Padilla": parte da guerra cultural que a CIA lançou contra o governo da Revolução desde o primeiro momento.[55] Guerra cultural que prossegue até nossos dias, não só contra Cuba, mas contra qualquer governo que não esteja disposto a se ajoelhar perante o amo imperial. Bolívia, Venezuela, El Salvador e Nicarágua exemplificam o que temos dito e trazem à nossa memória uma lúcida observação de Inácio de Loyola, muito apropriada para compreender os efeitos que o assédio e a agressão do imperialismo podem exercer sobre o campo cultural e político dos governos revolucionários. Dizia o fundador dos jesuítas que "em uma cidadezinha sitiada, todo dissenso vira uma heresia". O acontecido durante o "quinquênio cinza" em Cuba ratifica a verdade contida na reflexão de Loyola.

Dito o anterior, existe um dado que põe um feixe de luz sobre a complexa ruptura do vínculo de VLL com a Revolução Cubana: a entrevista que, depois do questionamento pelo "caso

---

na publicação. Ver Abel Prieto Jiménez, *Apuntes en torno a la Guerra Cultural* (Holguín: Edições La Luz, 2018).

[55] Sobre o papel da CIA, além do texto de Mudrovcic, é preciso recomendar outros dois livros de fundamental importância: o de Frances Stonor Saunders, *La CIA y la Guerra Fría Cultural* (Madrid: Debate, 2001) e o já mencionado de Abel Prieto Jiménez.

Padilla" e a digna e vibrante resposta de Haydée Santamaría – naquele tempo diretora da Casa das Américas –, o peruano oferece em junho de 1971 ao jornalista César Hildebrandt, da revista limenha *Caretas*. Nela, diz textualmente que:

> Era previsível que a direita tentasse aproveitar os acontecimentos cubanos. É uma das razões pelas quais o episódio da autocrítica e o discurso de Fidel me parecem infelizes: pela extraordinária oportunidade que oferecem à direita e ao imperialismo de atacar a solução socialista para os problemas da América Latina. Quanto a mim, no dia 29 de maio, entreguei o seguinte comunicado à imprensa: *Certa imprensa está usando minha renúncia ao comitê da revista Casa das Américas para atacar a Revolução Cubana a partir de uma perspectiva imperialista e reacionária. Quero esclarecer essa suja manobra e desautorizar energicamente o uso de meu nome nessa campanha contra o socialismo cubano e a revolução latino-americana. A minha renúncia é um ato de protesto contra um fato específico que sigo considerando lamentável, porém não é, nem pode ser, um ato hostil contra a Revolução Cubana, cujos feitos formidáveis para o povo de Cuba são realizados em condições verdadeiramente heróicas e que tenho podido verificar pessoalmente em repetidas viagens à ilha. O direito à crítica e à discrepância não é um privilégio burguês. Ao contrário, só o socialismo pode assentar as bases de uma verdadeira justiça social e dar a expressões como "liberdade de opinião", "liberdade de criação", seu verdadeiro sentido. É no uso desse direito socialista e revolucionário que tenho discordado do discurso de Fidel sobre o problema cultural, que tenho criticado o acontecido com Heberto Padilla e outros escritores. Fiz após o caso da Tchecoslováquia e vou continuar a fazer cada vez que eu acredite ser legítimo, porque essa é minha obrigação como escritor. Porém que ninguém se engane: com todos os seus erros, a Revolução Cubana é, hoje mesmo, uma sociedade mais justa que qualquer outra sociedade latino-americana, e defendê-la contra seus inimigos é para mim um dever mais urgente que honroso. Entendeu?[56]*

---

[56] O fac-símile da entrevista encontra-se em: <sites.google.com/site/bibliotecacandelabrocomas/mario-vargas-llosa-y-cesar-hildebrandt>.

Esta declaração é posterior ao "caso Padilla", e ainda vejamos VLL como um férreo defensor da Revolução Cubana, construtora de uma sociedade mais justa que qualquer outra na região e que foi capaz de grandes realizações em condições verdadeiramente heróicas. O que aconteceu depois? Não sabemos, e aqui só caberia formular algumas conjecturas que, após a enorme regressão que projetou ao narrador peruano de um extremo a outro do arco político, carecem por completo de interesse e seriam uma perda de tempo. No entanto, seu livro nos diz que as críticas que lhe fizeram os amigos de Cuba e o próprio governo cubano lhe tiraram "um grande peso das costas… visto que já não precisava simular uma adesão que não sentia sobre Cuba" (p. 17). Evidentemente que houve muita simulação, conveniência ou oportunismo em seu apoio à Revolução Cubana. Entretanto, ao menos da boca para fora, se comprometia com o socialismo e guardava uma certa dose de ceticismo em relação à democracia burguesa, que em poucos anos se dissiparia por completo. A partir desse momento, abre-se um interlúdio que duraria quase todo o resto da década até que um par de encontros com dois chefes de Estado reproduziriam para VLL o que quase dois mil anos antes aconteceu ao furibundo perseguidor de cristãos, Saulo de Tarso, que no caminho a Damasco foi cegado por uma luz brilhante. Esta não emanava senão do próprio Jesus que, atravessando seu caminho, perguntou-lhe por que perseguia os fiéis, o que provocou a relampejante conversão do pagão em um formidável cruzado do cristianismo. Saulo, tempos depois, construiria os pilares da igreja de Roma e esta, séculos depois, o recompensaria com a santidade.

A dama de ferro e o caubói

Os sucessos que desencadearam sua conversão não botaram VLL frente a frente com o filho de Deus, mas com dois ines-

---

A notável carta de Haydée Santamaría, que explica em profundidade a infame deserção de Vargas Llosa e a abominação dos seus ideais revolucionários, encontra-se reproduzida em Ayala, *op. cit.*, pp. 183-185.

perados e penosamente terrestres interlocutores: a pérfida Margaret Thatcher e o ríspido presidente dos Estados Unidos Ronald Reagan. Foram eles que ajudaram o futuro convertido a se recapacitar e se convencer de que "com todas as suas imperfeições, que eram muitas, a democracia [assim, sem mais e sem adjetivos!] ao menos substituiria a arbitrariedade pela lei e permitia eleições livres e partidos e sindicatos independentes do poder" (p. 18). Sintoma evidente do desvario que comete VLL, causa da "luz brilhante" que precede toda conversão, ele oferece sua resplandecente exaltação da primeira-ministra do Reino Unido e do tosco ator coadjuvante que o inculto eleitorado estadunidense instalou por oito anos na Casa Branca. A primeira aparece ante os olhos do escritor como uma estadista guiada por convicções e instintos profundamente liberais, que assumiu o poder em uma Inglaterra decadente e que, em onze anos (1979-1990), implementou uma "revolução feita na mais correta legalidade" – que o Nobel hispano-peruano desfrutou de perto, porque nesses anos morava na Inglaterra. Os componentes fundamentais dessa "revolução", cujos estragos se sentem ainda hoje no Reino Unido, foram a política de privatizações, o fim dos subsídios, a liberalização e desregulação dos mercados e a abertura ao comércio internacional. Thatcher teve que enfrentar a oposição de ferozes antirreformistas que resistiram aos seus "ventos modernizantes": a heroica greve dos mineiros do carvão que aparece como um dado insignificante e os traços reacionários e repressivos da líder conservadora que também se desvanecem por completo graças à prosa do feiticeiro. O que este sublinha, em vez disso, é a "coragem e convicção" de Thatcher, que converteu seu país em "a sociedade mais dinâmica de Europa", sem ter a cortesia de ilustrar a seus leitores o que significa o qualificativo "dinâmica" (pp. 18-19). O custo social que ainda hoje está pagando a sociedade inglesa, e do qual o Brexit é apenas uma de suas mais recentes manifestações, são ignorados por completo por VLL.

Se impõe aqui uma breve digressão, porque o desbordante entusiasmo com o qual elogia Thatcher se reproduziria, anos depois, com o presidente do governo espanhol José María Aznar – de quem, *stupor mundi*, diria que "os historiadores do futuro reconhecerão [...] como um dos grandes estadistas da história da Espanha", porque durante os oito anos de sua gestão a economia "cresceu de uma maneira espetacular" ao mesmo tempo que impulsionou uma "extraordinária abertura da sociedade espanhola". Não esquecer que, quando Aznar chegou à presidência, em 1996, Mario Vargas Llosa foi o primeiro intelectual recebido quase de imediato em La Moncloa.[57] O peruano não disse nem uma palavra sobre as mentiras proferidas por Aznar imediatamente após os atentados de Atocha, nem sobre as que também disse em relação à suposta existência de "armas de destruição em massa" no Iraque, tampouco de seu absoluto desprezo pela opinião pública da Espanha que, em proporção esmagadora, opunha-se à intervenção de seus militares na Guerra do Iraque, apesar de o tão exímio estadista ter feito exatamente o contrário do que exigia seu povo sem que o antidemocrático e antiliberal comportamento merecesse reprovação do publicitário peruano.

Ronald Reagan, por sua vez, é elevado à categoria de líder ocidental que, tal como Thatcher, posicionava-se sem complexos frente ao comunismo. Não é necessário ser um crítico impiedoso para perceber a abismal andropausa intelectual que significa ter, primeiro, como referentes e mentores na juventude um Sartre ou um Camus e substituí-los – o *irreparável ultraje dos anos* (expressão que li uma vez em Alejo Carpentier) – por Margaret Thatcher e Ronald Reagan, dois notáveis criminosos de guerra ademais de impenitentes carrascos de seus povos.

---

[57] Sobre o desmedido nos elogios a Aznar ver <https://www.20minutos.es/noticia/138551/0/vargas/llosa/Aznar/>. Sobre a visita de VLL a Aznar quando assumiu a presidência do Governo de Espanha, ver <http://blogs.publico.es/felix-poblacion/509/vargas-llosa-y-faccion--dura-del-pp/>.

Em um ato de piedosa fraternidade com seu novo mestre, VLL sublinha que Reagan era um "extraordinário divulgador das teorias liberais (sic!), que sem dúvida conhecia de maneira um tanto geral", enquanto que "a senhora Thatcher era mais precisa e ideológica" (p. 19). Óbvio, não podia desconhecer que, em muitas questões sociais e morais, estas duas figuras "defendiam posições conservadoras e até reacionárias", mas "no fim das contas, estou convencido de que ambos prestaram um grande serviço à cultura da liberdade. E, em qualquer caso, pessoalmente me ajudaram a me converter em um liberal" (p. 20).

Chegado este ponto, é inevitável parafrasear uma pergunta, na verdade, "a pergunta" que marca toda o seu romance *Conversa na catedral*: quando foi que se deteriorou Vargas Llosa para que duas figuras como Thatcher e Reagan tenham lhe dado o último impulso que necessitava para abraçar o liberalismo? Como é possível que dois sinistros criminosos de guerra, fundamentalmente o último, primitivo como poucos, sejam glorificados desse modo e elogiados como ilustres estadistas a serviço da causa da liberdade? A primeira praticou um verdadeiro genocídio social sobre um setor da sociedade britânica (e não apenas sobre os mineiros), além de ter sido a responsável, na Guerra das Malvinas, pela ordem de afundar o cruzeiro General Belgrano, que se encontrava fora da zona de exclusão estabelecida por Londres. A sua mensagem foi categórica: *sink her!*, "afunde-o!", fazendo-o submergir nas gélidas águas do Atlântico Sul com 323 jovens argentinos, duplamente vítimas de dois genocidas: o local, o general Leopoldo F. Galtieri, chefe da Junta Militar que governava a Argentina; e o externo, Margaret Thatcher. Isto sem falar dos crimes e das cumplicidades da premier britânica com as aventuras militares de Reagan. O presidente dos Estados Unidos foi o delinquente que solicitou ao coronel Oliver North, que possuía até escritório na própria Casa Branca, elabor uma sinistra trama de venda ilegal de armas e drogas para evadir as restrições do Congresso e obter dinheiro necessário para financiar as atividades dos mercenários recrutados por Washington para combater com assassinatos, atentados e sabotagens de diversos tipos o novo governo sandinista instalado na Nicarágua.[58] Não apenas isso: ordenou atacar os portos desse país e oferecer ajuda diplomática, financeira e militar aos paramilitares que assolaram a terra de Sandino durante toda a década de 1980. Também validou o assassinato dos jesuítas em El Salvador e os massacres dos esquadrões da morte nesse país e na Guatemala. Promoveu a "Guerra das Galáxias", que detonou uma corrida armamentista e aumentou as chances de um holocausto nuclear, e desembarcou seus fuzileiros navais para afogar em sangue o governo democrático da pequena ilha de Granada, no mar do Caribe. Em resumo: dois desprezíveis vilões convertidos, para a eterna desonra de Vargas Llosa, nos mentores e inspiradores de seu infeliz trânsito ao liberalismo.

A soberba do escritor fica retratada com caracteres indeléveis quando descreve, exorbitantemente, a satisfação que lhe provocou compartilhar um jantar com Margaret Thatcher. "Não há nada pelo que se envergonhar", disse-lhe depois do jantar e da cálida tertúlia com a primeira-ministra seu amigo e anfitrião Hugh Thomas, um raivoso anticastrista no mesmo amanhecer de 1º de janeiro de 1959, que também participou no conclave mexicano organizado por Octavio Paz. E VLL agregou, consentindo: "E sim, pensei, há muito para se sentir orgulhoso de ter uma governante desta índole, cultura e convicções" (p. 21). Porém ao Nobel peruano não se lhe despertaram os mesmos sentimentos quando jantou com Ronald Reagan na Casa Branca, que lhe confessou o que todos sabiam: que jamais havia lido um livro, somente historietas de *cowboys*. Ainda com essas limitações, VLL reitera neste primeiro capítulo que "ambos foram grandes estadistas [...] [que] contribuíram de maneira decisiva para o desmonte e desaparecimento da União Soviética" (pp.

---

[58] Foi a famosa Operação Irã-Contra. Uma breve informação do caso o oferece a BBC em <http://www.bbc.co.uk/spanish/specials/1555_corrupcion/page2.shtml>.

21-22). Como intelectual latino-americano, envergonha-me ter que descrever atitudes tão colonizadas e lacaias como estas.

A manuseada "igualdade de oportunidades"

Este capítulo introdutório de *O chamado* culmina com a exaltação do aparecimento do indivíduo na história e a dissipação ou extinção da tribo, quando homens e mulheres eram partes inseparáveis de uma coletividade submetida ao capricho do bruxo ou do onipotente cacique da horda primitiva. Esse espírito tribal, primordial, bestial é, segundo VLL, fonte do nacionalismo e do fundamentalismo religioso, causador dos maiores massacres na história da humanidade. É essa chamada a retornar à tribo, à falsa segurança que oferece a comunidade de língua, crenças, costumes, mitos e rituais que inexoravelmente culmina em guerras de extermínio e assassinatos em massa, tudo aquilo a que é preciso resistir e ante o que o individualismo liberal é o baluarte fundamental. Porém, alerta, o liberalismo e sua mensagem não foram compreendidos na América Latina. Aqui nem as ditaduras nem os governos democráticos botaram em prática uma política genuinamente liberal. As primeiras, porque apostavam na liberdade econômica, como o ditador Augusto Pinochet, porém exercendo o poder de modo autocrático e, segundo nosso autor, *iliberal*. Os segundos, porque, apesar de respeitarem as liberdades políticas, introduziram toda classe de restrições à liberdade econômica, que, dito por Von Hayek, é mãe de todas as liberdades e fonte necessária e insubstituível do progresso econômico e social (p. 25). Por isso a necessidade histórica do seu livro: ajudá-los, inconscientes prisioneiros da tribo, a encontrar o caminho para uma "sociedade aberta", emancipados do retardatário papel do coletivismo, mortal inimigo de todas as liberdades.

O remédio que encontra nosso autor para guiar essa plebe para a sua libertação é nada menos que a tão manuseada "igualdade de oportunidades", garantida para os jovens por um sistema educativo gratuito e de alto nível, acessível para todas e todos. Não se suprime a educação privada, adverte, porém se outorga à pública o necessário para que os excluídos, oprimidos e condenados pelo sistema consigam chegar à linha de partida na difícil corrida para o sucesso em igualdade de condições com os jovens procedentes das famílias ricas ou mais acomodadas. O raciocínio é de uma ingenuidade comovente por várias razões. Primeiro, porque ignora olimpicamente os dados que falam da decadência da escola pública em quase todo o mundo (salvo honrosas exceções, como Finlândia e Coreia do Sul) devido à crise fiscal dos Estados capitalistas e às políticas neoliberais. Segundo, porque também ignora o fato de que o processo formativo e educativo começa antes do ingresso à escola e, nesse ponto, as crianças procedentes das classes e camadas populares começam a "corrida para o sucesso" em condições indiscutivelmente – talvez irreparavelmente? – inferiores à de seus pares das classes burguesas. Não é por acaso que, salvo casos como o de Cuba, as universidades recrutem seus discentes nos segmentos superiores das classes médias ou entre as classes oligárquicas em uma proporção substancialmente maior que nas classes populares. Na linha do que alguma vez argumentou Milton Friedman no começo dos anos 1960, nosso autor diz ao terminar o capítulo inicial de sua obra que "Tirando a defesa, a justiça e a ordem pública, nos quais o Estado tem primazia, o ideal é que com o resto de atividades econômicas e sociais se impulsione a maior participação cidadã em um regime de livre concorrência". Entenda-se bem: "primazia", porém "não monopólio" em matéria de defesa, justiça e ordem pública. Quer dizer, uma sociedade em que o Estado se retrai a uma condição embrionária, quase espectral, porque atividades essenciais como a defesa, a administração da justiça e a preservação da ordem pública passariam a ser privatizadas. Simplesmente um delírio do autor de *O sonho celta* que avança mais, ou melhor dito, retrocede muito mais do que o fizera o economista de Chicago e a sua cônjuge, Rose Friedman, toda vez que para estes:

[...] neste sistema de liberdade natural, o soberano só tem que atender três obrigações, que são, sem dúvida, de grandíssima importância: primeira, a obrigação de proteger a sociedade da violência e da invasão de outras sociedades independentes; segunda, a obrigação de proteger, até onde isto seja possível, a cada um dos membros da sociedade, da injustiça e da opressão que possam receber de outros membros da mesma, quer dizer, a obrigação de estabelecer uma exata administração da justiça; e terceira, a obrigação de realizar e conservar determinadas obras públicas e determinadas instituições públicas, cuja realização e manutenção não podem ser nunca do interesse de um indivíduo particular [...].[59]

Os Friedman são conscientes de que ainda em uma "sociedade de mercado", e não só uma economia de mercado, há uma obrigação adicional do governo: "proteger os membros da comunidade que não se podem considerar como indivíduos 'responsáveis'", quer dizer, a pessoas dementes ou crianças.[60] Já na sua clássica obra *Capitalismo e liberdade*, escrita vinte anos antes de *Liberdade para escolher*, Friedman chegava muito além de Vargas Llosa e seu vertiginoso retrocesso mais de cinquenta anos depois. Com efeito, naquela obra fundadora do monetarismo, Friedman dizia que:

Um governo que mantenha a lei e a ordem, defina os direitos de propriedade, sirva como um meio para modificar os direitos de propriedade, resolva as controvérsias relativas à aplicação das leis, assegure os contratos, promova a competência, subministre um marco monetário, dedique-se a contrariar os monopólios técnicos e a superar os efeitos "de vizinhança" considerados generalizadamente como suficientemente importantes para justificar a intervenção governamental e que complemente a caridade privada e a família na proteção dos

[59] Em *Libertad de elegir* (Barcelona: Grijalbo, 1980), pp. 49-50. [Ed. bras.: *Liberdade de escolher: o novo liberalismo económico*. Rio de Janeiro: Record, 1979.]

[60] *Ibid.*, p. 54.

incapazes – sejam estes loucos ou crianças –, tal governo claramente teria importantes funções a cumprir. O liberal consistente não é um anarquista.[61]

Se nos concentramos nestas referências ao pensamento de Milton e Rose Friedman, é para apontar a enorme distância deste caminho "reverso", desta regressão de um autor que se apresenta como se fosse o codificador da vanguarda contemporânea do pensamento liberal. Na realidade, VLL é um notável escritor, porém, como veremos em detalhe no resto deste livro, um amador em matéria de teoria política e social, além de politicamente reacionário.[62] Provoca curiosidade o fato de que, na obra que estamos comentando, ele tenha examinado as contribuições de algumas figuras relativamente menores do pensamento liberal da segunda parte do século XX – Ortega y Gasset, Revel – e ignorado autores como Friedman, que, junto a Von Hayek, foi o mais consistente e precoce inimigo do keynesianismo e das teorias intervencionistas que dominaram grande parte da época ou das vertentes mais progressistas do pensamento liberal, como o igualitarismo de John Rawls.[63] As razões de tamanha

---

[61] *Capitalism and Freedom* (Chicago: University of Chicago Press, 1962), p. 34. [Ed. bras.: *Capitalismo e Liberdade*. São Paulo: Actual, 2014.] Temos examinado com certo detalhe o ideário liberal de Milton e Rose Friedman em *Estado, capitalismo y democracia en América Latina* (Buenos Aires: CLACSO, 2003, quinta edição).

[62] Cf. Roberto Fernández Retamar, em "Vargas Llosa: su choque con la revolución cubana", sentencia que "Mario Vargas Llosa é um notável escritor, é tão bom narrador como mal político". A sua involução política não tira, reconhece o cubano, "que o que se mantém vivo nele é o seu talento literário". Cf. *Revista Proceso*, México, 10 out. 2010.

[63] Temos examinado em detalhe as incorrigíveis limitações da teoria da justiça de Rawls, na medida em que faz abstração das restrições estruturais que a esta lhe interpõe o modo de produção capitalista. Ver "Justicia sin capitalismo, capitalismo sin justicia. Una reflexión acerca de las teorías de John Rawls", em Atilio A. Borón e Álvaro de Vita (org.), *Teoría y filosofía política. La recuperación de los clásicos en el debate*

omissão fogem ao nosso entendimento, mas nem por isso devem deixar de ser apontadas. Elas demonstram o tamanho da regressão de VLL, ao ponto que os conservadores Friedman ficam placidamente instalados à sua esquerda. Temas como a defesa, a justiça e a ordem pública são para eles parte nuclear da vida estatal; para VLL, por sua vez, podem ser delegados ao arbítrio da iniciativa privada. Isto representa o trânsito retrógrado desde uma economia de mercado a uma "sociedade de mercado", em que a feroz sobrevivência do mais apto, usando o termo de Charles Darwin, substituí as virtudes da "mão invisível" de Adam Smith.

O fim destas ocorrências – como chamava Octavio Paz a produtos do intelecto que não podiam em rigor ser caracterizados como ideias – é a afirmação que fecha esse capítulo, segundo a qual "a doutrina liberal tem representado, desde suas origens, as formas mais avançadas da cultura democrática". Como tem sido destacada infinitas vezes, não houve na história apenas um teórico do liberalismo que fosse, consequentemente, um apologista da democracia (p. 29). São coisas completamente distintas que não se sobrepõem, mas que se repelem mutuamente: mais liberalismo significa menos democracia; mais democracia, menos liberalismo. Essa confusão, que tem sido uma das grandes vitórias ideológicas do neoliberalismo, foi coroada com a afirmação de Friedman de que capitalismo e democracia eram apenas duas caras de uma mesma e única moeda. VLL apropriou-se dessa armadilha. Veremos isto em detalhe nas páginas que se seguem, para, ao final deste livro, demonstrar a falácia dessa tese e suas nefastas consequências sobre a vida prática de nossos povos.

---

latinoamericano (Buenos Aires: CLACSO, 2002), pp. 139-162. Isso não nega que Rawls tenha sido, sem sombra de dúvida, o ponto mais alto do pensamento liberal em todo o século XX, apesar de sua obra, seguramente não de maneira fortuita, ter passado despercebida por VLL.

Capítulo III
Adam Smith, ou a falsidade de uma teoria

A recuperação ou, melhor dito, a reconstrução do pensamento liberal praticada por Vargas Llosa começa pela obra do filósofo e economista escocês Adam Smith. Sua figura é uma das mais manuseadas e distorcidas na história das ideias, ao ponto de que toda a sua densa e complexa elaboração teórica, em que se articulam profundas teses filosóficas com incisivas análises econômicas e sociológicas, tem sido resumida pelos publicitários do liberalismo na "teoria" da mão invisível. Confundem estes, para o horror de Smith, uma metáfora ou uma figura retórica – utilizada em só duas ocasiões ao longo de sua vida! – com a complexa teorização que ele elaborou sobre o funcionamento do capitalismo na segunda metade do século XVIII.

Confusão que não é inocente, mas que reflete a intenção de facilitar, com uma fórmula de impacto e rápida assimilação pelo grande público, a aceitação do neoliberalismo como doutrina – como um sentido comum elementar e indiscutível, óbvio –, fazendo caso omisso, quando não distorcido irreparavelmente, da complexa teorização do economista escocês que jamais reconheceu como próprias as políticas que, tanto na América Latina quanto na Europa e nos Estados Unidos, são atribuídas como herança de seus ensinamentos e das quais VLL é o seu principal propagandista.

Deixemos por enquanto estas considerações e vamos à exposição que VLL faz do personagem. Um homem isolado, adverte-nos, solitário, sempre absorto em seus pensamentos, capaz de se extraviar caminhando sem rumo pelas gélidas montanhas escocesas, fortemente influenciado pela figura de David Hume, uma das mentes destacadas do Iluminismo escocês. A vida de Smith "foi uma vida de austeridade estoica, presbiteriana, sem álcool e provavelmente sem sexo – nunca se casou ou teve alguma namorada" (p. 35). Foi professor de Lógica e Metafísica na Universidade de Glasgow e, pouco depois, de Filosofia Moral. Assumiu também tarefas administrativas nessa universidade, na qual chegou a ser decano e vice-reitor. A expansão comercial, produto dos vínculos entre o Reino Unido e as prósperas treze colônias norte-americanas, potencializou significativamente o nível de atividade do porto de Glasgow, o que atraiu paulatinamente o interesse do filósofo sobre as questões econômicas. No entanto, isto não o afastou das preocupações intelectuais. No ano 1759, publicou a *Teoria dos sentimentos morais*, um texto fundamental da filosofia política do século XVIII. VLL analisa a obra superficialmente, julga-a um pouco ingênua e baseada em uma concepção angelical da vida social na qual, erroneamente, só haveria homens e mulheres inspirados na necessidade de fazer o bem. Sujeitos imorais e perversos não cabem nesta construção de Smith, tampouco o egoísta e impiedoso que, depois, geraria o *Homo economicus*. Em todo caso, o filósofo escocês se aproxima mais à prosaica existência do capitalismo do século XVIII e, nos capítulos finais do livro, aparece um tema transcendental para VLL: o repúdio ao nacionalismo e a suas consequências. Nosso autor repara em uma passagem da obra de Smith que diz que "o amor a nossa nação frequentemente nos predispõe a olhar com os ciúmes e a inveja mais perversos a prosperidade e a grandeza de qualquer nação próxima". Esta atitude é qualificada por Smith como "o mesquinho princípio do preconceito nacional" (p. 40). São inumeráveis as passagens do livro de VLL nas quais fustiga o nacionalismo, inseparavelmente unido a toda forma de coletivismo, e aquela reflexão de Smith lhe serve como a âncora teórica de suas opiniões sobre a conjuntura.[64]

---

[64] A obsessiva preocupação de VLL pelo nacionalismo parece focada exclusivamente em sua aparição na periferia do sistema capitalista. Não há referência alguma ao nacionalismo que impregna o manejo da

Embora o autor absolutamente ignore, em *O chamado*, a complexa conjuntura sociopolítica do Estado Espanhol, o tema do nacionalismo, tão presente em sua obra, aparece em várias de suas intervenções públicas. Ao apresentar esse livro em Madri, na Casa de América, referiu-se à situação da Catalunha e expressou "a esperança de que esse fenômeno tenha ficado para trás, e os catalães possam descobrir que o nacionalismo é um anacronismo que não tem razão de ser na Espanha dos dias de hoje". Ele prosseguiu dizendo que o nacionalismo é um monstro, uma ideologia antidemocrática. Na Catalunha, tem-se criado esse monstro fundamentalmente por meio da educação, inoculando essa ideologia tóxica segundo a qual a Catalunha estaria bem melhor se fosse independente da Espanha".[65] O fundamento destes juízos sobre o nacionalismo e seus efeitos se encontraria, aparentemente, na passagem da obra de Adam Smith.

O sucesso com o qual foi recebido o primeiro livro do pensador escocês lhe abriu novas perspectivas laborais. Como acontecia com algumas mentes brilhantes daquela época, Smith foi contratado como tutor de um jovem aristocrata, o que lhe permitiu viajar pela Europa e ter contato direto com as principais cabeças do Iluminismo francês. Anos depois, retornaria à Escócia e, por um dos grandes paradoxos de sua espartana vida, encerraria sua carreira sendo designado a nada menos que chefe da Aduana de Edimburgo, cargo que exerceu com o zelo

---

economia na maioria dos países do mundo desenvolvido, a começar pelos Estados Unidos. Nem a outras manifestações do nacionalismo que deveriam preocupar o peruano, se é que de maneira séria possui interesse no tema: como o desenfreado militarismo dos Estados Unidos, eloquentemente expressado nas dimensões colossais de suas forças armadas, que constituem o único exército de alcance planetário que existe no mundo. Conclusão: o nacionalismo é um problema quando o cultivam, ou o geram, os países pobres ou algumas comunidades, como seria o caso da Catalunha no Estado Espanhol.

[65] <http://www.abc.es/cultura/libros/abci-vargas-llosa-prohibir--libros-y-cuadros-absolutamente-antidemocratico-y-combatir-lo-201802281322_noticia.html>.

característico que marcou a sua vida. VLL observa que "não deixa de ser paradoxal que o maior defensor do livre comércio que existiu no mundo tenha terminado seus dias exercendo um cargo cuja existência representava por si só a negação de suas mais caras ideias" (p. 67).[66] Antes disso, em 1773, instalara-se em Londres para concretizar seu projeto de escrever um livro sobre economia, que seria o célebre livro *Investigação sobre a natureza e as causas da riqueza das nações*. Durante os anos que antecederam a redação desta obra, Smith se dedicou a responder ao delicado questionamento proposto por Thomas Hobbes: o que possibilita a ordem social? O que mantém as sociedades unidas e evita sua desintegração? A resposta daquele, sintetizada na obra magna *Leviatã*, parecía-lhe inadmissível e imoral, pois propunha pôr fim ao violento "estado de natureza", em que o homem era o lobo do homem, mediante um contrato social em virtude do qual um soberano onipotente e avassalador instaura a paz social ao limitar direitos e liberdades dos indivíduos. Hobbes descreveu com escuras tonalidades o que era a vida social (se é que poderia ser chamada assim) antes da assinatura deste contrato: homens e mulheres sobrevivendo a duras penas sob o "permanente medo e perigo da morte violenta", e finaliza a lúgubre descrição dessa figura alegórica com uma sentença que se converteria em uma das mais citadas na história do pensamento político: "a vida do homem é solitária, pobre, tosca, embrutecida e breve".[67] O leviatã estatal colocava um fim à tão calamitosa situação, porém a um preço julgado como inaceitável para Smith: o sacrifício de grande parte das liberdades. O

---

[66] Simplificação do novelista peruano, pois, como veremos adiante, Smith também dava ao Estado um importantíssimo papel na vida econômica, como o de fornecer subsídios para proteger e promover certos setores da economia e a supervisão do comércio exterior e da navegação.

[67] Thomas Hobbes, *Leviatán* (México: Fondo de Cultura Económica, 1940), p. 103. [Ed.bras.: *Leviatã*, capítulo 13. São Paulo: Martin Claret, 2006.]

homem podia agora viver tranquilamente em sociedade, porém submetido ao arbítrio e aos caprichos do monarca.

Inconformado com a resposta hobbesiana, Smith percebeu que os argumentos que havia aportado em seu livro sobre os sentimentos morais agora não lhe pareciam suficientes. Era necessário desbravar novos territórios de pensamento: da filosofia à economia, que quase um século depois também inquietaria um jovem alemão chamado Karl Marx. A aventura intelectual do filósofo escocês culminaria com a fundação do que depois se reconheceria como o nascimento da Economia Política Clássica, plasmada em *A riqueza das nações*, um livro excepcional, uma *opus magna* no qual economia, filosofia, política, humanismo, ética e jurisprudência se articulam em uma poderosa síntese que serviria de inspiração, e ao mesmo tempo de desafio, a Marx para empreender a redação de *O capital*, obra que reflete um diálogo permanente e fecundo com o livro de Adam Smith.

"A mão invisível" do mercado

Vargas Llosa afirma que a descoberta fundamental de Smith foi que o livre mercado era o motor do progresso.[68] Ninguém teria inventado o livre mercado, este teria resultado do espon-

---

[68] Uma pena que VLL não houvesse consultado outras fontes antes de reduzir a obra de Smith a uma tese tão simples como essa. A revista *The Economist*, que não poderia jamais ser acusada de ter propensões coletivistas, publicou há um tempo uma nota na qual se referia às interpretações erradas da obra de Smith. As opiniões convencionais (como a de VLL) em relação a três noções cruciais do economista são colocadas em discussão em um artigo da revista: livre mercado, mão invisível e virtudes da divisão do trabalho. "Adam Smith é conhecido como o pai da economia. Muita gente pensa que ele foi um 'livre-mercadista' arquetípico. Porém Smith é frequentemente muito mal citado". Cf. "Smith's Word. Adam Smith Was a Rather Complex Thinker ", *The Economist*, 1 nov. 2013, em <https://www.economist.com/free-exchange/2013/11/01/smiths-word>. Veremos mais sobre esse tema adiante.

67

tâneo e natural desenvolvimento do comércio que, sem querer ou planejar, fez com que todos os membros da sociedade aportassem à conquista da prosperidade geral. Este livre mercado se assenta sobre vários pilares: a existência da propriedade privada (de alguns poucos, situação sobre a qual VLL silencia, enquanto que, para Smith, este era um tema de permanente atenção); a igualdade dos cidadãos ante a lei (que oculta a radical desigualdade econômica e social, também observada pelo economista escocês); a rejeição dos privilégios (ou melhor dito, a substituição dos privilégios próprios da aristocracia feudal pelos que confere o capitalismo por meio do dinheiro); e a especialização e divisão do trabalho (na qual, como lembrava Eduardo Galeano, alguns poucos se especializam em ganhar e muitos em perder). Para afirmar a sua tese, VLL cita uma célebre passagem do capítulo dois da primeira parte de *A riqueza das nações*, em que Smith diz textualmente não ser "da benevolência do açougueiro, do cervejeiro ou do padeiro que obtemos nosso alimento, mas da preocupação que eles têm por seu interesse próprio. Não nos dirigimos a sua humanidade, mas a seu ego, e nunca falamos de nossas necessidades, e sim das vantagens que eles irão obter" (pp. 49-50).[69] Tão esplêndido resultado se consegue, segundo o economista escocês, como produto da procura do benefício individual, dado que na grande maioria dos casos os indivíduos nem querem nem saberiam obter o bem-estar geral. Porém, guiados por uma sorte de "mão invisível", estas miríades de ações egoístas produzem um resultado altruísta e virtuoso: a prosperidade geral.

---

[69] *An Inquiry into the Nature and Causes of the Wealth of Nations* (edição eletrônica da Pennsylvania State University, Hazleton, Pennsylvania, 2005), p. 18. [Ed. bras. Uma investigação sobre a natureza e as causas da riqueza das nações. Rio de Janeiro: Nova Fronteira, 2017.] Um atento leitor da obra de Smith pode comprovar que o economista escocês jamais disse que a conduta humana só reconhecia como força motriz o interesse egoísta dos agentes econômicos. Essa é a regressão que vai de Smith a seus supostos epígonos contemporâneos, como Von Hayek, e seus divulgadores, como Vargas Llosa.

Nas próprias palavras de Smith,

> Dado que cada indivíduo tenta por todos os meios que estejam a seu alcance [...] de assegurar o maior valor para o que produz [...] o resultado é que cada um necessariamente trabalha para aumentar o ingresso total de cada sociedade tanto quanto seja possível. Geralmente este sujeito não tem a intenção de promover o interesse público, nem saberia como fazê-lo [...]. Neste caso, como em muitos outros, é guiado por uma mão invisível para promover uma finalidade que não era parte da sua intenção [...]. Ao perseguir seu próprio interesse, frequentemente, promove o interesse geral da sociedade ainda mais efetivamente que se desejasse realmente promovê-lo. Nunca soube de um grande ato realizado por aqueles que em sua atividade quiseram promover o bem público. Essa não é uma atitude, aliás, muito comum entre os comerciantes, e poucas palavras necessitariam ser empregadas para os dissuadir de tal propósito.[70]

A "mão invisível" converteu-se na fórmula mais aclamada do exacerbado individualismo de seu tempo, no "selo" de Adam Smith. Não obstante, uma estudiosa deste assunto, Karen Vaughn, observou com atenção que "o termo específico da 'mão invisível' foi apenas utilizado duas vezes nos seus escritos: uma vez na *Teoria dos sentimentos morais* e outra em *A riqueza das nações*".[71] Não é um dado menor que Smith apelasse a ela tão somente no capítulo II do livro IV de sua obra, relacionando-a à restrição da importação de bens que podem ser produzidos no próprio país. No entanto, o impacto desta feliz metáfora tem sido tão forte que ela permeia o conjunto das teorias sociológicas e

---

[70] *Ibid.*, pp. 363-364. Observe a crítica velada aos clérigos das diversas religiões e aos governantes, supostamente empenhados em fazer o bem. E a certeza de que não serão necessários muitos discursos para dissuadir os capitalistas de tentarem estabelecer o bem-estar coletivo.

[71] Karen I. Vaughn, "Invisible Hand", em J. Eatwell J., M. Milgate e P. Newman (orgs.), *The Invisible Hand* (London: Palgrave Macmillan, 1989), p. 168. A mencionada nota da *The Economist* diz que foram três, porém não o demonstra. Ao nosso juízo, Vaughn está correta.

filosóficas da tradição liberal, permanecendo indissoluvelmente unida ao nome de seu criador, como se nela se esgotasse toda a enorme riqueza de sua análise. Como veremos proximamente, a formidável atração que este mito exerceu desde então oculta as muitas vezes nas quais Smith problematizou em sua obra o virtuoso funcionamento da "mão invisível", aludindo explicitamente a contradições e conflitos sociais que atravessavam a nascente sociedade burguesa e a necessidade de uma arbitragem governamental para evitar os danos que aquela poderia ocasionar.

O espírito da colmeia

Para calibrar a enorme transcendência da obra de Smith, é necessário lembrar certos traços característicos da atmosfera cultural na qual produziu seus escritos. Sem subtrair o mérito do caráter fundacional de *A riqueza das nações,* vale lembrar que, alguns anos antes de seu nascimento – lembremos que Smith nasce em 1723 –, Bernard de Mandeville havia publicado, em 1714, um interessantíssimo e polêmico livro intitulado *A fábula das abelhas.*[72] Qual era seu argumento? O ponto de partida é

---

[72] Editado no México pelo Fondo da Cultura Económica no ano 1974, com um estudo introdutório de F. B. Kaye. Mandeville foi um pensador excepcional, a quem não é possível fazer jus nesta breve nota. Nasceu em Rotterdam em 1670 e cresceu em uma família aristocrática e sob a influência de um clima intelectual dominado pelas ideias de Erasmo. Em 1699, mudou-se para Inglaterra, onde moraria até o final de sua vida, em 1733. Originalmente médico, dedicou-se à filosofia, à economia e à sátira política e foi um pensador maldito em seu tempo. A primeira versão de *A fábula das abelhas* foi publicada, de forma anônima, em 1705, e teve escassa repercussão. Em 1714 e 1723, [o autor] retoma o tema e vira motivo de escândalo público por se tratar de uma crítica demolidora à hipocrisia reinante na nova sociedade burguesa. Como assinala Kaye em seu estudo introdutório, houve duas denúncias penais contra Mandeville de bispos e religiosos que rechaçavam suas ideias desde os púlpitos, e na França seu livro foi queimado pelo verdugo. Ver Kaye, em *A fábula das abelhas*, p. lxvi.

necessariamente uma fábula, que o próprio de Mandeville relata deste modo:

> Havia uma colmeia que se parecia com uma sociedade humana bem ordenada. Não faltavam nela nem os patifes, nem os maus médicos, nem os maus sacerdotes, nem os maus soldados, nem os maus ministros. Ainda por cima tinha uma má rainha. Todos os dias se cometiam fraudes nesta colmeia; e a Justiça, chamada a reprimir a corrupção, era em si mesma corruptível. Enfim, cada profissão e cada lugar estavam cheios de vícios. Contudo, a nação não era por isso menos próspera e forte. Com efeito, os vícios dos particulares contribuíam à felicidade pública; e a felicidade pública causava o bem-estar dos particulares. Mas se produziu uma mudança no espírito das abelhas, que tiveram a singular ideia de não querer nada além da honra e da virtude. O amor exclusivo ao bem se apoderou dos corações, o que provocou a ruína de toda a colmeia. Como se eliminaram os excessos, desapareceram as doenças e os médicos não foram mais necessários. Como se acabaram as disputas, não houve mais processos e, desta forma, não eram necessários advogados nem juízes. As abelhas, agora econômicas e moderadas, não gastavam com mais nada: não havia mais luxos, arte, comércio. A desolação foi geral. A conclusão parece inequívoca: parem de reclamar, somente os tolos se esforçam para fazer de uma grande colmeia, uma colmeia honesta. Fraude, luxo e orgulho devem viver, se quisermos gozar dos seus doces benefícios.[73]

Smith não conseguiu deixar de ser influenciado por uma obra como a de Mandeville. Não deve causar surpresa que, em *Teoria dos sentimentos morais*, ele dedique um capítulo completo a refutar o levantamento do médico e filósofo nascido na

---

[73] Disponível em: <https://puntocritico.com/ausajpuntocritico/documentos/Bernard_de_Mandeville-La_Fabula_de_las_Abejas.pdf>. Na redação final de seu livro, em um longo processo que acabaria em 1723, Mandeville elabora com muito mais detalhes a versão inicial da fábula. Esta se encontra no começo de seu livro e tem o título "El panal rumoroso, o la redención de los bribones", *op. cit.*, pp. 11-21.

Holanda, julgando-o como "totalmente pernicioso" por sua escandalosa exaltação dos vícios e da corrupção como inverossímeis e assombrosas fontes do bem-estar público. No entanto, o escocês ficou impactado por estas teses e julgou conveniente abrir um espaço para reconhecer que, apesar dessas opiniões estarem quase todas erradas, "há, contudo, algumas expressões da natureza humana que, quando consideradas de certa maneira, parecem à primeira vista confirmar suas opiniões [...] [e] o que tem dado à sua doutrina um ar de verdade e probabilidade muito fácil de impor às mentes inexperientes".[74]

A mente de Smith não era, precisamente, inexperiente, e o argumento central de Mandeville deixou uma forte impressão em seu pensamento, porque, pensando bem, não havia dúvidas de que a satisfação dos apetites individuais das abelhas era capaz de produzir uma maravilhosa obra conjunta dirigida à "felicidade coletiva". Por ser de um realismo cru e conter uma tácita aprovação do vício e da maldade, a tese de Mandeville perturbava profundamente um espírito tão puritano como o de Smith. Havia aí um grão de verdade que sua aguda inteligência não podia deixar de reconhecer. Como adverte Kaye, Mandeville "aportou uma verdadeira filosofia a favor do individualismo no comércio... Até então, com exceção de algumas poucas tentativas não sistemáticas, a defesa do *laissez-faire* foi oportunista e não uma questão de princípio geral. Mandeville fez o possível para que ela fosse sistemática, e o individualismo chegou a ser uma filosofia econômica por sua detalhada análise psicológica e política".[75]

Com a perspectiva que o passar do tempo traz, poderíamos concluir que Mandeville trouxe uma verdadeira revolução filosófica que assentou as bases para fazer do individualismo a

---

[74] *Theory of Moral Sentiments* (6ª edição, 1790) [Editada por Meta-Libri, São Paulo, Brasil, em 2006]. O capítulo referido a Mandeville encontra-se entre as páginas 279 e 287. A citação se encontra na página 281.

[75] Kaye, en *La fábula*, p. lviii.

ideologia própria, distintiva, da nascente sociedade burguesa, e o pensamento econômico de Smith se edifica, com algumas reservas, sobre este pilar. A partir desta revolução teórica, o que antes, de uma perspectiva moral convencional, eram considerados como vícios privados produziam na nova sociedade a virtude pública. Permanecia na atmosfera ideológica da época a ideia de que, após a queda dos bastiões do sistema feudal, existia uma espontânea e impensada "harmonia natural de interesses" entre a miríade de atores econômicos distinta daquela que regia o velho regime, onde, se existisse, não era natural, mas artificial, instituída pelo Estado por meio de um conjunto de prerrogativas, normas, leis, fóruns, privilégios e cujo comando estava a cargo do monarca com suas licenças e intromissões na vida econômica. Um mundo que começa a ruir e que, como precocemente alertara Mandeville, abria as portas para que os sujeitos soltassem a rédea de seus desejos e aspirações mais egoístas, mais cruéis e inconfessáveis, com a certeza de que essa primordial cacofonia de egoísmos individuais – libertados das restrições da antiga ordem pré-capitalista e da tutela da religião – produziria um resultado socialmente virtuoso: a prosperidade geral. É claro que Smith bebeu desta fonte e projetou as instituições de Mandeville a uma altura impensada naqueles tempos, mas moderando seu ácido diagnóstico das paixões humanas. Assim, em sua *Teoria dos sentimentos morais*, ele atenua as virtudes do – imoral, amoral? – individualismo exaltado por Mandeville ao garantir desde a sua primeira página que "Por mais egoísta que o homem possa parecer, existem evidentemente em sua natureza alguns princípios que lhe despertam interesse pela sorte dos outros, fazendo com que a felicidade destes lhes seja necessária, ainda que dela não derive nada mais que o prazer de contemplá-la".[76]

Certamente Mandeville teria tratado de rebater com seu habitual sarcasmo esta opinião de Smith. No entanto, esta não se

---

[76] *Teoría de los sentimientos morales* (Madrid: Alianza Editorial, 1997), p. 49.

distanciava muito das teses do médico e filósofo, porque já no final da *Teoria* dizia, antecipando o que logo escreveria em sua obra magna, que:

> [...] os ricos proprietários de terras, apesar de seu natural egoísmo e rapacidade – e ainda quando só buscam o que lhes é conveniente e o objetivo final para o qual utilizam o trabalho dos milhares que empregam seja a gratificação de sua própria vaidade e de seus insaciáveis desejos – compartilham com os pobres o produto de todas as suas conquistas. Eles são conduzidos pela "mão invisível" a realizar praticamente a mesma distribuição dos meios de vida que teria ocorrido se a Terra tivesse sido dividida igualmente entre todos os seus habitantes; e assim, sem a intenção de fazê-lo, eles defendem os interesses da sociedade ao fornecer os meios necessários para a multiplicação das espécies.[77]

Quer dizer, o "natural egoísmo e rapacidade", isto é, o gosto pela rapina dos agentes econômicos podia produzir resultados virtuosos. Mas seria errado tirar uma conclusão taxativa no sentido de que há em Smith uma confiança ilimitada na bondade do individualismo como aquela que caracterizava Mandeville e, em nosso tempo, VLL. Porém, se o escrito pelo holandês havia sido uma grosseria, um escândalo, no clima cultural de princípios do século XVIII, não passaram sequer quarenta anos para que suas ideias conquistassem uma crescente aceitação.[78] É necessário reconhecer, entretanto, que Smith era mais cons-

---

[77] *Ibid.*, p. 333. Smith erra neste ponto: o resultado desse "lance distributivo" não teve, como afirma, "praticamente a mesma distribuição dos meios de vida" como se os bens terrenos tivessem sido divididos em partes iguais entre os seus habitantes.

[78] Há aqui um interessante paralelo entre o desdém com que eram tratadas as teorizações de Von Hayek e os neoliberais entre os anos 1940 e 1970 e a fulminante aceitação destas quando a crise do petróleo e a "estagflação" mudaram radicalmente as condições de recepção de sua mensagem.

ciente que Mandeville sobre os efeitos indesejáveis que podiam ter os "vícios privados." Sob determinadas circunstâncias, estes podiam conduzir a resultados distintos das alegres previsões do holandês. Por quê? Porque, se os agentes econômicos careciam de valores morais que moderassem sua rapina e o governo não regulasse aquilo que, na segunda metade do século XX, as escolas de administração de empresas exaltariam como o *killing instinct* dos empresários, a irresistível tendência dos proprietários de terra, fabricantes e mercadores de se aproveitar dos consumidores e de seus trabalhadores produziria um resultado bem distinto do profetizado por Mandeville: a generalização da pobreza e, consequentemente, o fim da prosperidade de um reino. Smith aceitou cautelosamente a tese de Mandeville, mas, como um observador astuto de sua época, viu que outros resultados poderiam ser produzidos, diferentes dos previstos por Mandeville.

Dissemos anteriormente que as ideias de Smith foram desfiguradas sem piedade com o objetivo de ajustá-las às necessidades de uma burguesia cujo interesse ganancioso não reconhecia – nem reconhece – limite algum. O escocês era muito mais sóbrio em relação às consequências econômicas e sociais do egoísmo, e acreditava que o governo tinha uma importante responsabilidade em tratar de moderar a injustiça produzida por aqueles que, como reconhece em sua obra, têm distintas possibilidades de defender seus interesses: o salário, em um caso, e a ganância no outro. Isto demanda a presença de regulações impostas aos proprietários de terra, industriais e comerciantes que, observa, encontram-se em constante conspiração a fim de oprimir os trabalhadores e exaurir os consumidores. Uma citação que liberais como VLL e outros como ele escondem deliberadamente se encontra no capítulo X da segunda parte de *A riqueza das nações,* quando Smith afirma que:

> [...] os amos [ele se refere fundamentalmente aos comerciantes, industriais e proprietários de terras] dificilmente se reúnem por diversão sem que o diálogo termine em uma cons-

piração contra o público ou em um conluio para aumentar os preços. É impossível para qualquer lei impedir tais encontros, ou torná-los consistentes com a liberdade e a justiça. Porém a lei não deve fazer nada que facilite tal tipo de encontro e que os tornem necessários.[79]

Poucas páginas antes, Smith havia advertido que:

[...] os patrões, sendo poucos em número, podem se associar muito mais facilmente; e a lei, além disso, autoriza ou ao menos não proíbe tais associações, enquanto que, sim, proíbe as associações dos trabalhadores. Não temos leis do Parlamento contra acordos encaminhados para reduzir os salários; porém temos muitas que penalizam os acordos que desejam aumentá-los. Os patrões estão sempre e em todo lugar em uma espécie de associação tácita, constante e uniforme para impedir o aumento dos salários.[80]

Ou seja: a "mão invisível" requer de outra mão, visível, a do Estado, que não só torne possível, mas legalize a conspiração dos ricos, enquanto penaliza as tentativas dos assalariados de se associar para evitar a opressão de seus empregadores e que seus salários sejam permanentemente desvalorizados.[81] Sem utilizar

[79] *An Inquiry*, p. 75.
[80] *An Inquiry*, p. 60.
[81] Seguindo o exemplo da Revolução Francesa, que mediante a lei Le Chapelier, de 1791, proibiu as associações entre pessoas de um mesmo ofício e profissão, no Reino Unido, adotou-se uma legislação similar mediante a aprovação de duas leis contra os cada vez mais fortalecidos sindicatos operários. Se trata das Combination Acts, de 1799 e 1800, que os declaravam fora da lei. Estas leis foram revogadas em 1824 e 1825. A da França, em vez disso, perdurou até 1864. Quando Smith fala das restrições nos acordos dos assalariados não se refere às que impunha a Combination Acts – aprovadas dez anos depois da sua morte – senão à densa legislação de pobres (*poorlaws*) que no Reino Unido estabelecia rigorosos limites à liberdade de reunião e associação das classes despossuídas.

a conceitualização que acrescentaria o marxismo quase um século mais tarde, o que Smith reconhece é a natureza de classe do Estado, que oferece os benefícios da liberdade individual e de associação para as classes proprietárias ao mesmo tempo que instaura a ditadura ou a severa restrição das liberdades para os trabalhadores. Um observador tão refinado como Smith não cairia nas ocorrências que saturam não só a obra de VLL como também as pronunciadas pela legião de profetas, ideólogos e publicitários do neoliberalismo contemporâneo, cujo ataque às estratégias de ação coletiva dos trabalhadores – "acordos" na linguagem de Smith – tem sido inclemente, especialmente por obra e graça dos dois grandes estadistas tão admirados pelo peruano, Margaret Thatcher e Ronald Reagan. Por isso a seguinte passagem do fundador da economia política clássica soa como um estrondo no texto de VLL quando assevera, contrariamente ao que pensam os neoliberais, que

> [...]]nenhuma sociedade pode florescer e ser feliz se uma grande parte de seus membros são pobres e miseráveis. É simplesmente uma questão de equidade que aqueles que alimentam, vestem e constroem moradias para toda a população deveriam ter acesso a uma parte do que produzem com seu próprio trabalho para que estejam, eles também, toleravelmente bem alimentados, vestidos e abrigados.[82]

A continuidade da expropriação

Para concluir estas reflexões, digamos que a ideia da "mão invisível" encontra uma justificativa de *ultima ratio* na esperança de que sua operação haverá de conduzir a uma ordem social na qual todos os grupos de uma sociedade se vejam beneficiados. Para Adam Smith, a sociedade precisa da mão visível e vigorosa de um governo disposto a assegurar a equidade na distribuição da riqueza e da renda. Vítima daquela leitura tendenciosa e distor-

---

[82] *An Inquiry*, p. 70.

cida do economista escocês, VLL conclui que "os grandes beneficiários da teoria de Adam Smith são os consumidores" (p. 52). Como aponta com razão Vaughn, as condições da vida real na qual se aplicaram as orientações macroeconômicas propostas por Adam Smith produziram resultados diametralmente opostos aos que ele esperava. Não foram os consumidores, muito menos os assalariados, os que se beneficiaram do *laissez-faire*, mas os donos do capital. Se as regulações mercantilistas próprias das monarquias absolutas europeias favoreciam só as classes dos proprietários de terras, o alto clero e alguns setores do comércio e da indústria, a abolição daquelas e a instauração do livre comércio só alterou de maneira tênue a composição social dos beneficiados pela nova ordem. As calamidades sociais resultantes do liberalismo econômico – o trabalho infantil ou os baixos salários, por exemplo, tão criticados por Smith – e a sua expressão contemporânea, o neoliberalismo, são impossíveis de esconder. Por isso VLL erra ao afirmar que quem mais se beneficia com a aplicação das políticas liberais são os consumidores, ao contrário, foram e são as classes dominantes. E a experiência latino-americana e a dos capitalismos avançados ratificam o que viemos relatando. Vaughn está certo quando conclui que "se seguimos a lógica do argumento até a sua conclusão, a 'mão invisível' é valorizada só porque, supõe-se, opera beneficamente, porém sob condições que são impossíveis de encontrar na vida real". Trata-se, em consequência, de uma bela metáfora que é inseparável do conteúdo social – contraditório e conflitivo – que Smith aponta em seu argumento ao falar da permanente conspiração dos proprietários de terras, comerciantes e industriais contra seus trabalhadores e consumidores, mas que os neoliberais convenientemente jogam embaixo do tapete.[83]

O escocês era consciente de que dadas certas circunstâncias, a "mão invisível" podia ser incapaz de realizar sua ação benfeitora e produzir, como resultado, a generalização da pobreza. Daí a citação anterior em que sentenciava que nenhuma

---

[83] Vaughn, *op. cit.*, p. 171.

sociedade pode florescer e ser feliz se uma grande parte de seus membros se encontram imersos na pobreza ou na miséria. Mas isso é o que o neoliberalismo "realmente existente" produziu, e sua percepção contrasta com a que prevalece entre seus acólitos contemporâneos, que argumentam que o aumento da pobreza é temporário, apenas um indício de que as leis do mercado estão em pleno funcionamento. O raciocínio é o seguinte: abolidos os "preços políticos" que subsidiavam "artificialmente" os trabalhadores e consumidores (tarifas de serviços elétricos, água, gás, transporte etc.) e ante a retirada do Estado de suas funções assistencialistas de caráter universal, conjunto estigmatizado por VLL sob o nome de "populismo", só haverá que esperar um tempo breve para completar a travessia do chamado "vale da transição", desde um sistema "estatista" a outro baseado na liberdade, para comprovar seus esplêndidos resultados.[84] Seus próprios ideólogos e promotores admitem que a instauração das regras do livre mercado provocam em um primeiro momento um aumento da pobreza e a polarização econômica e social. Contudo esta seria uma dificuldade transitória, pois aos poucos a capacidade do mercado de criar riqueza dará seus frutos e começará a melhorar a distribuição de renda, sempre e quando os delicados mecanismos mercantis não se vejam entorpecidos pelo retorno das intervenções governamentais. Se neutralizada a tentação de um retorno ao populismo pelos infaustos (porém fugazes) resultados iniciais, os mecanismos darwinianos da seleção dos mais aptos farão seu trabalho, e mais cedo que tarde o conjunto da sociedade será beneficiada pelo novo rumo que a economia tomar, afastando-se dos tradicionais obstáculos deixados pelo intervencionismo estatal e pelo coletivismo.

---

[84] Tema examinado, no marco do apogeu do neoliberalismo na década de 90 do século passado, no livro de Luiz Carlos Bresser-Pereira, José María Maravall e Adam Przeworski, *Las reformas económicas en las nuevas democracias: un enfoque socialdemócrata* (Madrid: Alianza, 1995). [Ed. bras.: *Reformas econômicas em democracias novas*. São Paulo: Editora Nobel, 1996.]

A história da América Latina, a região mais desigual do planeta, demonstra que todo esse relato é uma ficção que não corresponde com o que realmente tem acontecido após a aplicação das políticas neoliberais, que concentraram irreversivelmente a renda e a riqueza. O mesmo vale dizer da experiência dos países do capitalismo desenvolvido, onde a desigualdade não para de crescer. As iniquidades inerentes ao neoliberalismo estão na base da vitória de Donald Trump nas eleições de 2016 e no estopim do protesto social na França: os "coletes amarelos" do final de 2018. Ambos os casos constituem uma clara negação da "teoria do gotejamento" e da ilusão de que a liberdade dos mercados favoreceria o bem-estar coletivo.

Como evitar a frustração das felizes expectativas abertas pela divisão do trabalho e pelo desenvolvimento do comércio? A resposta que oferece Smith se afasta do "livre-comércio", visto que, como Vargas Llosa, apela a um tipo moderado de "proto-keynesianismo", algo que já insinuava ao falar das conspirações dos amos e dos proibidos acordos dos trabalhadores e sua apelação a uma certa intervenção governamental que permita avançar para uma sociedade mais justa e igualitária. Sendo assim, ecoando uma pergunta comum em sua época, se a pobreza das maiorias é uma vantagem ou uma desvantagem para a sociedade, a resposta de Smith é inequívoca:

> Os subservientes, trabalhadores e empregados de diferentes tipos constituem a grande maioria de cada sociedade. E o que melhora as condições da grande maioria de uma população nunca pode ser considerado como uma desvantagem para o conjunto.[85]

Para que essa melhora seja efetiva é necessária a intervenção de um agente ou uma instituição que esteja fora do mercado e opere contrariando suas tendências mais profundas. Smith já

---

[85] *An Inquiry*, p. 70.

80

havia advertido este ponto em sua *Teoria dos sentimentos morais*, quando escrevia que

> Ao magistrado civil se confia o poder não só de conservar a ordem pública mediante a restrição da injustiça, mas de promover a prosperidade da comunidade ao estabelecer uma correta disciplina e combater o vício e a baderna; por isso pode ditar regras que não só proíbem transgressões recíprocas entre os cidadãos, mas que em certo grau exijam os bons ofícios recíprocos.[86]

Uma atenta leitura da obra de Smith teria poupado VLL de cometer a interminável sucessão de erros e confusões que contêm suas páginas sobre o filósofo e economista escocês. Por causa disso, quando VLL escreveu que Smith propunha suprimir os privilégios de que usufruíam as guildas, o peruano estava pensando mais em seu diálogo com Margaret Thatcher do que no que dizia Smith. Só assim é possível compreender que este tivesse escrito que as pessoas do mesmo ofício "dificilmente se reúnem por diversão sem que o diálogo termine em uma conspiração contra o público, ou em um conluio para aumentar os preços" (p. 55).[87] É claro, como o demonstra toda a obra de Smith, que o autor não estava se referindo ao comum dos mortais, às "pessoas", mas sim a quem tinha a capacidade de aumentar os preços de seus produtos e derrubar salários, que não são outros que os proprietários de terras, comerciantes e industriais. Em nenhum caso, refere-se aos trabalhadores ou ao moderno sindicalismo operário, e sim à incessante conspiração dos diversos setores do capital contra seus trabalhadores e o povo em geral. Uma afirmação que era válida em tempos de Smith é ainda mais presente hoje, na etapa atual do capitalismo.

---

[86] *Teoría*, p. 177.

[87] Não acreditamos que tão torpe interpretação das palavras de Smith tenha sido intencional, com o propósito de enganar eus leitores. Acreditamos, realmente, que que VLL caiu vítima de sua miopia ideológica ou de seu desenfreado ímpeto propagandístico.

E em relação ao chavão que VLL repete, junto à legião de publicitários neoliberais na América Latina, de que Smith "vez ou outra critica o intervencionismo estatal" (p. 56), teria-lhe sido muito útil olhar o artigo escrito por Jacob Viner, um economista de Chicago quase um século atrás, em 1927 (claramente na era anterior ao predomínio que logo estabeleceria Milton Friedman nessa mesma faculdade), em que demolia esse lugar-comum da direita e demonstrava que Smith não era um defensor do livre mercado radical, e sim alguém que admitia os importantes papéis que o Estado deveria assumir. Destacando entre eles o ditado do Ato de Navegação (a defesa nacional é mais importante que a opulência); que os salários deveriam ser pagos em dinheiro e não em espécies; que o papel moeda deveria ser regulado pelo Estado; a obrigação de certas propriedades de construir muros para prevenir a extensão dos incêndios; prêmios e outros incentivos para promover o desenvolvimento da indústria têxtil; obras públicas no transporte para facilitar o comércio; regulação das *joint-stock companies* [sociedade por ações] e outros tipos de empresa; monopólios temporários, incluindo *copyrights* e patentes, por tempo limitado; restrições governamentais nas taxas de juros aplicadas aos mutuários para compensar a "estupidez" (sic!) do investidor; e, por último, entre tantas outras, as limitações às exportações de grãos (só nos casos de extrema necessidade) e a introdução de "moderados impostos às exportações com o objetivo de reforçar o tesouro".[88]

---

[88] Jacob Viner, "Adam Smith and Laissez Faire", *Journal of Political Economy*, v. 35, n. 2, abr. 1927, pp. 198-232. Viner enumera nada menos que 27 medidas de política econômica adotadas pelos governos como necessárias para o correto funcionamento dos mercados! Sobre o papel moeda e o Estado, em seu livro clásico, Karl Polanyi afirma que uma das questões mais aberrantes e inaceitáveis do capitalismo é sua necessidade de fazer das pessoas, da natureza e da moeda simples mercadorias. Ver seu *La gran transformación. Los orígenes económicos y políticos de nuestro tiempo* (México: Fondo de Cultura Económica, 1992). [Ed. bras.: *A grande transformação. As origens de nossa época*. São Paulo: Elsevier, 2011.]

82

VLL recolheu, aqui e ali, algumas observações pontuais de Smith que no contexto geral de seu pensamento seriam úteis para a análise de alguns problemas econômicos atuais. Como aquela que diz que "não há arte que nenhum governo domine tão rapidamente como a de tirar dinheiro do bolso dos contribuintes" (p. 63). Ou quando comenta, também com razão, que "uma vez que uma nação se acostuma a se endividar, é quase impossível que consiga honrar com as enormes obrigações que contrai" (p. 64). Infelizmente, VLL, ao trazer esse pensamento de Smith, não pensou no endividamento endêmico dos países da América Latina e do Caribe desde o início de sua vida independente, estimulados pelas grandes potências que controlam a divisão internacional do trabalho, vale dizer pelo imperialismo, que tem feito do endividamento de nossos povos uma das fontes mais prolíficas de seu enriquecimento. Ou, como precocemente advertiu o segundo presidente dos Estados Unidos, John Adams (1797-1801), quando dissera que "Há duas formas de conquistar e escravizar uma nação, uma é com a espada, a outra é com a dívida". Nossa América, escravizada durante séculos e em permanente procura da sua segunda e definitiva independência, tem padecido tanto de uma como da outra. Em que pese ser uma região tão rica em recursos naturais e bens comuns é, ao mesmo tempo, a mais injusta do mundo.

Capítulo IV
José Ortega y Gasset: filosofia amena sem imaginação

Quando um leitor desavisado de VLL vira uma página de seu livro e desloca-se da profundidade e vastidão de conhecimentos de um Adam Smith, de sua erudição clássica unida a seu enciclopédico conhecimento das realidades de seu tempo, à obra de José Ortega y Gasset, não pode senão experimentar uma sensação vertiginosa de queda para um nível de reflexão de outro calibre. É como se em um espetáculo de música clássica, oferecido no Teatro Colón de Buenos Aires ou na Scala de Milão, a primeira parte estivesse a cargo de uma grande orquestra executando a Nona Sinfonia de Beethoven para, após um breve intervalo, passar-se a um delicado minueto de Boccherini. Sem tirar mérito do segundo, a potência da primeira é incomparável e produz a impressão de que a obra musical do italiano não chega a tal nível. Agrada, e muito, porém não impressiona o público nem o faz estremecer como a obra do alemão. Assim é com *O chamado*: vira-se uma página e o grande filósofo, douto humanista e genial economista cede lugar a um inteligente – e principalmente ameno – divulgador do liberalismo. Um refinado escritor, de escrita brilhante e ligeira, e com uma mente incisiva sem sombra de dúvidas. Ortega y Gasset foi um precursor de um estilo empresarial de difusão de seus próprios escritos graças à fundação da *Revista de Occidente*, que publicou sua profusa produção literária além de ser um importante veículo para a difusão das mais diversas expressões do pensamento e de ensaios liberais. Pode-se dizer que, por este *ethos* empresarial, o oriundo de Madri poderia ser considerado um precursor do mexicano Carlos Fuentes, que em sua vida literária levaria este traço empresarial até as últimas consequências.

Ortega y Gasset era filho da alta burguesia madrilena, favorecido por uma educação de primeiro nível, o que fez dele um pensador versátil e, ao mesmo tempo, um fascinante palestrante. Um liberal admirado por VLL por ser "tão crítico do extremismo dogmático de esquerda como do conservadorismo autoritário, nacionalista e católico de direita" (p. 69), postura que o peruano acredita de forma errada ser também a sua, mas que não é. Além disso, Ortega y Gasset, que foi criado em um ambiente de direita, jamais participou em algum grupo ou organização política de esquerda, e muito menos aderiu com fervor religioso ao marxismo ou ao comunismo em qualquer uma de suas vertentes. Por isto, suas críticas à esquerda tem a frieza de um bisturi. VLL, em vez disso, é um renegado e, por execrar o que antes adorava, suas críticas à esquerda são flamejantes e biliosas. A esmagadora maioria de seus dardos, aponta contra a esquerda, e alguns poucos e débeis, para as expressões mais retrógradas da direita, em que abarca grandes amigos e importantes mecenas. Não apenas isso. Diferentemente de Ortega y Gasset, o peruano tem se envolvido ativamente – ainda que em vão – na política de seu país e também na da Espanha. Seu aberto apoio ao governo do corrupto Partido Popular e suas lideranças foi constante ao longo dos anos. E mais recentemente tem aparecido publicamente pronunciando discursos em comícios organizados pela renovada direita de Ciudadanos, ao mesmo tempo que exibia seus privilegiados vínculos com a monarquia.[89] Apesar de ser de outra época, Ortega y Gasset foi uma figura completamente diferente de VLL. Sua formação filosófica era muito sólida, incomparavelmente superior à de seu autoproclamado discípulo sulamericano. No entanto, era uma figura complexa e multiforme, eclético por natureza e alheio ao incandescente fanatismo de VLL. Sua lealdade à república era tão hesitante quanto era morna sua rejeição ao franquis-

---

[89] Sobre seu apoio a Albert Rivera e Ciudadanos ver <https://www.elboletin.com/noticia/164249/cuentos-que-cuentan/ciudadanos-resucita--su-espana-ciudadana-con-vargas-llosa-como-cabeza-de-cartel.html>.

mo. Contudo, há que reconhecer seu apoio a Federico García Lorca e à condenação de seu covarde fuzilamento, que, diga-se de passagem, também foi censurado com veemência por Jorge Luis Borges.

A respeito de Borges, digamos que suas opiniões sobre Ortega y Gasset não coincidiam em nada com as de VLL. Compartilharei apenas duas delas: "Seu bom pensamento é obstruído por metáforas laboriosas e adventícias. Ortega y Gasset pode raciocinar, bem ou mal, mas não pode imaginar. Ele deveria ter contratado um bom homem de letras, um homem negro (sic!), para escrever seus livros". Em um texto escrito em um dossiê de homenagem ao já falecido Ortega y Gasset, o argentino quebra o consenso laudatório dos outros escritores ao confessar o seguinte:

> Ao longo dos anos, frequentei os livros de Unamuno e através deles estabeleci, apesar das "imperfeitas simpatías" de que Charles Lamb falou, uma relação semelhante à amizade. Isso não aconteceu com os livros de Ortega y Gasset. Algo sempre me afastou de sua leitura e me impediu de ir além do sumário e dos parágrafos iniciais. Suspeito que o obstáculo, para mim, era seu estilo. Ortega y Gasset, homem de leituras abstratas e de disciplina dialética, encantava-se pelos artifícios mais triviais da literatura, que evidentemente conhecia pouco, e os prodigava em sua obra. [...] Quarenta anos de experiência me ensinaram que, em geral, os outros têm razão. Alguma vez julguei inexplicável que as gerações dos homens venerassem a Cervantes e não a Quevedo; hoje não vejo nada de misterioso em tal preferência. Talvez algum dia não me parecerá misteriosa a fama que hoje se consagra a Ortega y Gasset.[90]

Muito diferente é a opinião do grande Alejo Carpentier quando, na nota que escrevera sobre a morte de Ortega y Gasset, as-

---

[90] N. da E.: Esse breve comentário de Borges sobre Ortega y Gasset foi publicado em 29 de setembro de 1996 na *Nueva revista de política, cultura y arte*.

segurava que "a influência de Ortega y Gasset no pensamento, na orientação artística e literária dos homens da minha geração foi imensa. Ele nos fez raciocinar, levantou problemas e nos fez discutir, basta ver a coleção da *Revista de Occidente*. Continua sendo a melhor revista literária e filosófica que existiu na língua castelhana". Isso é suficiente para um debate que excede o escopo de nossa obra, mas que é valioso o suficiente para estar aqui exposto.[91]

Vargas Llosa resgata sem reparos a visão que Ortega expressou em seu *España Invertebrada* sobre a conquista da América: um projeto que para o peruano não foi de conquista, mas de "colonização". Segundo Ortega y Gasset, esse foi "o único feito verdadeiramente grande da Espanha",[92] uma colonização, continua Ortega y Gasset, que "não foi obra da monarquia nem da nobreza, e sim do 'povo', da Espanha anônima e popular, de seus homens escuros e heroicos que, em condições difíceis e frequentemente terríveis, lançaram-se ao mundo desconhecido para conquistar homens, ganhar terras e riquezas para Deus, sob uma ideia de Espanha, de império que então florescia e irradiava sobre toda a nação espanhola mantendo-a unida e viva" (p. 72 de VLL). Mas em contraponto à colonização inglesa, dizia Ortega y Gasset, efetuada por minorias seletas e poderosas, a espanhola foi feita pelo povo, "que realizou tudo o que tinha por fazer: povoou, cultivou, cantou, gemeu, amou; mas que não podia dar às nações concebidas o que não tinha: disciplina superior, cultura vivaz, civilização progressiva".

---

[91] Cf. "Notas de un mal lector", *Ciclón* (La Habana), v. 2, n. 1, jan. 1956, p. 28. A nota de Carpentier apareceu em *El Nacional* (Caracas), 20 out. 1955. Esse contraponto foi analisado por Roberto González Echeverría em "Borges, Carpentier y Ortega: notas sobre dos textos olvidados", *Quinto Centenario* (Universidad Complutense de Madrid), n. 8, 1985, pp. 127-134.

[92] *España invertebrada y otros ensayos* (Madrid: Alianza Editorial, 2014), p. 138.

Ortega y Gasset engana-se totalmente ao subestimar por completo o papel da Coroa e principalmente da rainha Isabel, a Católica. A colonização, nome que ele dá a Conquista, foi o empreendimento de uma monarquia ávida por fundar um império, e o povo foi simplesmente o executor de um desígnio que não era o seu. De qualquer forma, Ortega y Gasset tem razão quando coloca, a propósito da Conquista, que "tudo na Espanha tem sido feito pelo 'povo', e o que não tem sido feito tem ficado sem fazer". E em uma frase que revela sua visão elitista da história continua seu raciocínio dizendo que "uma nação não pode ser só o 'povo': pois precisa de uma minoria egrégia, assim como um corpo vivo não é só músculo, mas também, gânglios e sistema nervoso central".[93]

Se o narrador peruano não houvesse sido afetado por uma peculiar forma de amnésia, ele seguramente teria se lembrado de algumas passagens que leu na sua juventude que lhe teriam permitido refutar a idílica versão que difundia Ortega y Gasset e que se converteram em uma verdadeira torrente ideológica durante os anos que precederam aos fastos do V° Centenário da Conquista de América. Naqueles anos, em torno de 1992, o governo do Estado espanhol presidido então pelo lobista das transnacionais desse país, Felipe González, promoveu uma infinidade de seminários, conferências e toda classe de eventos culturais para comemorar o "encontro" de duas culturas, uma das quais veio a saquear, escravizar e matar e outra que resistiu até quanto lhe foi possível. Com suas palavras, Ortega y Gasset, e junto a ele tantos outros que compartilharam dessa versão mitológica e edulcorada da conquista, pretendeu escamotear a verdade histórica das coroas de Espanha e Portugal, que chegaram por estas terras se apoderando delas e praticando o genocídio dos povos originários em proporções únicas, questão que, surpreendentemente, passa totalmente despercebida para alguém que escreveu um livro como *O sonho do celta*, no qual o protagonista, Roger Casement – notável humanista, revolu-

---

[93] *Ibid.*, p. 140.

cionário e nacionalista irlandês –, descreve com minuciosos detalhes os horrores do colonialismo e do imperialismo. Isso prova que, diferentemente de outros autores da direita clássica, não dos convertidos, VLL sabe perfeitamente bem o que é imperialismo e como ele opera, porém este já não lhe provoca a mesma indignação que provocava em sua juventude e que ele soube projetar em um de seus mais entranháveis personagens.[94] Dizia Marx em um dos seus parágrafos mais vibrantes de *O capital* que

> A descoberta das terras auríferas e argentíferas na América, o extermínio, a escravização e o soterramento da população nativa nas minas, o começo da 58 conquista e saqueio das Índias Orientais, a transformação da África numa reserva para a caça comercial de peles negras caracterizam a aurora da era da produção capitalista. [...] o capital vem ao mundo espalhando sangue e lama por todos os poros, desde a cabeça até os pés.[95]

Uma Espanha, continuando com Ortega y Gasset, que perdeu esse espírito vital que a levou a "colonizar" a América Latina e o Caribe; uma Espanha que, finalizada essa empreitada, desarmou-se; cujo desfecho, logo após a queda do franquismo, representou a lenta, porém impetuosa, fragmentação daquela unidade mantida por cima pela Coroa e onde a ressurreição dos regionalismos e das autonomias, do movimento independentista no País Basco e da Catalunha, segundo VLL, avançaria até o ponto de se converter "na maior ameaça para a democracia espanhola. Ortega y Gasset foi profético" (p. 74). Porém as ameaças que rodeiam a Espanha são múltiplas: o Podemos

---

[94] E não só isso. VLL não pode ignorar a obra de Fray Bartolomé de Las Casas, que denunciou com coragem os crimes da Conquista. Sobre isso, e também sobre a "lenda negra" que recai sobre a Espanha, mas que também poderia cair sobre Inglaterra, França, Bélgica, Holanda, Itália e Estados Unidos, ver Roberto Fernández Retamar, "Contra la leyenda negra", em <https://core.ac.uk/download/pdf/16297989.pdf>.

[95] Karl Marx, *El Capital* (México: Siglo XXI, 1975), cap. 24, pp. 939 e 950.

é para a liberdade de imprensa pior do que fora o Euskadi Ta Askatasuna (ETA) [Euskadi Pátria e Liberdade]. Aliás, sua proposta política implica, para o peruano, "uma tragédia para a Espanha" toda vez que essa jovem força política propicia "um retorno às velhas ideias do caudilhismo, da utopia e de tudo o que está por trás do populismo, o grande inimigo da liberdade em nosso tempo".[96]

"A rebelião das massas"

Vargas Llosa atribui a Ortega y Gasset uma "intuição exata", a chama "genial", para decifrar um dos traços-chave da sociedade contemporânea expostos em *A rebelião das massas*, um texto que reúne os artigos de imprensa que Ortega Y Gasset publicou na Espanha a partir de 1926. Após sua primeira edição, o livro reaparece em 1937 com um "Prefácio para os franceses" e um "Epílogo para os ingleses". A tese apresentada nesses escritos é radical: a primazia das elites chegou ao seu fim e as massas, libertadas de sua tradicional restrição, irrompem de maneira determinante e desvairada na vida social "provocando um transtorno profundo nos valores cívicos e culturais e nas formas do comportamento social" (p. 77). Ortega y Gasset não se limita a verificar o fato – já vislumbrado em suas reflexões sobre a Conquista, como vimos anteriormente –, mas explora as consequências que a rebelião das massas exerce sobre o indivíduo e suas liberdades. Como bons liberais, tanto Ortega y Gasset quanto VLL desprezam as massas, porque esse transtorno do civismo ao que nosso autor aludia antes significa, em bom português, que os portadores dos altos valores da "civilização" – a

---

[96] Podemos também é uma ameaça para o arequipenho, principalmente para a liberdade de imprensa no reino de Espanha. <https://www.eldiario.es/rastreador/Vargas-Llosa_6_620547944.html. http://www.europapress.es/nacional/noticia-vargas-llosa-podemos-seria-tragedia-espana-hubiera-retorno-viejas-ideas-caudillismo-20141214142708.html>.

liberdade, a justiça, a moderação e a temperança política, a tolerância – foram deslocados pela deplorável irrupção de uma plebe disposta a sacrificar aqueles preciosos bens em troca de um prato de lentilhas (como nos populismos latino-americanos, diria VLL); ou se fazer cúmplice de um genocídio quando induzidas pela prédica de um demagogo delirante como Hitler na Alemanha.

A radiografia que Ortega y Gasset faz do "homem-massa" é categórica: "a sua principal característica consiste em que, sentindo-se vulgar, proclama o direito à vulgaridade e se nega a reconhecer instâncias superiores a ele".[97] Por consequência, a generalização desse direito nas mãos das aglomerações e das multidões têm necessariamente que exercer uma nefasta influência sobre a cultura e o clima espiritual das nações. Contudo uma reflexão desse tipo deveria ter aberto uma discussão sobre os impactos culturais do fascismo e o nazismo. Lembremos que, na sua primeira edição, o texto de Ortega y Gasset é anterior à ascensão de Hitler na Alemanha, no entanto foi escrito quando Mussolini já impunha sua ditadura na Itália. De qualquer maneira, já com a edição definitiva circulando nas ruas, não existe nenhuma referência ao nazismo nem a Hitler, algo absolutamente insólito em um observador tão atento e tão conhecedor da cultura alemã como Ortega y Gasset. Fala, sim, do fascismo, porém menciona Mussolini apenas em duas ocasiões, o que não lhe permitiu necessariamente "descobrir no fascismo uma típica expressão do homem-massa" e que o estatismo, seu passatempo incontrolável, "é a forma superior que tomam a violência e a ação direta constituídas em norma".[98] É incrível que uma reflexão sobre um tema como este não despertara no madrileno a necessidade de mergulhar profundamente na vinculação entre os fascismos europeus e a crise da

---

[97] Ortega y Gasset, *Rebelión de las masas*, p. 90. Vale lembrar essa expressão: "direito à vulgaridade", implícita nos levantamentos da direita supostamente *aggiornada* na América Latina.
[98] *Ibid.*, p. 82.

cultura supostamente democrática e liberal que lhes precedeu. Ou para constatar se, efetivamente, tal processo regressivo pode ser atribuído ao homem-massa ou representa a decomposição ideológica de uma burguesia que havia se afastado rapidamente da "ética protestante" tão exaltada na obra de Max Weber.

Esta repulsa de VLL em relação às massas e aos movimentos contestatários de nossa época encontra-se em Ortega y Gasset, mas não em Smith. Não é casualidade que o peruano escolha a um liberal como o primeiro – e deixe fora de sua reflexão um teórico contemporâneo como o já mencionado John Rawls. VLL, igual ao espanhol, destila uma nostalgia pelo individualismo, agora ameaçado pela irrupção da multidão e pela hidra de sete cabeças do coletivismo primitivo e tribal. É que, tal como o vimos no capítulo anterior, o indivíduo havia se instalado de súbito e com uma força imparável no centro do novo cenário econômico e social forjado pelas revoluções burguesas, todavia sua preeminência demonstrou ser transitória. O humanismo renascentista tinha glorificado o indivíduo só na sua abstração ou nas suas representações pictóricas ou plásticas; a sociedade burguesa, entretanto, o fez em sua prosaica materialidade cotidiana. Como era esperado, esse significativo deslocamento se projetou nas mais variadas disciplinas intelectuais, entre as quais a teoria política ocupa um lugar de destaque. A sociedade já não será mais o desenvolvimento natural do "animal político" que, segundo Aristóteles, era o homem, mas o resultado de um contrato assinado entre indivíduos livres e conscientes. Por isso, o individualismo converteu-se no senso comum da nova época e em ponto de partida indispensável de qualquer teorização filosófica, econômica ou política: Lutero, Calvino e Hobbes são incompreensíveis à margem deste fato fundamental.[99]

Contudo esse tempo parece ter terminado na visão de Ortega Y Gasset. O que propõe, seguindo os passos de Alexis de Tocqueville, é a errada tese do elitismo, segundo a qual a aristocracia – e por extensão a classe dominante no capitalis-

---

[99] Cf. nosso *Estado, capitalismo y democracia*, p. 163.

mo – é a portadora dos valores democráticos e libertários. Já as novas multidões trazem na sua obscura consciência uma série de "desvalores" aparentemente incompatíveis com o reinado da liberdade. Toda a imensa superestrutura institucional e normativa lentamente construída pela burguesia em quinhentos anos encontra nas elites seus suportes terrenos. Todavia, quando estes são arrasados pela irrupção das massas, aqueles grandes avanços civilizatórios caem por baixo e as sociedades acabam como presas do coletivismo ou do estatismo em qualquer uma das suas variantes, tema que trataremos em um próximo capítulo. As massas analisadas por Ortega y Gasset, se apressa em esclarecer VLL, não são o equivalente à classe social do marxismo. Aquelas são um gigantesco crisol no qual se produz uma verdadeira refundição de elementos vindos de diferentes classes e setores sociais "abdicando de sua individualidade soberana para adquirir a do coletivo e ser nada mais que uma 'parte da tribo'", assegura VLL (p. 78).

Aparece assim em cena um personagem monstruoso: um indivíduo desindividualizado, primitivo, tribal, que se orgulha de sua vulgaridade e que faz dela um direito. Se antecipando às teorizações sobre o totalitarismo do segunda pós-guerra, Ortega y Gasset iguala sem reservas o bolchevismo e o fascismo.[100] Não obstante tenham sido estas as manifestações mais trágicas

---

[100] Um erro gravíssimo cultivado com fruição pelas correntes dominantes das ciências sociais, incapazes de distinguir entre o significado histórico e o conteúdo social de uma e outra forma de totalitarismo. Para estes acadêmicos "bem pensantes" (a feliz expressão é de Alfonso Sastre) um regime que se propôs a perpetuar o primado das grandes empresas capitalistas e seus interesses mediante a um genocídio e uma selvagem repressão é o mesmo que outro cujo objetivo – ilusório, inviável talvez nas condições da época – surgiu para criar uma sociedade melhor e que, por razões completamente distintas ao primeiro (invasões externas, agressões permanentes, bloqueios e sanções de todo tipo) culminou em um regime político despótico. A ciência repousa sobre a capacidade para discernir pequenas, porém significativas, diferenças.

do advento das massas, as democracias contemporâneas não estão livres desse flagelo, alerta o autor para satisfação de VLL. Nas democracias, o indivíduo também acaba sendo reabsorvido por "conjuntos gregários aos quais corresponde agora o protagonismo da vida pública, um fenômeno no qual enxerga um retorno do primitivismo [a 'chamada da tribo'] e de certas formas de barbárie dissimuladas sob a aparência da modernidade" (pp. 78-79). Uma rápida leitura dos numerosos artigos jornalísticos escritos por VLL sobre distintos países latino-americanos e mesmo sobre a Espanha são suficientes para comprovar como a emergência de governos progressistas e de esquerda, ou forças políticas desse signo, são abatidos, todos eles, sob o mote de "populistas", "estatistas" ou "coletivistas". Ataques estes que encontram na frágil teorização os fundamentos da "desqualificação em série" feita pelo novelista peruano contra Hugo Chávez, Nicolás Maduro, Evo Morales, Rafael Correa, Néstor Kirchner, Cristina Kirchner, Lula, Dilma Rousseff, Pablo Iglesias, Andrés Manuel López Obrador e Gustavo Petro. Figuras todas que simbolizam o retorno às penumbras da tribo, uma patologia sociopolítica que ameaça arrasar o heroico indivíduo nascido no seio da sociedade burguesa.[101]

---

[101] "O triunfo de López Obrador no México seria preocupante", disse Vargas Llosa. Ver mais em <https://www.efe.com/efe/usa/mexico/el-triunfo-de-lopez-obrador-en-mexico-seria-preocupante-segun-vargas-llosa/50000100-3605569>. Com Gustavo Petro não foi diferente, nas vésperas da votação disse "Petro é um candidato muito perigoso e demagogo". Ver <www.pulzo.com/elecciones-2018/petro>.
Anteriormente, VLL havia fulminado Cristina Kirchner como "o exemplo flagrante da vocação autodestrutiva da Argentina", evidenciada, para o romancista convertido em lobista da Repsol, pelo "confisco das ações que a Repsol tinha da YPF", a petroleira estatal da Argentina. Ver <https://www.forosperu.net/temas/un-vargas-llosa-delirante-arremete-contra-cristina-fernandez.320990/>.
O que VLL não diz é que o "confisco" de 51% das ações da Repsol foi acordado por ambas as partes, e decidido perante uma lei votada no Congresso que contempla um pagamento de 5 bilhões de dólares à

As opiniões de VLL sobre López Obrador e Petro, assim como as que manifestou contra outros líderes da esquerda latino-americana, são o reflexo do íntimo contato que o peruano tem com a Fundação de Altos Estudos Sociais (FAES) do Partido Popular, presidida por José María Aznar. A Fundação Internacional para a Liberdade, comandada por Vargas Llosa, é parte desta treliça, "tanques de pensamento", ONGs e toda uma parafernália de grupos e projetos que atuam em escala global, como a National Endowment for Democracy (NED), criada pelo Congresso dos Estados Unidos em tempos de Ronald Reagan, a Heritage Foundation, o Cato Institute e uma rede de subsidiárias em cada país da América Latina. Obviamente que por trás da NED está a CIA, que é quem administra o dinheiro dedicado à "formação de novos líderes democráticos e ao empoderamento da sociedade civil" em países desafetos ou refratários à dominação norte-americana. Especialistas que solicitaram manter suas identidades reservadas asseguram que a rota do dinheiro dedicado a desestabilizar governos progressistas parte de Washington, chega a Madri, onde a FAES o encaminha ao outro lado do Atlântico, mais concretamente à Colômbia, onde Álvaro Uribe o redistribui entre as filiais dispersas pelo continente todo. É óbvio que, para esta trama de agências desestabilizadoras, candidaturas como as de López Obrador e Petro, ou Lula no Brasil, atraem todos os raios das críticas e provocam todo tipo das mais infames desqualificações.[102]

Os "Ministérios da Verdade"

Retomando o fio da nossa argumentação, digamos que Ortega y Gasset ressalte que, em decorrência do que já foi exposto,

---

companhia espanhola. Outra vez: "mentiras que parecem verdades", o passatempo favorito de VLL.

[102] Sobre o papel "educativo" da FAES ver: <http://www.fundacionfaes.org/es/actividades/46550/programa-de-formacion-de-lideres-iberoamericanos>.

produz-se, no campo da cultura, o "barateio e a vulgarização, a substituição do produto artístico genuíno por sua caricatura [...] e uma enxurrada de mau gosto, grosseria e estupidez" (p. 79). O Nobel peruano aceita esta afirmação sem objeções. Não faz nenhuma tentativa, em primeiro lugar, de constatar o fato, de comprovar se essa brutal decadência cultural tem se produzido e até qual grau; e, em segundo lugar, de ensaiar uma explicação que nos responda o porquê de ter acontecido algo assim. Contudo, seu silêncio é compreensível, uma vez que, ao se aprofundar nesse caminho, não teria mais saída que condenar os meios de comunicação hegemônicos, os mais concentrados, uma verdadeira ditadura midiática que, para VLL, é exatamente o contrário, o reino da liberdade de imprensa. E, também, corresponderia examinar qual é a responsabilidade das classes dominantes nessa regressão cultural. Um artigo de John Pilger, documentarista e estudioso australiano da imprensa e dos meios de comunicação, assegura que

> Em 1983, cinquenta corporações possuíam os principais meios de comunicação globais, a maioria delas estadunidenses. Em 2002, esse número foi reduzido a nove. Atualmente, são provavelmente umas cinco. Rupert Murdoch (dono da rede Fox e de suas centenas de subsidiárias em todo o mundo) tem previsto que haverá só três gigantes midiáticas globais, e sua companhia será uma delas.[103]

Diagnóstico coincidente ao que acrescentara Ben Bagdikian, um dos jornalistas que trouxe a público os "Papéis do Pentágono" e cuja previsão aponta para um mundo completamente dominado por um punhado de oligopólios midiáticos. Bagdikian, de origem armênia e que trabalhou longos anos para o *Washington Post*, tem compilado informações sistemáticas sobre essa verda-

---

[103] "Geopolítica y concentración mediática", *Rebelión*, 24 ago. 2007, em <http://www.iade.org.ar/modules/noticias/article.php?storyid=1925>. Como o artigo de Pilger data de 2007, o mais provável é que a predição de Murdoch já tenha se realizado.

deira distorção do papel da imprensa e os indesejáveis efeitos de sua crescente monopolização para o futuro da democracia. É autor de um livro que tem editado e atualizado sucessivamente, a última vez em 2004, e que oferece um panorama que provoca uma profunda consternação.[104] A partir desses diagnósticos e prognósticos, VLL deveria ter examinado em profundidade o papel que as classes dominantes, nas metrópoles e na periferia, jogam neste processo de decadência cultural graças ao controle absoluto dos meios de comunicação e dos quais VLL é um dos principais entusiastas. Deveria indagar também o papel nefasto que cumprem para fazer realidade o que Ortega y Gasset temia: a vulgarização, a banalização, o mau gosto, a grosseria, a desinformação, a "pós-verdade", as *fake news* e todo o lixo midiático que tem envenenado a sociedade contemporânea e do qual "as massas" não são responsáveis, pois foi a burguesia, dominante no campo das ideias, a causadora dessa crise civilizatória. Sendo VLL afeito a cultivar admiração pelos heróis da "guerra fria cultural" coordenada pela CIA, ele poderia se perguntar se não há uma semelhança surpreendente entre o tenebroso "Ministério da Verdade" que George Orwell descreve em seu romance *1984* e a asfixiante uniformidade do pensamento único e dos conteúdos dos principais meios de comunicação de nosso tempo. Se o "Ministério" era uma infâmia insuportável, como qualificar aqueles que hoje aparecem como sua diabólica reencarnação? Todavia uma operação deste tipo equivaleria a destruir os fundamentos ideológicos das posturas políticas de VLL. Por conseguinte, ele só se limita a expor o que disse Ortega y Gasset e guarda um estrondoso silêncio sobre a devastação cultural que sofre o mundo atual, tanto nos países centrais quanto em sua tumultuosa periferia.

---

[104] Ver seu *The New Media Monopoly* (Boston: Beacon Press, 2004). Há edições anteriores deste livro em que o autor media cuidadosamente os sinistros avanços dos monopólios na imprensa mundial. Bagdikian faleceu em 2016, aos 96 anos de idade.

Miscelânea

Vargas Llosa dedica a segunda parte do seu capítulo sobre Ortega y Gasset a um conjunto variado de assuntos. Destaca com satisfação a defesa que o espanhol faz do Estado laico, mas observa que "o liberalismo de Ortega y Gasset, ainda que genuíno, é parcial". E isso é assim porque a defesa do indivíduo contra o gregarismo tribal e o coletivismo de um Estado pequeno e laico "não está acompanhada da defesa da liberdade econômica [e] do livre mercado" (p. 81). Em relação a um e outro, há em Ortega y Gasset uma mistura de desconfiança e desconhecimento que faz de sua proposta liberal um projeto incompleto, porque sem uma enérgica apologia da liberdade de mercado ou sem as suficientes garantias para a propriedade privada, "a democracia política e as liberdades públicas estarão sempre mediatizadas".

Segundo o peruano, isto revela o enraizamento dos preconceitos de uma educação católica e sua "inveterada desconfiança" para com o "dinheiro, os negócios, o sucesso econômico e o capitalismo" (p. 82).

Já nas páginas finais, VLL refere-se a uma temática que nos últimos anos adquiriu destacada importância sobretudo no mundo das ciências sociais. O subtítulo do referido capítulo, "A cortesia do filósofo", exalta as virtudes da escritura orteguiana, e não lhe falta razão: um estilo "claro, plástico, inteligente, culto, de um vocabulário inesgotável, com toques de ironia e ao alcance de qualquer leitor". Em razão da simplicidade de sua escrita, VLL afirma que muitos negam ao madrileno sua condição de filósofo e o acusam de ser "apenas um literato ou jornalista" (p. 88). Essa observação é interessante e nos oferece uma reflexão sobre o estilo comunicacional que impuseram o pós-modernismo e o economicismo no campo das ciências sociais e das humanidades. Porque, também nestas, desenvolveu-se uma prática, e uma normativa, que penaliza a simplicidade da escrita ao mesmo tempo que exalta o valor de uma narrativa obscura, hermética, decifrável apenas para os iniciados.

99

Isto nos obriga a estabelecer uma distinção entre acadêmicos e intelectuais públicos, que com o passar do tempo adquiriu crescente significância.[105] O acadêmico convencional, marcado por um *ethos* elitista – que Ortega y Gasset possuía em excesso, salvo na linguagem – empenha-se em direcionar sua obra exclusivamente a seus colegas e estudantes (e ocasionalmente a alguma agência governamental ou de financiamento internacional), enquanto que a plateia para a qual se dirige o intelectual público transcende essas fronteiras e é a sociedade como um todo. Aplica-se aqui o *dictum* de Bertolt Brecht quando dizia "Me acusam de pensar de um modo baixo, quer dizer, o modo de pensar dos de baixo". É que o intelectual público, e Ortega y Gasset o era para promover a causa do liberalismo como hoje o faz Vargas Llosa, não escreve como o acadêmico apelando ao linguajar barroco, obscurantista e lotado de tecnicismos compreensíveis apenas para uma ínfima minoria de especialistas (e muito frequentemente, no caso das ciências sociais, repleto de prescindíveis formulações matemáticas), mas trabalha para que seus textos sejam compreensíveis para o leitor leigo, porque sua missão é influenciar a opinião pública. Tal como o comentou Russell Jacoby em um perspicaz ensaio, os "intelectuais públicos" escrevem "para serem lidos" pelo grande público e com eles – com sua sorte, diria Martí – estão comprometidos. O acadêmico, em vez disso, conforma-se com que sua obra seja digitalizada e inclusa no *Social Sciences Citation Index* ou no *Scopus*, e o único impacto que lhe interessa é verificar o número de vezes que seu *paper* foi citado por seus colegas ou seus doutorandos.[106] A clareza de Ortega y

---

[105] Temos tratado o tema em "De académicos e intelectuales. Notas a propósito de la crisis de las ciencias sociales y el papel de la universidad", *Revisa Casa* (Casa de las Américas, Havana), n. 291, abr.-jun. 2018.

[106] Tal como afirma em "Intellectuals and their Discontents", *The Hedgehog Review*, outono 2000, p. 49. Evidentemente, há exceções, porém, são isto: extravagâncias em um meio dominado pelo conformismo e o conservadorismo no qual escrever de um modo claro é sinônimo de diletantismo.

Gasset, "sua cortesia" para o grande público, diferencia-se nitidamente da obscuridade que impera nos escritos dos outros heróis do liberalismo examinados por VLL em sua obra, como Friedrich von Hayek, Isaiah Berlin e Karl Popper, nunca nenhum desses chegou ao grande público como chegaram nas elites econômicas e políticas de inúmeros países. Quem conseguiu positivamente estabelecer uma eficaz comunicação com o público geral foi Milton Friedman, um mestre consumado na arte de escrever com extraordinária simplicidade. Entretanto, o economista de Chicago que tanto fez para popularizar o liberalismo econômico não está incluso entre os autores que fizeram possível a transição do jovem radical peruano às fileiras do neoliberalismo.

Dizíamos que este assunto da clareza expositiva é fundamental no mundo das ciências sociais e da vida universitária em geral, pois na academia estadunidense não há pior ofensa para um colega do que ter seu trabalho qualificado como "jornalístico", como aconteceu com Ortega y Gasset. Na América Latina, dado nosso acentuado colonialismo, o epíteto se pronuncia com mais veemência e se aplica a obras que possivelmente não seriam assim consideradas nos Estados Unidos. Tenho sido honrado com essa desqualificação inúmeras vezes, de maneira que compreendo perfeitamente a fúria daqueles que pensam que há quem não esteja disposto, com seu trabalho intelectual, a cooperar na manutenção de uma ordem social que está sendo derrubada e se abster de dizer, como a criança daquele conto, que "o rei está nu". O resultado dessa degradação do trabalho intelectual e da ditadura do saber convencional é a ideia absurda de que, se um texto está bem escrito – sem estar infestado de citações, neologismos e estrangeirismos em geral, ou abarrotado de estatísticas, podendo ser inclusive de fácil leitura –, ele carece de rigor, é um audacioso ensaio amador ou apenas uma simples nota jornalística. Supõe-se – explícito nas recomendações aos autores que pretendem publicar seus textos na revista oficial da Associação Americana de Psicologia – que, se um texto é claro e legível, ele certamente é superficial, sem nenhum rigor científico e, por outro lado, para que um texto seja profundo, deve ser necessariamente obscuro e opaco. A simplicidade na linguagem e na apresentação do argumento denotam uma superficialidade absolutamente inaceitável no âmbito científico, enquanto que a complexidade argumentativa e suas intrincadas manifestações literárias sinalizam a presença de um raciocínio profundo. A clareza da argumentação expõe banalidade e amadorismo; a obscuridade e o imperscrutável, profissionalismo e rigor científico.[107] Talvez a única passagem do livro de VLL com a qual concordo plenamente seja a que diz que "cada vez mais, nos diferentes ramos da cultura, são impostos, na linguagem comum, jargões ou dialetos especializados e herméticos em cuja sombra, muitas vezes, não se esconde a complexidade e a profundidade científica, mas a verborrágica prestidigitação e a armadilha" (p. 90).

Para finalizar, VLL aponta alguns erros de Ortega y Gasset nos tempos da República e, principalmente, em sua ambígua postura frente ao franquismo, produto mais de uma certa mistura de ingenuidade e idealismo do que de oportunismo, segundo o autor de *A festa do bode*. Não podemos nos deter a examinar essas questões com a meticulosidade que merecem. Acreditamos que VLL peca, ele mesmo, de ingenuidade ao caracterizar as razões pelas quais Ortega y Gasset foi tão elusivo – para não dizer completamente silencioso – em relação a temas tão cruciais como o franquismo, a guerra civil e a República. Assim como o foi também em relação ao fascismo e ao nazismo. Não obstante seus estrondosos silêncios, VLL não exita em qualificá-lo como "o pensador de maior irradiação e coerência que a Espanha deu, em toda a sua história, à cultura laica e democrática. E também aquele que escrevia melhor" (p. 97).

---

[107] Jacoby, *op. cit.*, p. 49.

Capítulo V
Friedrich von Hayek: um fanático sem complexos

Com um capítulo dedicado a este autor, nos aprofundamos no discurso de um dos três pensadores mais influentes que modelaram a consciência do narrador peruano, sendo Isaiah Berlin e Karl Popper os outros dois. Ignoro as referências aos dados biográficos, mas não a uma surpreendente afirmação de VLL que diz

> A Hayek, o destino lhe reservou a maior recompensa a que pode aspirar um intelectual: ver como a história contemporânea – ou, ao menos, os governos de Ronald Reagan, nos Estados Unidos, e o de Margaret Thatcher, no Reino Unido – confirmava boa parte de suas ideias e desacreditava a de seus adversários, entre eles o famoso John Maynard Keynes (1883-1946) (p. 102).

A afirmação do peruano é surpreendente, pois considerar que o reconhecimento vindo de dois criminosos de guerra – e, sobretudo no caso de Ronald Reagan, indivíduo com pouca inteligência, se é que realmente a tinha – é a maior recompensa a que pode aspirar um intelectual diz muito acerca do que um pensador liberal como VLL considera como sua missão fundamental. Não é a elaboração de uma nova teorização sutil e coerente do liberalismo, caso tal empresa seja possível, mas o recebimento de uma tapinha nas costas por parte de dois dirigentes ultraconservadores que causaram imensos sofrimentos a seus povos e a um número considerável de outras nações.

O capítulo começa revivendo a célebre disputa entre Von Hayek e Keynes, perante a qual, como era previsível, VLL se

105

inclina para o austríaco, pese a notável diferença existente entre um destacado economista e, de modo geral, um homem com ampla formação em ciências sociais como o britânico, e um desaforado ideólogo como o austríaco, a quem piedosamente VLL caracterizou como "um homem de extremos" para evitar botar-lhe a pecha de "extremista" ou fanático (p. 104). O imperdoável pecado de Keynes residia em sua crença no papel insubstituível que o Estado deveria desempenhar para atenuar o impacto dos ciclos econômicos, intervenção que de nenhuma maneira colocava o autor da *Teoria geral do emprego, do juro e da moeda* na trincheira dos inimigos do capitalismo, mas sim na de seus mais inteligentes defensores. Para Von Hayek, autor de *O caminho da servidão*, em vez disso, toda forma de intervenção estatal, todo aumento da intromissão do Estado na vida econômica, tinha apenas um único resultado possível: a instauração do totalitarismo, em qualquer uma de suas duas (e para ele, indiferenciadas) variantes, o comunismo ou o fascismo.

Para além das opiniões de VLL, o concreto é que Keynes inscreveu seu nome em uma etapa completa do desenvolvimento capitalista, sem dúvida a mais progressista e democrática, exaurida em meados dos anos 1970 e que jamais voltou (nem voltará) a se repetir. Por sua vez, as propostas liberalizantes e desreguladoras de Von Hayek tiveram eco entre os governos conservadores que se instauraram na década de 1980, mas sem nunca ter a gravitação de outro teórico do liberalismo, o estadunidense Milton Friedman, cuja teoria monetarista foi a que adquiriu a difusão mais ostensiva e, além disso, uma enorme influência prática sobre os governos daqueles anos.[108]

---

[108] Contribuíram o Prêmio Nobel que foi entregue ao economista de Chicago em 1976 e o lançamento mundial do livro escrito junto com sua esposa, Rose Friedman, *Liberdade para escolher*, simultaneamente publicado em mais de vinte idiomas e acompanhado por uma belíssima série documental na qual os Friedman explicavam com simplicidade extraordinária e capacidade persuasiva o porquê de o liberalismo ser a única doutrina economicamente sensata. Nada, nem de

Ao longo destas primeiras páginas do capítulo, VLL apresenta Von Hayek como um fanático e uma figura que habita em um mundo paralelo, quase sem contato com a realidade de seu tempo. O mesmo VLL reconhece que é um homem possuído por uma "verve polêmica [...] uma criatividade intelectual que coincide com certa fria rigidez analítica e, frequentemente, de propostas explosivas como a que fez em 1950 de que a Alemanha Ocidental se integrasse aos Estados Unidos e que depois outros países europeus a imitassem" (pp. 105-106). Como escritor, assegura VLL, "era rigoroso e persuasivo [...], porém seu gênio intelectual carecia de graça e elegância expositiva, era denso e um tanto rígido, e, às vezes, como neste excepcional tratado [se refere a *Law, Legislation and Liberty*, conhecido em português como Direito, Legislação e Liberdade], confundia-se em suas exposições, o que dificultava a compreensão das suas ideias" (p. 130).

Coerente com este desejo, não surpreende que poucas linhas mais à frente o peruano se visse obrigado a reconhecer que "algumas de suas convicções são dificilmente compatíveis com as de um autêntico democrata, como uma ditadura que pratica uma economia liberal ser preferível a uma democracia que não o faz". Por isso, disse que, no Chile, na ditadura de Augusto Pinochet, "havia muito mais liberdade que no governo democrático populista e socializante de Allende" (p. 106).[109]

---

perto semelhante, aconteceu com Von Hayek, que tinha sido laureado com o Prêmio Nobel de Economia dois anos antes.

[109] Declarações publicadas no *Times* (Londres) em 3 de agosto de 1978, e reiteradas em *El Mercurio* (Santiago) em 12 de abril de 1981. Poucas páginas antes, VLL escrevera que nem Von Hayek nem Keynes eram "ardentes democratas" (p. 103). Destaco que o novelista transfigurado em analista político não exibe pudor em qualificar o governo de Salvador Allende como "populista", categoria interpretativa que fora excluída naquela época e que reapareceria no começo do século XXI, trinta anos depois do derrocamento e morte do presidente chileno. É inútil buscar em todo o livro alguma mínima definição do que significa esse termo.

Não é um dado menor que outro dos autores examinados no livro de VLL, Raymond Aron, em um curso que ditou na Escola Nacional de Administração no ano de 1952, disse que a teoria de Von Hayek "só poderia ser aplicada em um contexto de ditadura política [...] porque as medidas exigidas por um liberalismo dessa natureza são inviáveis ao interior de uma democracia tradicional, que possui contrapesos, equilíbrio de poderes e multiplicidade de atores políticos e sociais. A existência de sindicatos e grêmios, a influência dos grupos de interesse e, enfim, o emaranhado mesmo da sociedade civil tornam difícil que um projeto como o hayekiano possa se aplicar no interior de uma democracia pluralista".[110] Apesar da contundência dessa reflexão e do fato de que Aron forme parte dos autores favoritos de Vargas Llosa, é singular que um comentário deste tipo tenha passado inadvertido para o autor de *Tia Julia e o escrevinhador*.

A contraofensiva liberal-conservadora

Segundo Vargas Llosa, em abril de 1947, Von Hayek convocou um seleto grupo de "39 eminentes pensadores" a se reunir em Vevey, Suíça, onde permaneceram enclausurados, debatendo ao longo de dez dias contínuos. O grande tema: como frear o coletivismo que tinha se apoderado da Europa após a Segunda Guerra Mundial. Essa questão gerava obsessão em Von Hayek, pois, segundo o que ele expôs em sua mais conhecida obra, *O caminho da servidão*, o estatismo keynesiano, seja social-democrata ou na democrata cristã, seria um novo totalitarismo, similar ao que se derrotou na Alemanha e ao que ainda imperava na União Soviética. Entre os mais renomados participantes do conclave estavam Milton Friedman, Karl Popper e Ludwig von Mises. Como resultado do encontro nasceu a Sociedade de Mont Pèlerin, pre-

---

[110] Cf. Daniel Mansuy, "Liberalismo y política. La crítica de Aron a Hayek", em <file:///C:/Users/Atilio/Documents/ARON,%20Raymond/la%20cr%C3%ADtica%20de%20Aron%20a%20Hayek%20_%20Daniel%20Mansuy%20-%20Academia.edu.html>.

sidida pelo próprio Von Hayek, entidade que com o correr dos anos se converteria na "usina de pensamento" mais importante da versão mais radical e extremista do liberalismo.

Perry Anderson narra da seguinte maneira a gênese deste movimento, "uma reação teórica e política veemente contra o Estado intervencionista e de Bem-estar" que, por sua clareza e contundência, nos permitiremos citar *in extenso*:

> Três anos depois da publicação de *O caminho da servidão* [em 1944]... quando as bases do Estado de Bem-estar na Europa do pós-guerra efetivamente se constituíam, não só na Inglaterra, mas também em outros países, Von Hayek convocou aqueles que compartilhavam sua orientação ideológica para uma reunião na pequena estação de Mont Pèlerin, na Suíça. Entre os célebres participantes estavam não só adversários firmes do Estado de Bem-estar europeu, mas também os inimigos férreos do *New Deal* estadunidense. Na seleta assistência se encontravam, entre outros, Milton Friedman, Karl Popper, Lionel Robbins, Ludwig von Mises, Walter Eucken, Walter Lippmann, Michael Polanyi e Salvador de Madariaga. Ali fundou-se a Sociedade de Mont Pélerin, uma sorte de franco-maçonaria neoliberal, altamente dedicada e organizada, com reuniões internacionais a cada dois anos. O seu propósito era combater o keynesianismo e a solidariedade reinante, preparando as bases para outro tipo de capitalismo, duro e livre de regras, para o futuro [...]. Von Hayek e seus companheiros argumentavam que o novo "igualitarismo" desse período (certamente relativo), promovido pelo Estado de Bem-estar, destruía a liberdade dos cidadãos e a vitalidade da competência, da qual dependia a prosperidade de todos. Desafiando o consenso oficial da época, eles argumentavam que a desigualdade era um valor positivo, em realidade imprescindível em si mesmo, do qual muito precisavam as sociedades ocidentais.[111]

---

[111] Perry Anderson, "Neoliberalismo: un balance provisorio", em Emir Sader e Pablo Gentili (eds.), *La trama del neoliberalismo. Mercado, crisis y exclusión social* (Buenos Aires: Eudeba y Clacso, 1999), p. 15.

Hayek dedicou seu livro "aos socialistas de todos os partidos". Por quê? Porque, segundo sua concepção, as diferenças entre o trabalhismo inglês e o "totalitarismo comunista" de Stalin eram só superficiais. No fundo, socialistas e comunistas são diferentes expressões do "coletivismo, dirigismo econômico ou planificação, desaparecimento das liberdades e do pluralismo político, do totalitarismo" (p. 123). E é a partir destes traços em comum que as distinções iniciais entre socialismo democrático e comunismo rapidamente irão desaparecer, pois, à medida que a planificação econômica vai recortando a liberdade dos mercados e restringindo os direitos de propriedade, a liberdade política inevitavelmente murchará e o desemboque no totalitarismo se converterá em algo tão inevitável como a lei de gravidade. A história encarregou-se de refutar inapelavelmente os prognósticos do economista austríaco, embora VLL pareça não ter tomado consciência do fato.

Retomando o fio condutor de nossa argumentação, a mensagem dos confabulados de Mont Pèlerin caiu no esquecimento durante pouco mais de um quarto de século devido ao sucesso do keynesianismo na reanimação do capitalismo e sua contínua relevância para assegurar a legitimidade política requerida que garantiu a paz social que exigia o processo de acumulação. No entanto, este teve como contrapartida uma crescente dependência do consenso – quando não da passividade – das classes e das camadas subalternas e de sua capacidade para satisfazer suas demandas com qualidade e quantidade suficientes, assim como para saciar as crescentes expectativas das massas que agora, por consequência, tinham maior capacidade de pressão sobre as estruturas estatais (como resultado de seus avanços organizativos) e um repertório de conquistas laborais e sociais que expressava uma consciência muito mais sofisticada em relação à sua condição social.[112]

---

[112] Uma elaboração desse argumento encontra-se em nosso "La crisis norteamericana y la racionalidad neoconservadora", *Estados Unidos. Cuadernos Semestrales* (México, CIDE), primeiro semestre 1981.

110

O esgotamento da "era de ouro" do keynesianismo abriu uma janela de oportunidades para ideias que poucos anos antes eram consideradas esotéricas e completamente afastadas da realidade. A queda de um dos pilares dos acordos de Bretton Woods, no domingo de 15 de agosto de 1971, quando o presidente Richard Nixon declarou a inconversibilidade do dólar em ouro, perpetrou um duro golpe para a economia mundial. Pouco depois, a "estagflação" dos anos 1970, potencializada entre outras coisas pelos choques do petróleo de 1973 e 1974, alterou radicalmente o clima ideológico imperante nas sociedades capitalistas. O que antes era considerado um absurdo próprio de uma obscura seita de economistas radicalmente conservadores converteu-se, em pouco tempo, em um novo senso comum da época, que justificava os cortes nos gastos sociais, o furioso ataque à legislação social e aos sindicatos e a necessidade de retroceder o Estado para suas funções mais elementares, abandonando definitivamente os sonhos de construir, como dizia Lyndon B. Johnson, sucessor de John F. Kennedy na Casa Branca, "a Grande Sociedade".[113]

Caberia questionar o resultado deste vil ataque ao sindicalismo que, a partir do auge das ideias neoliberais, lançaram os governos neoliberais. A resposta é contundente, e o que aconteceu nos Estados Unidos é, mais uma vez, um caso útil como testemunha: tal como o demonstra um estudo do Economic Policy Institute de Washington, no ano de 1945, a taxa de filiação

---

[113] Esta preocupação estava também na base das análises e diagnósticos da Comissão Trilateral, cujo texto fundacional foi escrito por Samuel P. Huntington, Michel Crozier e Joji Watanuki: *The Crisis of Democracy* (New York: The Trilateral Foundation, 1976). Como anedota: na primeira metade de 1970, realizei vários cursos de Economia em Harvard, como parte da minha formação doutoral. Nem Von Hayek nem Friedman jamais apareceram na bibliografia desses cursos. Eram considerados ideólogos e publicitários de um liberalismo *demodê*, e não economistas que merecessem uma cuidadosa consideração. Sobre a Comissão Trilateral ver "La crisis norteamericana y la racionalidad neoconservadora".

111

sindical era 33,4% e os 10% mais ricos se apropriavam de 32% da renda nacional. Em 2015, após décadas de ataques ao movimento operário, a filiação tinha caído para 11,1% e, sem uma vigorosa resistência sindical que fizesse frente a isso, os 10% mais ricos se apropriavam de 47,5% da renda nacional. Quer dizer: a debilidade do sindicalismo tornou possível que os setores mais endinheirados incrementassem notavelmente a proporção da riqueza social captada pelos ricos e super-ricos. Derrubam-se aqui todos os argumentos, e os fatos expressam nitidamente porque os governos neoliberais, invariavelmente a serviço dos capitalistas, atacam com tanta fúria as organizações sindicais.[114]

"Salvar" a democracia

Para resumir, o consenso keynesiano começou a se diluir de modo irreversível com o *crash* do modelo econômico do pós-guerra, em 1973, que colocou os países de capitalismo avançado em longa e profunda recessão, unindo, pela primeira vez, baixas taxas de crescimento com altas taxas de inflação. A partir desse momento, as ideias neoliberais passaram rapidamente a ganhar espaço. As raízes da crise, afirmavam Von Hayek e seus colegas, estavam fincadas no poder excessivo e nefasto dos sindicatos e, de maneira geral, do movimento operário, que havia minado as bases da acumulação privada com suas pressões reivindicativas sobre os salários e sua pressão parasitária para que o Estado aumentasse cada vez mais os gastos sociais. Com um olhar puramente político, Samuel Huntington e seus associados da Comissão Trilateral vinham desenvolvendo um argumento coincidente com o de Von Hayek. Segundo esse "tanque de pensamento neoconservador", os países do capitalismo avançado (Estados Unidos, Europa, Japão) se encontravam imersos em uma profunda crise política que estava fadada a ter um des-

---

[114] Fonte: Economic Policy Institute: <https://www.epi.org/publication/top-charts-of-2018-twelve-charts-that-show-how-policy-could-reduce-inequality-but-is-making-it-worse-instead/>.

fecho com duas faces: no plano econômico, a "estagnação"; no político, a acelerada perda de legitimidade dos regimes democráticos e de suas classes governantes. Em poucas palavras: a democratização produzida no marco das reformas keynesianas de pós-guerra assediavam o capitalismo e a própria democracia, ameaçando destruir os legados mais prezados da tradição liberal. Como impedir "o suicídio das democracias"?[115] A crise exigia rápidas e eficazes soluções que impedissem tão funesto desenlace, mas isso só seria eficaz se um diagnóstico claro das causas profundas dessa mesma crise fosse feito. Os teóricos da Comissão Trilateral, tal como os economistas de Mont Pèlerin, concordavam em algo: a crise não fora causada pelas falhas estruturais das economias capitalistas, das democracias liberais ou da torpeza, estupidez ou inaptidão da classe política. Ainda que esta não fosse minimamente esclarecida como se poderia desejar, sua incompetência por si só jamais poderia ter produzido uma crise de tal magnitude. Portanto, concluía o raciocínio, a origem do pesar não devia ser procurada na economia ou na política, mas na cultura. Trata-se, segundo estes autores, de uma crise primordialmente moral e cultural, que tem tido como resultado a fratura desse amálgama ideológico e verdadeiramente único que havia dado sentido à empreitada de construir – no caso dos Estados Unidos – a nação mais poderosa do mundo e – nos casos dos países europeus e Japão – exemplares democracias liberais e prósperas sociedades.

Os turbulentos anos 1960

Para os neoliberais, o ceticismo e a crítica frívola e irresponsável que impregnaram a cultura do Ocidente no pós-guerra minaram esse patrimônio cultural praticamente insubstituível. No caso dos Estados Unidos, a moral e os costumes tradicio-

---

[115] Tema que, alguns anos depois, seria retomado por um dos autores preferidos de Vargas Llosa: Jean-François Revel, como veremos em outro capítulo.

nais foram pervertidos pelos grandes protestos juvenis dos anos 1960 – pela libertinagem sexual, pelas lutas pelos direitos civis dos afro-americanos, protestos contra a guerra de Vietnã, pela libertação da mulher e pela tolerância ante o consumo de drogas – aos que se somam, na Europa, pelos círculos concêntricos da rebeldia originados no Maio Francês. A crise e a queda do modelo keynesiano não foi mais que o arremate desse processo de progressiva decomposição do núcleo ideológico medular e virtuoso dos capitalismos do pós-guerra. Aparece nos escritos dos teóricos da Trilateral a ideia de uma "cultura adversária" – tema repetido até o cansaço no livro de VLL – frontalmente oposta ao senso comum burguês.

Nisso o pensamento neoliberal evidencia seu viés paranoico: esta cultura adversária possui como vetores uma "nova classe", os intelectuais e todos os que se encontram vinculados à "indústria do conhecimento" e à estrutura "universidade / governo / meios de comunicação".[116] Segundo essa interpretação, esse fenômeno está intimamente vinculado à extraordinária expansão da categoria dos intelectuais no capitalismo moderno – fenômeno que já fora precocemente observado por Antônio Gramsci no começo da década de 1930 – e foi vigorosamente impulsionado pela massificação da educação superior nos anos do segundo pós-guerra. O avanço dos meios de comunicação e o vertiginoso aumento da burocracia estatal, argumentam tanto os críticos da Comissão Trilateral quanto os da Sociedade de Mont Pèlerin, foram silenciosamente transformados em socialistas (sic!); a economia estadunidense e, ainda mais, a Europa foram dominadas pela social-democracia ou pelo socialismo cristão.[117]

---

[116] Como veremos adiante, este argumento é retomado e levado ao extremo por Vargas Llosa em sucessivos capítulos do livro que estamos analisando. Os intelectuais, os cultivadores do pensamento, são o inimigo a combater!

[117] A formulação mais radical para esta tese no caso dos Estados Unidos foi obra de Irving Kristol, um dos principais teóricos neoconservadores nos anos de Reagan. Ver seu "On Corporate Capitalism in

Mas, além do exposto anteriormente, a crise política é agravada por um desdobramento da crise cultural que produz exatamente o que Von Hayek estava prevendo e que VLL amplia fortemente em seu livro: a recobrada vigência da tribo, do coletivismo que faz com que a população exija do governo a solução para seus problemas, sendo que "o natural" seria que estes fossem resolvidos pelos indivíduos, distante da ação governamental e de qualquer tentação da tribo. Sob essa funesta influência do coletivismo, a cultura dominante produz um excesso de demandas comunitárias que provocam a "sobrecarga" do Estado, sua crise fiscal e a inflação, e daí para a perversa combinação de recessão com inflação falta apenas um passo. Levando em consideração que nenhum governo está em condições de suportar tal abundância de demandas, o valor a pagar é a crescente deslegitimação da autoridade e, claro, a erosão dos fundamentos morais e ideológicos dos Estados democráticos. Este argumento constitui o núcleo do informe da Comissão Trilateral. Em linhas gerais, discorre-se sobre como a década de 1960 foi cenário de grandes mobilizações populares – Immanuel Wallerstein fala inclusive das "revoluções de 1968" – que expressavam o irresistível impulso igualitarista e participativo de uma sociedade civil que abdicara de seu conformismo e de sua apatia habituais. O impacto do auge extraordinário da luta de classes na América, pois disso se tratava fundamentalmente, foi interpretado a partir de um ângulo político por Huntington no seguinte sentido: "a vitalidade da democracia nos Estados Unidos nos anos 1960 produz um incremento substancial na atividade governamental e uma perda substancial em autoridade governamental".[118] Em consequência, o fervor democrático dos anos 1960 acarretou os problemas de governabilidade da

---

America", em *The American Commonwealth* (New York: Basic Books, 1976), p. 134. É claro que o persistente avanço do socialismo ou das regulações governamentais nos capitalismos europeus são os tópicos fundamentais de toda a obra de Von Hayek.

[118] Huntington, em *The Crisis*, p. 11

democracia nos anos 1970. Não foi o capitalismo, mas a cultura adversária (igualitária, participativa, contestatária) que causou a crise ao promover a expansão da intervenção estatal e a inevitável crise fiscal, desencadeada pelo desejo de responder às demandas do cidadão que, por definição, são inesgotáveis. As consequências práticas que derivam desse diagnóstico revelam com surpreendente nitidez os alcances da involução autoritária dos corretivos sugeridos para escapar da crise:

(a) retraimento do Estado para que os indivíduos procurem resolver seus problemas por si mesmos;[119]
(b) fortalecimento da racionalidade e eficácia das políticas públicas, pensando na redução do gasto fiscal;
(c) diminuição das pressões coletivas sobre o governo, fonte de permanentes frustrações. Isto nos fatos significa uma espécie de "contrarrevolução das expectativas decrescentes";
(d) fomento da desmobilização social, promoção da apatia política e exaltação do individualismo em contraposição ao coletivismo desenvolvido desde os tempos do *New Deal* nos Estados Unidos e do período pós-guerra na Europa.

Essas tendências, atuantes desde o começo da restauração conservadora dos anos 1980, acentuaram-se até níveis sem precedentes após os ataques do 11 de setembro. Sob o pretexto da "guerra ao terror", não apenas a democracia estadunidense se degradou, mas diversos direitos civis e liberdades públicas, muito caros à tradição liberal, foram significativamente reduzidos. Os casos pontuais vão desde o ataque à privacidade (escutas ilegais, intercepção de correios, vigilância eletrônica permanente) até o cerceamento à liberdade de expressão e de reunião, censura à imprensa, a violação do devido processo para os acusados de cooperar com o terrorismo (Guantánamo, "os 5" cubanos presos nas prisões dos Estados Unidos etc.) e

---

[119] Vale lembrar do famoso aforismo de Margaret Thatcher: "A sociedade não existe; existem as famílias e os indivíduos". Voltaremos mais adiante a esta frase e o seu significado.

o enfraquecimento da laicidade estatal, manifestado durante a gestão de John Ashcroft como chefe do Departamento de Justiça dos Estados Unidos nos anos de Bush filho ao introduzir sessões diárias de oração, algo que vai de encontro ao projeto dos Pais Fundadores.

Kosmos e taxis

Como vimos, o triunfo das ideias liberais foi condizente com a profunda regressão nos avanços sociais e democráticos produzidos na "era de ouro" do capitalismo keynesiano. O fundamento último da teorização de Von Hayek é a ideia de que, na vida de toda sociedade, há duas classes de formações ou tramas sociais: o *kosmos* e o *taxis*. Se o primeiro é uma ordem espontânea, "natural", o segundo é uma organização imposta desde cima pela autoridade. A sociedade de mercado é um clássico exemplo de *kosmos*, vale dizer, um emaranhado social que evoluiu espontaneamente sem que ninguém fosse responsável por sua criação. A inaudita violência do processo de acumulação originária – retratado tanto por Thomas More nos primórdios do século XVI como no já mencionado capítulo XXIV de *O capital* de Marx, e, em datas mais recentes, na obra de Karl Polanyi – e o crucial papel que cumpriram nele as monarquias europeias criando esse suposto "resultado espontâneo e natural" desvanecem-se como uma névoa matutina nos densos vapores metafísicos de Von Hayek, tendo como resultado o capitalismo que aparece como a "cúspide natural" da evolução do espírito humano e de sua natureza inerentemente aquisitiva e egoísta, evidente já para o economista austríaco na avidez possessiva que as crianças exibem em sua relação com os outros com quem disputam brinquedos. Disso se deduz que, em um *kosmos* como na sociedade de mercado, a posição relativa que ocupa um indivíduo ou um grupo social não pode ser atribuída a nenhum sujeito ou instituição – como a propriedade privada ou o resultado do "conflito distributivo", eufemismo que evita falar da luta de classes, por exemplo –, pois ela é o resultado das ações e iniciativas tomadas por um sem-fim de agentes, os quais não só não se conhecem como, além disso, nessa multidão, "ninguém tem a responsabilidade nem o poder para assegurar que as ações isoladas de uma enorme massa de indivíduos produzirão um resultado particular para uma certa pessoa".[120] Mais adiante, VLL faz uma paráfrase do texto de Von Hayek ao dizer que o "processo que tem permitido ao ser humano sair da vida animal de seus ancestrais – a vida da caverna e a tribo – e atingir as estrelas e a democracia foi possível, segundo Von Hayek, pelo que chama de 'as ordens espontâneas', surgidas, como seu nome indica, de maneira imprevista, não planejada nem dirigida". Os exemplos que oferece o teórico e seu glosador peruano são "a linguagem, a propriedade privada, a moeda, o comércio e o mercado. Nenhuma destas instituições foi inventada por uma pessoa, comunidade ou cultura singular" (p. 116).

Certamente é preciso ser uma pessoa muito obcecada para discorrer sobre a propriedade privada ou a moeda como "ordens naturais", ou para defender o mesmo sobre o comércio e o mercado, se bem que nesses casos poderia se alegar o caráter "natural e espontâneo" do escambo, que ao longo dos séculos se converteria no embrião do mercado capitalista.[121] Qualquer pessoa minimamente informada sobre os estudos da Antropologia sabe perfeitamente que o "natural" nas primeiras comunidades humanas não foi a propriedade privada, mas sim o que Marx denominou de "comunismo primitivo". A propriedade privada surgiu muito recentemente, levando em consideração a perspectiva histórica de longa duração que recomendava

---

[120] Friedrich Von Hayek, *Law, Legislation and Liberty* (V. 2: *The Mirage of Social Justice*. Chicago/London: The University of Chicago Press, 1976), p. 33 [tradução livre do Autor].

[121] Em um processo de imensa complexidade que não podemos tratar aqui. Sugiro a leitura de Karl Polanyi, *A grande transformação: as origens políticas e econômicas da nossa época* para uma análise rigorosa do tema, assim como certas passagens dos *Grundrisse* de Marx.

Ferdinand Braudel para interpretar corretamente os processos históricos. Referindo-se à origem da propriedade privada, Jean-Jacques Rousseau escreveu umas linhas memoráveis que se valorizam ainda mais quando comparadas com o argumento leviano de Von Hayek e seu discípulo peruano. O genebrino descreveu assim o nascimento da propriedade privada nas primitivas comunidades:

> O primeiro homem a quem, cercando um campo, ocorreu dizer "isto é meu" e que encontrou pessoas suficientemente simples que acreditaram nele foi o verdadeiro fundador da sociedade civil. Quantos crimes, guerras, assassinatos; quantas misérias e horrores haveria evitado ao gênero humano aquele que houvesse gritado a seus semelhantes, arrancando as escoras da estrutura e cobrindo o fosso: "Não escutem esse impostor! Estarão perdidos se esquecerem que os frutos são de todos e a terra é de ninguém!".[122]

A eloquência de Rousseau nos exime de maiores comentários. E o mesmo poderia se dizer em relação à moeda, prototípico resultado da intervenção do Estado na vida econômica. De fato, tal como o demonstrou conclusivamente Karl Polanyi ao se referir ao "credo liberal", a concepção de um mercado que regula a si próprio "era uma ideia puramente utópica. Uma instituição como esta não poderia existir de forma duradoura sem aniquilar a substância humana e a natureza da sociedade, sem destruir o homem e sem transformar seu ecossistema em um deserto".[123]

---

[122] *Discurso sobre el origen de la desigualdad entre los hombres*, Segunda Parte, disponível em <http://www.cervantesvirtual.com/obra-visor/discurso-sobre-el-origen-de-la-desigualdad-entre-los-hombres--0/html/ff008a4c-82b1-11df-acc7-002185ce6064_9.htm>.

[123] *La gran transformación. Crítica del liberalismo económico* (Madrid: La Piqueta, 1989 – Versão pdf, Quipu Editorial, 2007), p. 26. <https://traficantes.net/sites/default/files/Polanyi,_Karl_-_La_gran_transformacion.pdf>. A primeira edição apareceu com o título *The Great Transformation: Origins of Our Time* (Nova York: Farrar & Rinehart,

Isto explica que tais iniciativas mercantilizadas tenham enfrentado fortes resistências sociais. E isso é assim porque qualquer "credo econômico" que defenda que o trabalho, a moeda e a natureza são mercadorias conduz a sociedade à sua própria destruição, razão pela qual na obra de Polanyi aparece vez ou outra a referência à "autodefesa" da sociedade ante tamanha agressão. Em suas próprias palavras: "o conceito de mercado autorregulador é utópico e seu desenvolvimento tem sido contido pela autodefesa realista da sociedade".[124] E contrariamente ao que pensava Von Hayek, e pensa Vargas Llosa, o auge do movimento de oposição ao liberalismo e ao *laissez-faire* teve sim as características de espontaneidade e naturalidade que Von Hayek atribuía à formação do livre mercado, pois "surgiu em numerosos lugares sem relação entre si, e sem que se possa encontrar um sistema ideológico comum ou um laço de união entre os interesses em jogo".[125]

A exaustiva investigação histórica de Polanyi acrescenta provas empíricas irrefutáveis que demonstram o caráter metafísico, ou puramente retórico, da argumentação de Von Hayek. E aquele tem uma vez mais razão quando assegura que trabalho, terra e dinheiro não são mercadorias pois, no seu caso, isto é "manifestamente falso". Nem o trabalho humano, nem a natureza, nem o dinheiro foram criados para ser vendidos ou comprados em um mercado.[126]

Chega de falar sobre propriedade privada ou mercado como um *kosmos*, como uma ordem natural. Porém continuemos com o argumento hayekiano: na medida em que a sociedade não é *taxis*, mas sim uma ordem espontânea cujos resultados

---

1944). Polanyi nasceu em Viena em 1886, treze anos antes que Von Hayek, e cresceu no mesmo clima intelectual. Suas concepções, no entanto, são radicalmente opostas. Coincidentemente, ambos também publicaram suas obras mais famosas no mesmo ano: 1944.

[124] Polanyi, *op. cit.*, pp. 226-232.

[125] *Ibid.*, p. 244.

[126] *Ibid.*, pp. 127-128.

são incertos e desconhecidos de antemão, as ações governamentais inspiradas nas utopias construtivistas só servirão para destruir os delicados mecanismos do *kosmos*, piorando o estado de coisas existente. Em virtude disso, VLL afirma que

> [...] o grande inimigo desta [a liberdade] é o construtivismo, a fatídica pretensão [...] de querer se organizar a partir de um centro qualquer de poder na vida da comunidade, substituindo as instituições surgidas sem premeditação nem controle (a lei comum, o *kosmos*) por estruturas artificiais e encaminhadas a objetivos como "racionalizar" a produção, "redistribuir" a riqueza, impor o igualitarismo e uniformizar o todo social em uma ideologia, cultura ou religião. (p. 113)[127]

O fechamento da proposta hayekiana é definitivo: como não foi criada por nenhum agente, a ordem social é imune a toda crítica, do ponto de vista da justiça social. Tal como o economista austríaco reitera vez ou outra, é absurdo opor-se a uma ordem social pelas suas desigualdades, assim como seria se lamentar sobre a "injustiça" de uma catástrofe natural, como um terremoto ou uma enchente. Aliás, na medida em que uma organização como o governo pretenda se imiscuir, com suas ações e iniciativas, para interferir na ordem natural do mercado, o resultado será – tal como o autor vem advertindo desde *O caminho da servidão* – uma catástrofe totalitária. Desse modo, o tema da justiça social fica completamente proscrito, e a sociedade capitalista com a sua brutal injustiça se isenta da culpa e do compromisso. É a loteria da vida que decide se a gente nasce em um lar burguês ou proletário; branco, negro ou mestiço. Para Von Hayek, culpar a sociedade por uma ou outra coisa é um ato de irresponsabilidade. Não é necessário insistir mui-

---

[127] É por isso que Vargas Llosa, entre outras coisas, disse em fevereiro de 2018 para um jornalista do *ABC* que "Na Espanha, não há nenhum partido liberal no poder". Cf. <http://www.abc.es/cultura/libros/abci-vargas-llosa-prohibir-libros-y-cuadros-absolutamente-antidemocratico-y-combatirlo-201802281322_noticia.html>.

to no caráter grosseiramente apologético de toda a construção hayekiana e seu publicitário contemporâneo, Vargas Llosa.

Assim, depreende-se que, para o economista austríaco, a justiça social é uma problemática, ao mesmo tempo insana e espúria.[128] No segundo volume de um de seus principais trabalhos, *Direito, legislação e liberdade*, que VLL considera como uma de suas obras-primas, Von Hayek discorre extensamente sobre o tema. Nesse volume aparece o sugestivo título de "The Mirage of Social Justice", vale dizer, "A miragem da justiça social". Ali, o autor deixa de lado o estilo mais frio e analítico que exibia em outras partes do livro o acadêmico sucumbe ante a fúria arrasadora do fanático e adota uma linguagem de torcida, empolgado com o fervor de um cruzado. Este tom caracterizou também várias de suas intervenções públicas depois da publicação da obra, uma das razões pelas quais o novelista peruano o define como "um homem de extremos", como advertimos antes. Em uma delas, Von Hayek explica sua "impaciência" com aqueles que utilizam irresponsavelmente a expressão "justiça social", porque tal coisa não é senão uma fórmula vazia, um verdadeiro *nonsense*, uma "insinuação desonesta", um termo "intelectualmente desprestigiado" ou "a marca da demagogia ou de um jornalismo barato que pensadores responsáveis deveriam sentir vergonha de usar". Para o autor, a lamentável persistência dessa consigna demagógica nada mais é do que um produto da desonestidade intelectual de quem se beneficia da confusão política por ela gerada.[129] Ainda que não o diga com as mesmas palavras, tanto para Vargas Llosa quanto para seu mentor, a justiça social é um atavismo ancorado nas fases mais primitivas da humanidade que o advento da Modernidade e da sociedade burguesa deveria ter superado para sempre. Aprofundando-se nessa linha de análise, o economista austríaco defende

---

[128] Ver "Justiça sem capitalismo, capitalismo sem justiça", em Atilio A. Borón e Álvaro de Vita (eds.). *Teoría y Filosofía Política. La recuperación de los clásicos en el debate latinoamericano* (Buenos Aires: CLACSO, 2002), pp. 139-162.

[129] Von Hayek, *Direito, legislação e liberdade*, pp. 96-100.

que, "dado que só a conduta humana e não uma certa disposição das coisas pode ser julgada como justa ou injusta", só resulta possível denunciar a "injustiça" de uma estrutura econômica se fosse possível identificar o responsável da assimétrica distribuição de prêmios e castigos, ganhos e perdas. Como isso é impossível, visto que ninguém tem a responsabilidade de tal distribuição, falar sobre "justiça social" não é mais razoável do que aludir à "moralidade ou imoralidade" da pedra com a qual esbarramos ou às tragédias que possam aparecer a partir das catástrofes naturais.[130]

Democracia ou "demarquia"?

Vargas Llosa comenta, em seu capítulo sobre Von Hayek, que este, no final da vida, "dedicou-se a autopsiar de maneira muito crítica" a democracia, descrevendo "suas deficiências e deformações, uma das quais é o mercantilismo e, outra, a ditadura das maiorias sobre as minorias" (p. 113). O leitor interessado em comprovar os resultados de tal autópsia terá suas expectativas frustradas, porque na realidade esse exame nunca foi realizado. Do papel do mercantilismo como ameaça à democracia não se diz uma palavra, ainda que se possa deduzir que, ao exacerbar a presença ativa do Estado na vida econômica, ele pode se converter em um obstáculo para o funcionamento da democracia. Sobre a tão nomeada "ditadura das maiorias", o resultado é ainda mais pobre, porque mesmo que alguém pudesse entender a que se refere Von Hayek quando nos fala do mercantilismo como política econômica, a "ditadura da maioria" é uma premissa que só existe em sua febril imaginação junto com a do novelista peruano. Se existe uma ditadura hoje nas democracias (e ressaltemos que estamos falando de "capitalismos democráticos", nos quais o essencial é capitalismo e o adendo é a democracia)[131] é a que praticam as poderosíssimas mino-

---

[130] *Ibid.*, p.78.

[131] Distinção fundamental, e por isso a expressão "democracia capitalista" tem a tendência de criar a imagem errada de que em países que possuem esse regime político o essencial é a democracia, matizada

123

rias formadas pelos grandes conglomerados transnacionais e as megacorporações, razão pela qual há uma crítica cada vez mais generalizada à lenta, porém imparável, metamorfose das antigas democracias nas atuais "plutocracias" que governam já sem mediações em países como os Estados Unidos, a maioria dos europeus e, entre nós, na Argentina, no Brasil, no Chile, na Colômbia e no México.[132] E a proposta que Von Hayek oferece para superar as "deficiências e deformações" da democracia, o que denominou como "demarquia" (o governo de uma assembleia legislativa elegida por quinze anos pelos cidadãos maiores de 45 anos para preservar os direitos fundamentais, acompanhada por um parlamento tradicional abocado às questões ordinárias) não tem valor algum para merecer algo mais que uma menção de passagem. É claramente uma "ocorrência" e não uma ideia, um conceito, uma categoria de análises filosóficas ou científicas.

O capítulo termina com a exploração de uma breve nota de Von Hayek cujo título é "Por que não sou um conservador?".

---

por uma tonalidade capitalista. Daí a importância de reconhecer o caráter substantivamente capitalista dessas formações sociais, modificadas suas facetas mais irritantes por alguns traços próprios das democracias. Por isso a expressão correta é "capitalismo democrático" e não "democracia capitalista". Discorremos extensamente sobre este tema em nosso *Tras el búho de Minerva. Mercado contra democracia en el capitalismo de fin de siglo* (Buenos Aires: Fondo de Cultura Económica, 2000), pp. 161-168.

[132] Sobre a involução plutocrática ver Sheldon Wolin, *Democracia S.A. La democracia dirigida y el fantasma del totalitarismo invertido* (Buenos Aires: Katz Editores, 2009). Ver também o levantamento coincidente de Jeffrey Sachs, um economista que parece ter abjurado do neoliberalismo quando, em "Understanding and Overcoming America's Plutocracy", disse que "Este é o nosso momento e responsabilidade para ajudar a salvar a democracia" nos Estados Unidos. Ver o seu artigo do *Huffington Post* em <www.huffingtonpost.com/jeffrey-sachs/understanding-and-overcom_b_6113618.html>. Um dos autores que mais extensamente tem trabalhado sobre o tema do "governo secreto" dos Estados Unidos é Peter Dale Scott. Ofereceremos um tratamento *in extenso* deste tema no capítulo final de nosso livro.

Nessa reflexão, ele sugere que um conservador "não oferece alternativa à direção em que o mundo avança, enquanto que para um liberal é essencial para onde nos movimentamos" (p. 136). Um conservador é um homem que teme as mudanças e aquilo que lhe é desconhecido, tem uma atitude submissa ante a autoridade e desconhece as leis que geram o crescimento da economia. É tributário de certo "tradicionalismo ideológico", obscurantista e supersticioso. Claro que VLL diz que o conservador vê na reforma "uma ameaça para os seus ideais sociais" (p. 137). Seus ideais ou seus interesses, ou uma combinação de ambos? É indubitável que o narrador peruano subestima a importância dos interesses materiais que estão na base do conservadorismo. E chegando neste ponto é necessário afirmar que, no sentido estrito, os liberais também são, por definição, muito conservadores. Von Hayek e seu defensor VLL o são porque defendem cegamente a ordem social existente, o capitalismo, apelando a qualquer recurso. Como, no caso de VLL, sua incondicional adesão à direita reacionária e neofascista espanhola, representada no Partido Popular e na Monarquia, e no caso de Von Hayek, a uma sangrenta ditadura militar como a de Pinochet no Chile. Eles poderão exibir um "progressismo descafeinado" em alguns temas mais próprios do âmbito da cultura, da ideologia, dos usos e costumes. Porém, quando se mergulha nas profundezas, e o fundo é a manutenção ou superação do capitalismo, os liberais rapidamente se convertem em conservadores. Ou em ultraconservadores, como se comprovou com o respaldo de Von Hayek a Pinochet ou, em datas mais recentes, o chamado de Vargas Llosa para que um golpe militar derrubasse o presidente legal e legítimo da Venezuela — ou suas mais recentes declarações públicas acusando Andrés Manuel López Obrador e Gustavo Petro de demagogos.[133] Se estas atitudes não são conservadoras, elas são o quê? Fascistas?

---

[133] Sobre Vargas Llosa e a sua apologia a um eventual golpe militar na Venezuela ver <http://www.eldesconcierto.cl/2018/05/04/vargas-l-losa-el-liberal-que-visito-chile-si-hay-una-accion-militar-contra-la--dictadura-de-maduro-yo-la-voy-a-apoyar/>.

Capítulo VI
Karl Popper ou
o serralheiro frustrado

Segundo Vargas Llosa, *A sociedade aberta e os seus inimigos* é o "livro chave do pensamento democrático e liberal moderno".[134] Popper tinha sido, durante sua juventude em Viena, um militante do socialismo. Procedia de uma família judaica convertida ao protestantismo. A ascensão de Hitler ao poder na Alemanha o comoveu profundamente e desatou nele uma revolução teórica de vastas proporções. Entre outras coisas, plantou a semente da mais intransigente rejeição ao nacionalismo em qualquer uma de suas formas, ao que qualificou como uma "horrível heresia" (p. 142). Uma variante do nacionalismo era, na Viena de seu tempo (Popper nasceu em 1902), o sionismo, ao qual se opôs com força e, como lembra VLL, "sempre pensou que a criação de Israel foi um trágico erro", como os fatos posteriores se encarregaram de confirmar, coisa que VLL contorna sem nenhum escrúpulo de consciência.

Popper não só produziu aquela obra, que tanto impressionou ao magnata húngaro-estadunidense George Soros – este logo se converteria em um de seus alunos e criaria uma rede de fundações que se instalaram em mais de cem países sob o nome de "Fundações Sociedade Aberta" [*Open Society Foundations*].

---

[134] *The Open Society and its Enemies* (Princeton: Princeton University Press, 1966). A obra tem dois volumes: um sobre Platão e um segundo dedicado a Hegel e Marx. A primeira edição em inglês foi publicada pela Routledge em Londres em 1945. A atual, publicada pela Universidade de Princeton, é a quinta edição da obra. Veja-se que VLL reitera a confusão entre liberalismo e democracia, fatal para todo seu argumento. Ocupamo-nos deste assunto no capítulo final do nosso livro.

Popper produziu também uma série de obras sobre problemas epistemológicos, sendo o mais importante deles *A lógica da pesquisa científica*.[135]

A sociedade aberta é uma cáustica alegação contra o historicismo em todas as suas formas. Um ano antes de publicá-la, uma prévia de suas teses fundamentais foi lançada em *A miséria do historicismo*.[136] O fio condutor de toda sua reflexão é a ideia de que, dos escritos de Platão, brota uma tradição, o historicismo, que transitou quase que despercebida por uns 2.400 anos para reaparecer, com reforçada virulência, em pleno século XIX nos escritos de G. W. F. Hegel e alcançar o "seu pico com Marx" (p. 146). Diferentemente do argumento economicista e político de Von Hayek, em Popper, o percurso do indivíduo moderno em direção ao totalitarismo é impulsionado por "um pânico inconsciente à responsabilidade que a liberdade impõe ao indivíduo, que, pelo mesmo, tende a sacrificar esta para se livrar daquela" (p. 146).[137] O resultado, segundo Popper, é o desejo de retornar à segurança da tribo, do coletivismo, aos padrões culturais e econômicos estabelecidos e honrados pelo passar dos séculos, à mágica, ao irracionalismo, tudo que deságua nas escuras águas do totalitarismo. Se Platão foi quem deu início a

---

[135] Publicada em português por Cultrix, 1972.

136 *La miseria del historicismo* (Madrid: Alianza Editorial, 2014). A primeira edição em inglês foi publicada entre 1944 e 1945 como uma série de artigos para *Econométrica*. Em 1957, foi publicada como livro com o título de *The Poverty of Historicism* (Boston: Beacon Press, 1957). O tão admirado por VLL Arthur Koestler escreveu que "este será, provavelmente, o único livro publicado este ano que sobreviverá para além de nosso século".

[137] É curioso que, ao se deparar com uma questão desse tipo, Popper nem mesmo tivesse mencionado a obra do psicanalista da Escola de Frankfurt [Erich Fromm] que, em 1941, publicou nos Estados Unidos um livro precisamente destinado a examinar este tema. Se trata *Escape from Freedom* (New York: Farrar & Rinehart, 1941). Uma versão em castelhano foi publicada na Argentina com o título *El miedo a la libertad* (Buenos Aires: Paidós, 1961, com prólogo de Gino Germani).

esta nefasta tradição intelectual e se esta foi levada ao apogeu por Marx, quem aparece como o perverso vilão da história é Hegel. É este, diz VLL, "o grande malvado", o principal responsável por esse gigantesco e trágico desatino. E não economiza palavras para desqualificar o grande filósofo da Universidade de Berlim, retomando as vituperações que antes formulara Arthur Schopenhauer sobre ele: "charlatão", "acomodatício", "prolixo" e "obscurantista" são algumas das expressões que lhe dedica (p. 147).[138] Aristóteles também não está a salvo da fúria popperiana pelo seu "essencialismo" que remata no "verbalismo", uma linguagem pomposa e arrogante que nada diz. Porém, repetimos, o vilão é Hegel em cuja "teia de aranha de palavras" encontram-se, segundo Popper, os fundamentos do Estado totalitário, do coletivismo, seu irracionalismo e sua disposição incorrigivelmente antidemocrática. Para Popper o pensamento absolutamente estatista de Hegel, que vê no Estado a concreção do processo histórico regido pelo desenvolvimento da Ideia, se encontra na base do totalitarismo moderno. Certamente, é indiscutível a existência em Hegel de uma radical "estadolatria", que se expressa de um modo categórico quando define o Estado como "a marcha de Deus no mundo, isso é o Estado".[139] Esta afirmação se projeta sobre um cenário que nenhum outro autor que cultivasse uma visão positiva do Estado, caso concreto de Thomas Hobbes, jamais haveria chegado a propor. Isto é observado com clareza em um livro muito anterior ao de Popper e que, novamente, não aparece considerado em sua extensa obra. Nos referimos à obra de J. L. Talmon na qual se afirma que a "grandiosa concepção do Estado em Hobbes, o Leviatã, é pura-

---

[138] O de Schopenhauer é pior ainda: o qualificou como "Calibã mental, [...] torpe, insulso e bobo, charlatão [...] não tem sequer a luz natural do selvagem mais vulgar, de sua verborragia não se entende uma palavra", e enganou a toda uma geração. Outra vez Calibã, outra vez o selvagem... Por que tanto ódio a Hegel?

[139] Em *Hegel's Philosophy of Right* (Oxford e Londres: Oxford University Press, 1967), p. 279.

mente legalística, um marco estático sem nenhum elemento ou tarefa propositiva excetuando a de manter a ordem, ou, melhor, impedir o caos. Não há um ideal, e sim uma teoria de uma ditadura despótica, porém nunca um sistema totalitário".[140] No caso de Hegel, o caráter divino do Estado culmina, segundo Popper, no monarca absoluto "ao que se lhe deve obediência e submissão absolutas".[141]

Leituras tendenciosas

Chama a atenção que Popper houvesse ignorado a crítica juvenil de Marx a Hegel, que, na introdução do *Crítica à filosofia do direito de Hegel,* precisamente denuncia o caráter iludido do discurso do filósofo e a sua conclusão em uma ríspida apologia da monarquia prussiana. Em contrapartida, é sabido que examinar a teoria do Estado em Hegel sem, ao mesmo tempo, levar em conta sua reflexão sobre a sociedade civil leva a todo tipo de confusões e equívocos. Em seu escárnio anti-hegeliano, o Estado não é, para Popper, tão só um mal em si mesmo; ocorre que a forma superior do comportamento estatal é nada menos que a guerra, algo que Hegel certamente defende. E sob a urgência e o desamparo que ela provoca na sociedade, o soberano que encarna a verdade do espírito estatal pode "enganar, mentir e manipular as massas" (p. 148). Contudo, se é de "enganar, mentir e manipular as massas" que se trata, como é que VLL não reconhece que as atuais democracias capitalistas fazem exatamente o mesmo? Lógico, este é um desenvolvimento recente, dos últimos vinte anos, que Popper não conseguiu observar, uma vez

---

[140] J. L. Talmon, *The Origins of Totalitarian Democracy* (Londres: Mercury Books, 1919), p. 263.

[141] VLL tira uma conclusão descabida, porque em um alarde de ódio e ofuscação termina exemplificando os horrores do totalitarismo mencionando Hitler, Stalin, Mussolini, Mao e Fidel Castro. Na embriaguez do argumento, todos significam o mesmo para o novelista peruano (p. 149).

que o livro é de meados dos anos 1940, porém seu discípulo peruano o deveria ter percebido. Em um processo regressivo de crescente fechamento do espaço público, é impossível ignorar o nefasto papel atual dos grandes meios de comunicação, especializados justamente em fazer essas três coisas – enganar, mentir, manipular – que, supostamente, só o Estado hegeliano fazia.[142]

Esta passagem nos mostra onde pode chegar uma leitura tendenciosa tanto de Platão quanto de Hegel. Do primeiro, só uma péssima interpretação de sua obra pode dar sustento à ideia de que este colocou a razão a serviço do irracionalismo, coisa que nem Popper nem seu discípulo arequipenho podem demonstrar. Seus argumentos não são persuasivos, e o exposto parece mais uma petição de princípios. Hegel, em contrapartida, pode ser objeto de numerosas críticas, porém suas propostas que concedem ao Estado um papel regulador dos conflitos e inequidades produzidas na sociedade civil e no mercado e de amortecedor de suas perniciosas consequências deveriam ser valorizadas. Papel este, seja dito de passagem, que um teórico como Adam Smith sempre se preocupou em valorizar. Por outra parte, não se pode negar ao Estado sua importância na hora de ser o custódio da legalidade e da execução dos contratos e de garantir o primado da ética na vida social, algo tão caro aos interesses dos liberais e das classes dominantes. Não exageramos se dizemos que Popper construiu um espantalho para depois destruí-lo meticulosamente. E Popper "destrói" esse espantalho, não Hegel. Shlomo Avineri, um dos principais estudiosos da obra do filósofo alemão e professor da Universidade Hebraica de Jerusalém, começa o capítulo correspondente ao Estado

---

[142] Toda a discussão sobre a "pós-verdade" é feita em torno dessa tríade. E para aqueles que pensam que estamos exagerando, sugerimos acompanhar a cruzada de Donald Trump contra as *fake news*. Não faz falta ser um simpatizante de tão repudiável personagem para reconhecer, apesar disso, que ele aponta um problema real que afeta as sociedades contemporâneas.

de seu notável estudo sobre a filosofia política de Hegel com as seguintes palavras, que a nosso parecer terminam na controvérsia suscitada por Popper:

> Qualquer discussão sobre a teoria do Estado de Hegel terá que lidar com uma concepção predominante, e preconcebida, que defende que este advogava a favor de uma forma de governo autoritária, quando não abertamente totalitária. Os capítulos precedentes tentaram demonstrar como a teoria política de Hegel encontra-se longe desta explicação simplória.[143]

Hegel questiona o lugar-comum que se inclina por identificar o Estado com o governo, e pior ainda, com o grupo governante, com a "classe política" ou com o monarca, presidente ou primeiro-ministro. No entanto, dita conceitualização se localiza em suas antípodas, pois para Hegel o Estado é algo que transcende esse plano descritivo de burocratas, funcionários e governantes visto que o concebe como a instituição que faz possível uma "vida ética", ultrapassando a materialidade sórdida da sociedade civil, do mercado e de seus intermináveis conflitos. Por isto se fala de um "Estado ético", subjacente às múltiplas definições do Estado que, afastadas da tradição liberal da qual é tributário Popper, remetem a seu essencial componente ético. Para Hegel, o Estado pode ser "a realidade efetiva da ideia ética"; ou "o racional em si e para si"; "a realização da liberdade"; "um organismo"; "o espírito que está no mundo"; a "vontade divina enquanto espírito presente que se ergue em uma figura real na organização de um mundo", "o mundo que tem se dado o espírito", "um grande prédio arquitetônico", é um "hieróglifo da razão", é "Deus real" ou, como apontamos antes, "a marcha de Deus na História". Dessa heterogênea enumeração se depreende claramente o abismo que separa a concepção liberal do Estado da visão hegeliana, que aponta para algo além das

---

[143] Ver Shlomo Avineri, *Hegel's Theory of the Modern State* (Cambridge: Cambridge University Press, 1972), p. 176.

"aparências" da vida estatal, de sua morfologia externa, e que mantém o foco em sua função como algo que garanta a ética da vida social.

A crítica radical ao historicismo encontra em Popper um fundamento moral que se sintetiza na dedicatória escrita no novo prólogo de *A miséria do historicismo*. Nela o autor diz que escreveu o livro "em memória dos incontáveis homens e mulheres de todos os credos, nações e raças que caíram vítimas da crença fascista e comunista das Leis Inexoráveis do Destino Histórico".[144] Isto anima ao novelista peruano, que oferece sua própria síntese do que é o historicismo. E o descreve desta maneira:

> Se você acredita que a história está escrita antes de se realizar, que é a representação de um roteiro preexistente, elaborado por Deus, pela natureza, pelo desenvolvimento da razão, pela luta de classes, pelas relações de produção (como afirmam os marxistas) [...] [e] que os indivíduos particulares têm escasso ou nulo poder de transformar; [...] acredita que a história tem um sentido secreto [...], segundo Popper você é um historicista. (pp. 173-174)

Quem adere ao historicismo não é outra coisa senão um indivíduo temeroso da liberdade, que não quer assumir a responsabilidade pelo que faz ou deixa de fazer. E continua dizendo que "a história não tem ordem, lógica, sentido e muito menos uma direção racional que os sociólogos, economistas ou ideólogos poderiam detectar antecipadamente, cientificamente". A história, por conseguinte, é esse caos de sensações a que se refere Immanuel Kant, "uma improvisação múltipla e constante, um caos vivo ao qual os historiadores dão a aparência de ordem". A história não existe: é uma construção dos historiadores e, citando Popper, VLL conclui: "a história não tem sentido" (pp. 174-175). Apesar do caráter radicalmente imprevisível do futuro

---

[144] Popper, *La miseria del historicismo* (citado em VLL), p. 173.

("quem poderia ter previsto a desintegração da União Soviética ou a conversão da China em um país capitalista?", se questiona VLL, ou "o golpe mortal que deu às políticas de censura e controle do pensamento o progresso da mídia audiovisual, para a qual a cada dia fica mais difícil sucumbir a controles ou a simples interferência?"), VLL deve reconhecer que, embora não existam *leis* históricas, existem sim *tendências* na evolução da vida social. "E ainda que não seja possível prever o futuro, não significa que toda previsão social seja impossível." (p. 177)[145]

Obrigado a retroceder em sua argumentação, impulsionado pela "verdade eficaz das coisas" sobre a qual discursava Maquiavel, o novelista peruano admite que "sob certas condições certos fatos inevitavelmente acontecerão". Ele diz, por exemplo, que analisando a evolução da liberdade "pode se traçar uma linha mais ou menos clara de progresso até o presente", frase que evoca o título do livro de um grande hegeliano e historicista italiano, Benedetto Croce: *História como história da liberdade*. Hegel certamente não é aquele "cachorro morto" a que Marx reivindicara no seu "Epílogo" da segunda edição de *O capital*, e as tendências históricas se impõem além dos lamentos de Popper e de seu divulgador, mas é claro que nem todas têm a mesma rigidez. A queda dos salários reais tem como resultado inexorável o aumento da pobreza, para citar um exemplo corriqueiro. Outras tendências são mais flexíveis e de variável comportamento: a polarização econômica pode fazer com que as classes populares apoiem um candidato de esquerda, mas, sob certas circunstâncias, pode fazê-los apoiar um de direita. Como os marxistas sabem muito bem, muito poucas destas tendências se impõem

---

[145] Não deixa de chamar a atenção a ingenuidade de VLL em relação aos meios de comunicação, hoje mais submetidos do que antes à censura, ainda que de modo infinitamente mais sutil que no passado. Ingenuidade ou cumplicidade? Por exemplo, pode se prever que Vargas Llosa jamais poderá ser presidente do Peru, ou que será praticamente impossível que possa encontrar na Espanha patrocinadores ou mecenas tão generosos como José M. Aznar ou Mariano Rajoy.

com férrea necessidade. E não se pode dizer que algumas delas são irreversíveis. Tal como VLL reconhece, relutantemente, o progresso da liberdade desde o despotismo oriental em direção ao Estado de Direito, ilustrado na obra de Hegel, é uma amostra de que a história possui, sim, uma certa direcionalidade em um sentido mais amplo, não tão clara em alguns momentos, nem tão precisa como alguns gostariam. E que estas tendências se agitam no seio das diversas sociedades, ainda que se tente ocultar ou estigmatizar suas testemunhas como "historicistas", também é inegável. Como negar, por exemplo, a tendência da desigualdade crescente na economia internacional que avança por dois séculos?[146] Ou que a penetração do capitalismo no campo vai acompanhada da insensata aplicação de agrotóxicos que tem destruído terras e rios, danificando a saúde das populações rurais, e que essa irracional prática continua seu curso depredador?[147] Ou que o imperialismo estadunidense reafirma, a cada passo, sua tendência a atacar qualquer governo que tenha a ousadia de não se ajoelhar diante dos *ukases* emitidos pela Casa Branca? Ou que o nascente complexo militar-industrial denunciado pelo presidente Dwight Eisenhower no início de 1961 como um perigo mortal para as liberdades e a democracia estadunidenses apenas acentuou sua gravitação nos últimos cinquenta anos?[148] Ou que as sociedades capitalistas caminham em direção a um nível crescente de desigualdade de renda, não só no turbulento mundo da periferia, mas nos Estados Unidos e na maioria dos países europeus? Existe algo caótico e impre-

---

[146] Como comprova de modo irrefutável Thomas Piketty em seu *El capital en el siglo veintiuno* (México: Fondo de Cultura Económica, 2014). [Ed. bras.: *O capital no século XXI*. Rio de Janeiro: Intrínseca, 2014].

[147] Um exemplo só: o nefasto papel dos agroquímicos em produzir doenças de diferentes tipos. Ver <http://cambioclimatico.org.bo/website/index.php/joomla-overview/306-monsanto-25-enfermedades--que-pueden-ser-causadas-por-agroquimicos-glifosato>.

[148] https://www.thedailybeast.com/the-military-industrial-complex--is-real-and-its-bigger-than-ever.

visível em tudo isto? De maneira nenhuma! São processos que, em certos casos, podem ser antecipados quase com a precisão das ciências naturais, como em algumas ocasiões exigia Antonio Gramsci.

Ladainhas de novos Jeremías

Tendo dito tudo isso, o que está por trás da pregação da "sociedade aberta" em um capitalismo que está cada vez mais "fechado", classista, polarizado? Pouco ou nada. Ou talvez isso que Marx chamava uma "jeremiada", um lamento melancólico ante um mundo que muda e que pessoas como Popper e Vargas Llosa desejam que só caminhe em uma direção, na mesma que estamos caminhando e que está produzindo o holocausto social (milhões de refugiados econômicos na África e a causa das guerras principalmente no Oriente Médio) e colapso do ecossistema que fez possível a aparição da vida humana neste planeta. As últimas páginas do capítulo do livro de VLL são destinadas a examinar as propostas de Popper para mudar o mundo segundo "o método reformista" (que considera democrático e liberal, juntando outra vez mais dois termos que se repelem como poderemos examinar no último capítulo desta obra), também chamado de "engenharia gradual", oposto ao método revolucionário, fulminado como "utópico" (p. 182). O método revolucionário não procede como o reformismo que opera passo a passo, com pequenos ajustes que constroem consensos que possam se ampliar cada vez mais e, por isso, obtém avanços de maneira pacífica e sem conflitos. Pelo contrário, é uma proposta que prescinde dos consensos sem explicar como tal coisa é possível, pelo qual as revoluções seriam obras de "super-homens" nietzschianos e todo-poderosos, movimentados por uma irrefre´ ´ vontade de poder e um radical messianismo em nome do qual esmagam a todos seus oponentes e impõem pela força uma ordem irremediavelmente destinada a fracassar. Essa visão caricata dos processos revolucionários não só é falsa, como também não representa em nada o caráter dialético e o fato objetivo de que nenhuma revolução no mundo foi realizada dessa maneira, sem um sustento baseado no consenso amplo e de suficiente potência social que permitisse ao projeto não fracassar antes de ser concretizado.

A ingênua proposta de Popper, "melhorar as coisas um pouco e aos poucos", é de uma inocência infantil ou, sendo "mau pensado", própria de alguém que é cúmplice dos poderes dominantes em um mundo tão desigual, opressivo e depredador de sociedades e da natureza como é o capitalismo contemporâneo. É certo que com essa metodologia reformista se podem avaliar resultados e corrigir rumos se for necessário, mas isso também pode se fazer no contexto de processos revolucionários. Aliás, como lembrava Max Weber, "só se consegue o possível insistindo no impossível uma e outra vez", e esta afirmação está garantida pelos ensinamentos concretos da história. Lançar-se na procura do impossível é a única forma de ser realista na vida política. E isto é declarado por ninguém menos do que Weber, uma das principais cabeças do pensamento conservador do século XX. O que resta então para os revolucionários?

Popper pretende avançar de maneira vagarosa em um mundo que desmorona de modo irresistível em direção a uma crescente assimetria econômica e social, e arremessar pela beira qualquer pretensão de planificação, "a outra besta negra" deste autor e, por extensão, de todo o liberalismo contemporâneo (p. 183). Ou seja, vagarosamente e sem planificação, permitindo que o capitalismo e os mercados façam sua obra à vontade e que os reformistas tratem de emendar ou moderar um pouco e aos poucos os brutais custos sociais e os impactos ambientais do capitalismo. Sem nomeá-lo, visto que o conceito apareceu depois, Popper acredita nas virtudes da "teoria do gotejamento". Na realidade não é uma teoria e sim uma engenhosa metáfora segundo a qual os ricos acumulam as suas fortunas como quem enche uma fina taça de espumante. Quando já não existe mais capacidade, a deliciosa bebida transborda pela taça e começa a fluir lentamente para baixo. As políticas neoliberais, em todo o mundo, enriquecem os ricos e empobrecem os pobres. Segundo números oficiais, nos Estados Unidos a renda média do 1% mais rico da sua população era de 1.363.977 de dólares; dos 5% mais rico de 477.293; dos 10% que seguia 312.536; enquanto que a dos 90% restante da população era de apenas 34.074 de dólares.[149] Porém falta algo mais: se observamos o ingresso do 0,1% de maior renda, quer dizer, os multimilionários, o que este grupo embolsava por pessoa ao ano era 6.747.349 de dólares. Pelo visto, a riqueza não transborda.[150]

Contudo alguém poderia pensar que o ano 2015 foi atípico e, sendo assim, estas cifras não podem ser tidas como demonstrativas de uma tendência geral. Equívoco: olhemos o seguinte gráfico oferecido pelo Departamento de Orçamento do Congresso dos Estados Unidos em que se evidencia que entre 1989 e 2013 a camada mais alta das famílias passou de uma fortuna de 20 bilhões de dólares a 51 bilhões em apenas 24 anos. E 50% das famílias não ricas, ou simplesmente pobres, mantiveram ao longo desse quarto de século uma riqueza combinada exatamente igual: 1 bilhão de dólares. As camadas médias, que incluem 40% da população, experimentaram, nesse período, um pequeno crescimento de 9 a 15 bilhões de dólares.[151]

---

[149] Os dólares recebidos pelo 90% não ricos da população estadunidense não efetiva nem a tradicional aspiração do "modo americano de vida", principalmente na geração do pós-guerra: enviar seus filhos para a faculdade. Impossível. Inscrever um de seus filhos para que completem uma graduação de quatro anos em Harvard, por exemplo, custa, por ano, só de matrícula, alojamento e alimentação, aproximadamente 70 mil dólares anuais, aos que se devem adicionar outros gastos, como o seguro de saúde, transporte etc. Quer dizer, quase o dobro da renda média de 90% dos estadunidenses. Outras faculdades de primeiro nível cobram o mesmo ou mais.

150 Os dados encontram-se disponíveis em <https://inequality.org/facts/income-inequality/>.

[151] Fonte: Congressional Budget Office, "Trends in Family Wealth, 1989-2013". Mais informação sobre o tema encontra-se em Emma-

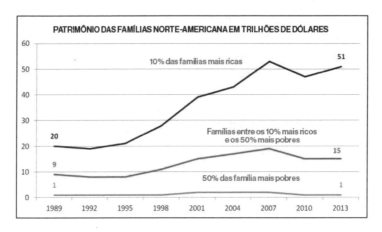

Em consequência, os argumentos do neoliberalismo não são outra coisa que uma verborragia para enganar espíritos simples e habituados a acreditar no que dizem os ricos e os poderosos. VLL subscreve a essa tese absolutamente falsa e a propaga como se fosse uma verdade revelada, quando até uma criança sabe que os ricos jamais se cansam de sua riqueza e que, se existe algo no qual jamais pensam, como o próprio Adam Smith o dissera repetitivamente, é em partilhar uma parte ínfima de sua fortuna entre os pobres. Toda a sabedoria convencional da ciência econômica colocada a serviço do capital, abençoada pelo Fundo Monetário Internacional, o Banco Mundial e as instituições econômicas internacionais e popularizada pela brilhante prosa de VLL vem abaixo quando essa fanfarronice interesseira e irresponsável se compara com os dados procedentes da experiência estadunidense. Esses frios números têm mais eloquência que os milhares de *papers*, livros e artigos que os bajuladores do neoliberalismo publicam ano após ano, e demonstram a insana falsidade de suas argumentações.

Mas chega de falar do boato da "teoria do gotejamento". Retomemos agora o fio condutor deste capítulo e voltemos ao

---

nuel Saez, "Striking it Richer: The Evolution of Top Incomes in the United States (Updated with 2015 preliminary estimates)", Universidade da California, Berkeley, junho 2016.

tema do reformismo, considerado por Popper e por seu discípulo peruano compatível com a liberdade, porque não há nele um "desenho global e remoto", um objetivo grandioso a ser alcançado como a fundação de uma nova sociedade, senão uma prudente – e muito resignada! – aceitação de que o que pode ser realizado é mínimo e, além disso, o que deve ser feito terá que ser executado muito lentamente. Claro que empurrado pelas irrefutáveis evidências históricas, Popper admite que o Estado tem um papel a cumprir. É um "mal necessário" porque garante nada menos que a coexistência de uma miríade de sujeitos e interesses sociais (vale dizer, a vida social!), uma ordem jurídica, o respeito aos contratos, a segurança cidadã e a defesa ante inimigos externos. Garante também a redistribuição da riqueza que sustenta a justiça e a correção dos abusos (p. 189). Porém, apesar de tudo, ele continua sendo um mal, porque a presença desse Leviatã desencadeado é uma ameaça perpétua contra a liberdade individual, e porque é iminente o risco de que seu irrefreável crescimento – produto, em certa medida, da necessidade de criar as condições mais propícias para a acumulação capitalista e corrigir as "falhas do mercado" que lhe são inerentes – termine por subjugar as democracias, ainda as mais consolidadas, abrindo espaço ao totalitarismo.

O cerco da bolha teórica

Tal como na obra de Von Hayek, na teorização popperiana os intelectuais também são motivo de suspeita por seu papel como portadores de ideias que, independentemente da sua vontade, carcomem os cimentos da "sociedade aberta". Essa reflexão se apoia na dura crítica de Popper ao "giro linguístico", formulada, e nisso tem razão VLL, antes de que este se convertesse na insuportável moda que afeta boa parte do campo intelectual a partir dos anos 1970. Já neste capítulo, VLL registrou a polêmica suscitada entre Popper e Wittgenstein, pouco depois que o primeiro chegou à Inglaterra em 1946. O frustrado debate durou

140

apenas dez minutos e aconteceu no Clube da Ciência Moral da Universidade de Cambridge. A postura de Wittgenstein ao dizer que, propriamente falando, não existiam problemas filosóficos e que a missão do filósofo era expurgar a linguagem e torná-la clara desatou uma dura resposta de Popper, argumentando que essa atitude equivalia a condenar a filosofia a resolver enigmas. A resposta de Wittgenstein foi inusitadamente violenta e assim ficou registrada posteriormente.[152] Mas o que se pretende destacar aqui é o profundo enraizamento que as categorias do pensamento colonial têm em VLL, porque, para narrar esse episódio, o reduz a uma caracterização de uma confrontação que evidenciava um "tropicalismo austríaco" (p. 157).

O tropicalismo tem sido um chavão favorito da direita em certos países da América Latina. A primeira vez que o ouvi foi no Chile, no final da década de 1960, quando, ante a candidatura de Salvador Allende para as eleições presidenciais de 4 de setembro de 1970, as figuras da direita o acusavam de "tropicalista" por seus planos de nacionalizar o cobre, avançar na reforma agrária, nacionalizar os bancos e aplicar outras medidas revolucionárias na extremamente conservadora sociedade chilena. "Tropicalismo", obviamente, é uma referência subliminar a Fidel, querendo transmitir a sensação de que suas ideias e as políticas que consolidou eram o resultado de uma forma de pensar e agir própria de sujeitos atormentados pelo calor do trópico, que os impulsionava a cair em aberrantes exageros, inaceitáveis em um país de clima temperado como o Chile. VLL descobriu, nessa polêmica entre Popper e Wittgenstein, que existia uma nova e absolutamente inesperada espécie de tropicalismo: a austríaca.

O que o narrador peruano retoma em páginas posteriores é precisamente o que ele denomina como "a tirania da linguagem", graças à qual "todas as ciências humanas, desde a filosofia até a história, passando pela antropologia e a política, estavam se

---

[152] Este incidente é explicado detalhadamente por VLL entre as páginas 153 e 159.

convertendo em ramos da linguística" (p. 189). Uma das consequências desta tirania é a que discute sobre as palavras, o texto, os seus múltiplos significados e não sobre os fatos.[153] Mais que isso, a discussão se realiza apelando a uma linguagem obscura, rebuscada, hermética, tarefa na qual sobressaem aqueles inimigos da sociedade aberta: os intelectuais. De acordo VLL, a crítica de Popper se apoiava em dois argumentos: primeiro, a propensão dos intelectuais (mas não de todos!) à escuridão e às trevas linguísticas, condenando a filosofia a "uma indecifrável verborragia". Segundo, por suas críticas ao capitalismo contemporâneo e às sociedades "ocidentais" – em prol da clareza, o que significa que uma sociedade seja "ocidental"? –, semeando o pessimismo e o desânimo principalmente entre os jovens, desconhecendo que a sociedade capitalista atual, "é o melhor mundo que já existiu... ainda que seja um mundo mau" (p. 192).[154] Aqui reaparece essa ideia que percorre grande parte do livro e que culminaria em seu capítulo sobre Raymond Aron: o ópio dos intelectuais e seu negativo papel na vida das democracias contemporâneas. Popper culpa os intelectuais por todas as calamidades que enturvaram a história da humanidade: assassinatos em massa "em nome de uma doutrina, uma ideia, de uma teoria, de uma religião" (p. 193).[155] A proposta para redefinir a função dos intelectuais é de uma soberana ingenuidade: "Se deixássemos de colocar os homens uns contra os outros – às vezes com as melhores intenções – já ganharíamos muito. Ninguém pode dizer que seja impossível deixar de fazê-lo" (p. 193).[156] Passando a limpo seu argumento: o

---

[153] Por isso procuramos concluir a discussão sobre a "teoria do gotejamento" não apelando a um contra-argumento, senão aos dados duros sobre a evolução real da riqueza e sua concentração nos Estados Unidos.

[154] A citação está em Karl Popper e Konrad Lorenz, *El porvenir está abierto* (Barcelona: Tusquets, 1995), p. 59-59. Reproduzida na pág. 162 de *O chamado...*

[155] Lembremos que o mesmo argumento foi proposto pelos teóricos da Comissão Trilateral.

[156] Extraído de *In Search of a Better World: Lectures and Essays from*

conflito surge de uma vulcânica paixão pela polêmica ou de uma irrefreável vocação para procurar brigas. No fundo, o conflito é um problema intelectual, uma impugnação semântica. Ao analisar as lutas de classes na França, Marx cita Lamartine quando elogiava o governo provisório por ter suspendido esse "terrível mal-entendido da luta de classes".[157] Não existem contradições objetivas no processo histórico. O que há é um "mal-entendido" que, mediante uma purificação da língua, poderia ter sido resolvido amistosamente. Como qualificar essa atitude senão como uma ingenuidade infantil?

Vargas Llosa concluí o tratamento de Sir Karl Popper afirmando que o considera "o pensador mais importante de nossa época [...] e que se me pedissem para apontar o livro de filosofia política mais fecundo e enriquecedor do século XX não duvidaria um segundo em escolher *A sociedade aberta e os seus inimigos*" (p. 199). Essa confissão de VLL demonstra, pela enésima vez, que a filosofia política não é precisamente seu forte. No entanto, sua admiração não é um entrave para que advirta algumas graves contradições no sistema teórico de seu filósofo preferido. É que, obcecado pelo estrago que a televisão faz à sociedade, Popper reivindicava instalar um férreo dispositivo de domínios e permissões, situação que escandalizou a Vargas Llosa. Ele advertia, não sem razão, que a sobrevivência da democracia seria impossível sem submeter a televisão "a um controle efetivo que reduza o poder ilimitado que hoje exerce na forja do meio cultural e moral". Esta receita, diz VLL, contradiz todos os postulados

---

Thirty Years (Londres: Routledge, 1994). Mais precisamente no capítulo 14 "Toleration and Intellectual Responsibility", p. 189.

[157] *A luta de classes na França* [ed. bras.: Boitempo, 2015]. A citação se encontra no primeiro capítulo da obra e diz: "As classes estavam separadas por um simples *equívoco*, e Lamartine *batizou* o Governo provisional, o 24 de fevereiro, de *un gouvernement qui suspend ce malentendu terrible qui existe entre les différentes classes* [um governo que suspende o terrível mal-entendido que existe entre as diferentes classes]. O proletariado de Paris se deixou levar com deleite por esta embriaguez generosa de fraternidade".

liberais, anti-Estado e anti-controle e coincide totalmente com as teorias construtivistas e intervencionistas de social-democratas, socialistas e comunistas (p. 201). E certamente é uma flagrante contradição; porém o que diz Popper é real, em que pese a dor que provoca em seu discípulo peruano. Sem um espaço midiático democrático não há democracia política possível.

Concluímos dizendo que todo este frondoso aparato conceitual, profundo só em aparência e para além disso mal escrito – VLL se refere a Popper, porém esta crítica cabe também a Von Hayek – (p. 196) é um exercício daquilo que Gramsci chamava de "doutrinarismo presunçoso", que se desmorona como um castelo de cartas quando confrontado com a realidade, com a sociedade concreta, com o capitalismo "realmente existente, aqui e agora". O aparato conceitual de Popper, como dos demais autores já vistos, são engenhosas construções que têm pouca, ou nenhuma, relação com o mundo real. Em alguns casos são alucinações, como a de Von Hayek quando pedia que a Alemanha Ocidental se anexasse aos Estados Unidos, ou do próprio Popper quando falava sobre uma "sociedade aberta", quando os dados da experiência refutaram sua teoria, uma vez que seus argumentos não resistiriam ao teste de "falseabilidade", que é a pedra de toque de todo seu arcabouço epistemológico. Convém, para terminar esta discussão, citar Maurice Cornforth, um notável marxista inglês, que produz uma volumosa obra destinada a examinar, com respeito e cuidado infinitos, o texto de Popper. Diz o autor que

> o Dr. Popper escreveu dois volumes [...] de 481 páginas de texto e 221 de notas de rodapé. Porém, se procurarmos alguma informação em relação a como avançar para uma sociedade aberta e acabar com as privações materiais, educacionais e de oportunidade das quais a população continua carecer, não encontramos nada, exceto generalidades acerca da "responsabilidade individual".[158]

[158] Maurice Cornforth, *The Open Philosophy and the Open Society. A Reply to Dr. Karl Popper's Refutations of Marxism* (New York: International Publishers, 1968), p. 328.

Ou o que na Argentina atual chama-se "empreendedorismo", que vem a ser o mesmo: um discurso que busca culpar os pobres por seus sofrimentos, liberando seus algozes de qualquer responsabilidade pelo que ocorre em suas vidas.

Em outras palavras, Popper é o serralheiro frustrado que procurou encontrar a fórmula para "abrir" uma sociedade como a capitalista que, por definição, é fechada do ponto de vista de sua estrutura de classes. Ou, no menor dos casos, que apenas deixa aberta uma fina fenda por onde alguns podem encontrar uma via de ascensão social. Fenda que cada dia se fecha mais, em consequência das irreversíveis tendências em direção à concentração da riqueza e renda que desde sempre caracteriza o capitalismo e que, como vimos antes, tem adquirido renovados ventos. E que também o faz no espaço público, no qual a amplitude das posições ideológicas ou políticas que se enfrentam nos grandes debates nacionais – quando estes têm espaço! – é cada vez menor. Popper nada diz acerca das estruturas ou dos sujeitos que impedem que essa sociedade se abra, ainda que não seja difícil identificá-los atualmente. E não o faz porque, se o fizesse, teria que dirigir seu olhar para a burguesia imperial e suas classes aliadas na periferia do sistema. Em resumo, como bem aponta Cornforth, depois de quase quinhentas páginas de densa verborragia, o que sabemos é que a possibilidade de "abrir" a sociedade capitalista repousa sobre nossa responsabilidade individual, conclusão à que se poderia ter chegado escrevendo um *paper* de quinze páginas. Não é casualidade que cada vez que VLL termina a exposição dos seus grandes mentores, sobretudo Von Hayek e Popper, termine com uma má-dissimulada frustração ao comprovar os limites incorrigíveis, as distorções e as incoerências do aparato teórico e conceitual de seus mestres, sem falar da distância abissal que os separa da vida social real.

Capítulo VII
Raymond Aron, o mundo sem o Terceiro Mundo

A relativa decepção com que finaliza o capítulo dedicado a Karl Popper pareceria ceder terreno no momento em que VLL se foca no estudo do legado liberal de Raymond Aron, um autor que não é frequentemente citado pelos publicitários contemporâneos do liberalismo, mas que sem dúvida possui méritos mais que suficientes para ocupar um lugar destacado no panteão dos grandes pensadores dessa corrente. E isso é expressado com clareza por VLL quando diz que Aron

> Foi um pensador um tanto excêntrico na tradição cultural da França, que idolatra ao extremo: liberal e moderado, um defensor dessa virtude política saxã, o senso comum, um amável cético que sem muita fortuna, mas com sabedoria e lucidez, defendeu durante mais de meio século [...] a democracia liberal contra as ditaduras, a tolerância contra os dogmas, o capitalismo contra o socialismo e o pragmatismo contra a utopia. (p. 206)

Aron representa, a nosso ver, a personificação de um destacado acadêmico francês que simultaneamente a seu trabalho na universidade converteu-se em um influente "intelectual público". Assim reconhece o novelista peruano quando diz que Aron foi a "viva negação da suposta incompatibilidade entre o especialista e o divulgador". E erra, não obstante, quando diz que "os intelectuais de hoje são, e escrevem para, especialistas". Há um hiato que parece incorrigível entre os intelectuais enclausurados em seu esoterismo e seu linguajar especializado e "o produto intelectual cada vez mais barato e insolvente que chega à grande massa" (p. 208).[159] Aron é precisamente a *Avis rara* que tem sido capaz de salvar essa fissura, algo que não conseguiu nenhum dos autores que lhe precederam no século XX.

Da densa produção acadêmica de Aron, VLL está claramente interessado, quase com exclusividade, em uma de suas obras: *O ópio dos intelectuais*, um livro originalmente publicado na França durante o apogeu da Guerra Fria, em 1955.[160] O francês participou desde o começo nas atividades do tristemente célebre Congresso pela Liberdade da Cultura, um projeto da CIA, como se descobriu anos mais tarde, que reunia periodicamente intelectuais de distintas partes do mundo e financiava algumas de suas atividades e publicações com a finalidade de neutralizar a influência cultural e política da União Soviética e de recrutar acadêmicos e intelectuais das distintas alas da esquerda com o objetivo de atraí-los para o campo das assim chamadas "democracias ocidentais".[161] Esse ativo envolvimento da CIA no campo cultural, que continua até os dias de hoje, ainda que de modo muito mais sigiloso e sofisticado – disfarçado por uma densa trama de fundações que lhes servem como cobertura –, surgiu não por casualidade, mas como produto de um preciso diagnóstico que os estrategistas estadunidenses realizaram com o fim da Segunda Guerra Mundial.

A procurada deserção dos intelectuais

A estabilidade da posição dominante dos Estados Unidos no mundo bipolar que emergiu das cinzas da guerra dependeria,

---

[159] Remetemos à discussão sobre este tema que propusemos no capítulo dedicado à obra de Ortega y Gasset.

[160] *El opio de los intelectuales* (Buenos Aires: Ediciones Siglo Veinte, 1967). [Ed. bras.: *O ópio dos intelectuais*. São Paulo: Três Estrelas, 2016.]

[161] Cf. Frances Stonor Saunders, *La CIA y la Guerra Fría Cultural* (Madrid: Debate, 2001), pp. 543 e seguintes. Ver a interessante crítica sobre este livro de Jim Petras em <http://www.lahaine.org/la-cia-y-la-guerra-fria-cultural>.

segundo eles, da capacidade de controlar dois atores-chave nas nações da periferia: os militares e os homens e mulheres de ideias (acadêmicos, intelectuais e jornalistas). Os primeiros, para garantir com a dissuasão por meio das armas qualquer tentativa de alterar a nova ordem e manter afastada de seus países a União Soviética, destruindo pela raiz qualquer projeto reformista ou de esquerda que pudesse ser uma ameaça aos interesses dos Estados Unidos ou ao equilíbrio de forças entre Ocidente e o bloco soviético. Aos homens e mulheres de ideias estava reservada outra missão: trabalhar incansavelmente no campo cultural para exaltar o *american way of life* – seus valores, suas instituições, sua língua, sua arquitetura, suas comidas, sua música, sua vestimenta, suas modas etc. – como sinal inequívoco e exclusivo do desenvolvimento e da modernização, e exaltar o modelo da "democracia" estadunidense baseada na convergência de dois partidos supostamente de centro que pacificamente se alternavam no poder, ocultando, evidentemente, tudo de desagradável que pudesse existir no meio, por exemplo, a tradição de assassinar presidentes, a antidemocrática existência de "colégios eleitorais" que impedem o voto popular direto para eleger o presidente, o institucionalizado papel distorcido dos *lobbies* e o dinheiro no processo legislativo, além de outros pecados semelhantes. Para os primeiros, os militares: a Escola das Américas, a Junta Interamericana de Defesa e toda a parafernália de vínculos existentes para armar, "treinar" (na realidade, "doutrinar") e subornar os militares do Terceiro Mundo de forma que, em seus respectivos países, sejam vanguardas das legiões imperiais. Para os intelectuais, um vasto programa de bolsas, programas de investigação, publicações, seminários internacionais, todos levados a cabo para demonstrar que o bem encontrava-se no Ocidente e o mal na União Soviética e seus países aliados. Temos que reconhecer que este foi o plano, e que ele obteve resultados magníficos.

Aron era plenamente consciente de tudo isso, como o documenta a canônica e definitiva investigação de Frances Stonor Saunders sobre o assunto. Em *O ópio dos intelectuais*, Aron examina sua distinta inserção nos países do Leste Europeu e do Ocidente, evidenciando a submissão dos primeiros às diretivas do Kremlin, à ausência de genuínos debates e aos definhados dogmas que estavam compelidos a reproduzir. No Ocidente, por sua vez, a realidade do mundo das ideias era outra: em um ambiente democrático, os intelectuais podiam expressar abertamente suas críticas ao poder e, ao tomar distância da luta política, podiam também, com seu ceticismo e moderação, neutralizar o nefasto papel dos fanáticos. Ali estava a CIA para ajudá-los em tão nobre função.

Aron reitera em seu livro o que muitos antes dele tinham dito: que o marxismo é uma religião secular, com seus dogmas, seus sacerdotes, seu "otimismo messiânico" ou prometeico, "suas ortodoxias e seus hereges, suas seitas, desvios e sua inquisição" (p. 215). Tal como vimos anteriormente, José Carlos Mariátegui advertiu tudo isso muito antes de aparecerem os críticos da direita. E, antes do amauta, tanto Marx como Engels previram o perigo de converter sua teoria e sua doutrina em um dogma. Foi Lenin quem disse que "o marxismo não é um dogma, senão uma guia para a ação". De modo que tanto Aron como os outros críticos do marxismo chegam tarde, e para dizer o que já tinha sido dito. Também com seu historicismo fadado ao fim da história, versão pagã do paraíso da fé cristã, à abolição da sociedade de classes, à paz e à justiça graças à luta de classes e ao partido comunista como a vanguarda dos condenados da terra. Haveria, no marxismo, sempre segundo Aron e a aprovação de Vargas Llosa, um irritante maniqueísmo segundo o qual o proletariado representa o justo, o bom, o salvífico, e a burguesia, tudo o contrário. Este é um dos tantos mitos sobre a esquerda dissecados em seu livro, assim como a revolução e o proletariado.[162]

---

[162] Li pela primeira vez este livro de Aron assim que apareceu na língua castelhana. Minhas lembranças são assim: em um primeiro momento fiquei fascinado pela temática e a boa prosa do autor. Mas aos poucos

A análise que faz Aron do "mito da esquerda" é, para dizê-lo de forma respeitosa, tendenciosa e superficial. Um tratamento convencional, sem brilho nem profundidade, próprio da época macarthista na qual escreve seu livro. Talvez esse pesado clima poderia ter sido uma desculpa para o francês, mas não para VLL, que não deveria ter ignorado as reflexões sobre o tema de esquerda e direita – e sua permanente atualidade – que fizera o grande filósofo político italiano Norberto Bobbio, que rejeita categoricamente a ideia comumente aceita de que tal dicotomia tenha perdido vigência. "Entre o branco e o preto" – diz Bobbio – "pode existir o cinza; entre o dia e a noite está o crepúsculo. Porém o cinza não anula a diferença entre branco e o preto, nem o crepúsculo a diferença entre a noite e o dia".[163] Por mais que o amanhecer e o crepúsculo se pareçam, dizia o professor da Universidade de Turim, é apenas questão de tempo para que do primeiro nasça o dia e do segundo, a noite. Podem ter semelhanças, de modo superficial; porém indo fundo nas realidades políticas, esquerda e direita são distintas e mais cedo que tarde as diferenças aparecem à vista. Não havendo, assim, algo como um "mito" da esquerda. É uma realidade, desagradável e intolerável para muitos, esperançosa para outros, e a sua teimosa existência não pode ser negada, mesmo com a direita fazendo de tudo para ocultá-la.

---

refleti e me questionei: como é possível que um autor francês fale do "mito" da revolução, quando tem em suas costas a grande Revolução Francesa e a Comuna de Paris? Como pode falar do "mito" do proletariado ignorando, ou subestimando, o papel que esse desempenhou naqueles dois grandiosos acontecimentos? Eu era um jovem marxista com muitas dúvidas ainda naquele tempo, meados dos 1960. Depois de ler Aron, desfiz-me de boa parte delas e percebi que o caminho do "pensamento burguês" e da "sociologia acadêmica" terminava em uma rua sem saída.

[163] Ver *Destra e Sinistra: ragioni e significati di una distinzione politica* (Roma: Donzelli Editore, 1994), p. 8. [Ed. bras.: *Direita e esquerda: razões e significados de uma distinção política*. São Paulo: Ed. Unesp, 2001.]

O Nobel peruano insiste em se debruçar sobre outro suposto mito, o proletariado, que o sociólogo e ensaísta francês atribui a uma "origem messiânica, judaico cristã [...] a um ato de fé que carece de fundamento científico" (pp. 214-215). É interessante que Aron, em várias passagens de seu livro, observe – e não está errado para a época na qual escrevia o texto – o pouco que *O capital* era naquele tempo estudado em França pelos comunistas e, em geral, pelos marxistas. No entanto, dizer que a tese da superação histórica do capitalismo por parte do proletariado reflete os resíduos de um messianismo judaico-cristão é uma grosseira simplificação. Já desde seus primeiros textos juvenis, começando por *A questão judaica*, Marx expõe os fundamentos pelos quais o proletariado é a única classe que, ao emancipar a si mesma, o faz para toda a sociedade. Nesse momento, começo da década de 1840, esse discurso era eminentemente filosófico. Porém um quarto de século depois aquele rapaz, que com apenas 25 anos tinha derrubado as bases do sistema hegeliano – com mais contundência que os insultos de Popper ao filósofo alemão –, demonstraria, com a evidência histórica e empírica do momento e com as armas da análise da economia política, as razões pelas quais a abolição da exploração do trabalho assalariado é condição necessária para o advento de uma nova sociedade.[164] E isto não contém uma grama de metafísica, nem de messianismo bíblico, mas responde a uma análise científica das contradições e da dialética que preside os movimentos do modo de produção capitalista, tal como foram primeiro esboçadas nos *Grundrisse* e logo desenvolvidas a plenitude em *O capital*.

---

[164] Que atualmente o proletariado não é o mesmo que há 150 anos, ou aquele que existia quando Aron escreveu seu livro é óbvio. Entretanto, mesmo com suas mudanças e sua extraordinária expansão quantitativa, seu papel no processo de abolição do capitalismo não mudou. Mudaram as formas e as aparências do proletariado e as modalidades da sua exploração, porém não o fundo da questão. Sobre o tema ver Ricardo Romero Laullón (Nega) e Arantxa Tirado Sánchez, *La clase obrera no va al paraíso: crónica de una desaparición forzada* (Madrid: AKAL, 2016).

Aron, preso no Maio Francês?

Vargas Llosa atribui a *O ópio dos intelectuais* uma estatura que não existe dentro da produção de Aron. *Paz e guerra entre as nações* (1962), ou *A república imperial* (1973) e seu intenso *Pensar a guerra* (1976) são obras de maior calibre teórico que *O ópio*, um livro decisivamente influenciado pelas vicissitudes da Guerra Fria e as recomendações da CIA. Não é um dado menor que, tal como dissemos antes, o intelectual francês estivesse comprometido desde o início, em 1950, com essa espécie de OTAN cultural que foi o Congresso pela Liberdade da Cultura, que tinha como eixo a mobilização de intelectuais e artistas de ambos os lados do Atlântico para se opor ao "expansionismo soviético", mas que também teve ramificações que chegaram a operar fortemente na América Latina e em operações de diversos tipos, incluindo a que teve Mario Vargas Llosa como um dos seus principais críticos.[165]

Porém, não são as obras maiores de Aron que o autor de *A casa verde* ressalta. Em vez disso, a segunda parte de seu capítulo dedica a uma análise sobre o "Maio Francês", que para VLL não foi senão "um alvoroço estudantil" na Universidade de Paris/Nanterre, afirmando que a importância que lhe foi dada era um tanto desmedida. Porém como ignorar que foram esses

---

[165] Como o demonstram, entre outros, Iroel Sánchez: "Vargas Llosa, motivos para un premio", em <http://lapupilainsomne.wordpress.com/2010/10/10/vargas-llosa-motivos-para-un-premio/>; Karina C. Jannello, "Emir Rodríguez Monegal y los gestores culturales en *Mundo Nuevo*", XIV Jornadas Interescuelas/Departamentos de Historia 2 al 5 de octubre de 2013, Facultad de Filosofía y Letras, Universidad Nacional de Cuyo, disponível em <http://cdsa.aacademica.org/000-010/471.pdf>. Também, a já citada obra de Maria Eugenia Mudrovcic: *Mundo Nuevo: cultura y Guerra Fría en la década del 60*. Ver também a entrevista que fizera Mario Campaña com María Eugenia Mudrovcic para *Guaraguao, Revista de Cultura Latinoamericana* (Barcelona: año 16, n. 41, 2012, pp. 89-98). Nesse mesmo número, há um interessante dossiê com vários documentos relativos ao tema.

"alvoroços" que puseram fim a nada menos do que a carreira política de Charles de Gaulle e precipitaram mudanças que repercutiram fortemente na França e em outras partes do mundo? A chamada "Primavera de Praga", que teve lugar na extinta Tchecoslováquia, foi um acontecimento de transcendental gravitação que antecipou a rachadura dos regimes do Leste Europeu e que depois, com a revolta dos operários dos estaleiros em Gdansk, Polônia, converteu-se no prelúdio da desintegração da União Soviética. As ondas concêntricas do Maio Francês foram sentidas no ano seguinte com as impetuosas mobilizações operárias e estudantis do "Outono Quente" italiano e, deste lado do Atlântico, nas grandes lutas estudantis pela democracia no México que culminaram com o massacre na Praça das Três Culturas (Tlatelolco) e "el Cordobazo", a insurreição operário--estudantil que aconteceu em Córdoba no ano seguinte e que botou fim, pouco tempo depois, à ditadura de Juan C. Onganía na Argentina. O auge dos movimentos guerrilheiros na América Latina, que começam antes do Maio Francês, expressam um mesmo estado de ânimo, uma crescente desconformidade com o que a recuperação capitalista do pós-guerra tinha para oferecer. No entanto, os acontecimentos parisienses também insuflaram com muita força os protestos contra a Guerra do Vietnã e, como um fogo incontrolável, espalharam-se por todo o mundo. Por fim, qualquer observador minimamente sóbrio chegaria à conclusão que os sucessos de Paris foram algo mais que um "alvoroço" estudantil, mais do que VLL está disposto a admitir.[166] A renovação do pensamento marxista, a aparição do eurocomunismo, o relaxamento dos regimes mal chamados comunistas na Europa Oriental unidos às profundas transformações na cultura e à política do mundo ocidental (não só nas suas áreas

---

[166] Consultar também o Suplemento Especial do jornal *Página/12* de Buenos Aires, de 19 de maio de 2018, comemorando os 50 anos do Maio Francês com interessantes reflexões de testemunhas e protagonistas daqueles sucessos. Ver <https://www.pagina12.com.ar/suplementos/especiales/19-05-2018>.

metropolitanas senão também na periferia latino-americana) são minimizadas e até ridicularizadas por VLL quando afirma que o veredicto da história diz que o único que se produziu no Maio Francês foi uma "certa libertação dos costumes, principalmente sobre a liberdade sexual, a desaparição das formas da cortesia, a multiplicação dos palavrões nas comunicações, e não muito mais" (p. 218). O peruano subestima o fato de que a França é um país que tem uma ímpar capacidade de irradiação cultural e política. Seus grandes acontecimentos revolucionários impactaram todo o mundo, começando pela Revolução Francesa e seguindo pelas revoluções de 1830, 1848, a Comuna de Paris e logo, precisamente, o Maio Francês. Examinei essa "excepcionalidade do francês" em uma nota recente a propósito da irrupção dos "coletes amarelos" na luta contra as políticas do presidente Emmanuel Macron.[167]

A opinião de especialistas consagrados sobre este tema é diametralmente oposta à observação do aprendiz de analista político, por mais que ele escreva ótimos romances. Immanuel Wallerstein, o destacado professor de Yale, afirma que o Maio Francês significou o começo de uma nova era no capitalismo global e no que ele denomina "sistema-mundo". A literatura sobre o tema é imensa, e não poderíamos sequer enumerar aqui as principais obras que já foram escritas sobre o assunto. Basta dizer que Wallerstein outorga ao Maio Francês uma significação extraordinária ao erodir o "consenso de pós-guerra" nos capitalismos avançados, exigir uma impressionante ampliação de direitos de todo tipo, protestar pelas agressões que sofria o povo do Vietnã e repudiar a conduta das organizações tradicionais da esquerda francesa.[168] Há ainda um grão de verdade nas

---

[167] A nota foi publicada pelo *Página/12* em 14 de dezembro de 2018 e se encontra disponível em <https://www.pagina12.com.ar/162029-chalecos-amarillos>.

[168] O "alvoroço" desencadeou uma enorme greve geral na França e, pouco depois, a saída de seu presidente. Wallerstein explica bem isso no livro *1968. Raíces y razones* (México: Universidad Autónoma da

dúvidas que os acontecimentos do Maio Francês despertam no peruano porque, tal como o aponta Aron, as crises revolucionárias ou as grandes revoltas francesas "são seguidas, depois da fase das barricadas ou das ilusões líricas, por um retorno esmagador do partido da ordem" (p. 220). Grandes insurreições populares, desde a Revolução Francesa em 1789 até o Maio Francês de 1968, passando pelas revoluções de 1830 e 1848 e, em particular, a heroica Comuna de Paris de 1871, foram seguidas por contraofensivas restauradoras que – salvo no caso da Comuna, afogada em sangue –, ainda que nunca tenham chegado a impor um retrocesso das forças e dos projetos insurgentes a seu ponto de partida, tiveram, sim, a capacidade de cortar algumas das arestas mais afiadas da insurgência popular. Ou seja, nem tudo o que essas insurreições perseguiam foi conquistado, mas, apesar da restauração, resquícios de progresso econômico, social ou cultural permaneceram sem serem cancelados.

O diagnóstico dos eventos de Maio sobre a vida universitária não pode ser mais negativo na visão de VLL. Citando Aron, diz que, como consequência do movimento produziu-se "a latino-americanização da universidade francesa" e que, mais que resolver os problemas que a afligiam (sua massificação, o asfixiante estatismo que a controla, o irrestrito etc.), o que fez foi agudizar esses problemas inserindo a universidade francesa em uma "crise caótica e insolúvel" (pp. 221-222).[169]

Mais errado ainda é o balanço final que VLL extrai das reflexões de Aron sobre a nova sociedade industrial. Em um alarde de cego otimismo, desmentido pelos fatos, nosso autor argu-

---

Cidade Juárez, 2018). Ver também o artigo de Jaime Pastor Verdú, "Mayo 68, de la revuelta estudiantil a la huelga general. Su impacto en la sociedad francesa y en el mundo", *Dossiers Féministes*, n. 12, 2008, pp. 31-47.

[169] No colonialismo mental de VLL, a "latino-americanização" da universidade francesa necessariamente representa algo ruim, uma involução. No entanto, a ruptura de certas tradições elitistas e hierárquicas da academia francesa a partir do Maio de 68 foi sem dúvida um elemento positivo.

menta que "a grande revolução tecnológica tem servido, por um lado, para acelerar o desenvolvimento e, por outro, para atenuar os excessos e abusos do velho capitalismo [...] a prosperidade, a justiça e a liberdade atingiram limites jamais alcançados no passado ou em outros regimes contemporâneos, sobretudo os comunistas" (p. 223). É óbvio que VLL vive em outro mundo, na "elegante irrealidade" da bolha de riqueza e esplendor de sua deslumbrante mansão madrilenha e no qual seu contato com a vida cotidiana de milhões de pessoas dentro e, sobretudo, fora da Espanha é inexistente. Seus interlocutores são reis e príncipes, presidentes ou ministros e, claro, os magnatas e seus corruptos amigos do Partido Popular que converteram este mundo em um inferno. Igualmente inexistente é a sua vocação de ser fiel ao legado popperiano de tratar de submeter suas teses à prova da falseabilidade. Se tivesse a ousadia de fazê-lo, comprovaria, para seu desespero – e vergonha –, que o mundo que acredita ver não existe, que é uma miragem ou uma senil alucinação; que sua capacidade para imaginar as histórias que escreve de modo exemplar serve muito pouco para compreender o mundo atual. Como pode comemorar essa suposta apoteose da prosperidade, da justiça e da liberdade quando o último informe da Oxfam – uma ONG que jamais poderia ser acusada de marxista, castrista, ou chavista, para usar seus adjetivos favoritos – assegura que uma em cada três pessoas no mundo vive na pobreza? Ou que "apenas oito pessoas (oito grandes empresários) possuem a mesma riqueza que 3,6 bilhões de pessoas", a metade mais pobre da humanidade. A superconcentração da riqueza segue irrefreável. O crescimento econômico só continua beneficiando aos que tudo possuem. O resto, a grande maioria de cidadãos de todo o mundo e especialmente os setores mais pobres, está ficando à margem da lenta e titubeante reativação da economia.[170] Na mesma linha, Oxfam atesta que

---

[170] https://www.oxfam.org/es/como-luchamos-contra-la-pobreza.

[...] desde 2015, o 1% mais rico da população mundial possui mais riqueza que o resto do planeta [...]. A receita dos 10% mais pobres da população mundial aumentou menos de três dólares ao ano entre 1988 e 2011, enquanto que a do 1% mais rico aumentou 182 vezes mais [...] e que uma nova pesquisa do economista Thomas Piketty revela que, nos Estados Unidos, a receita dos 50% mais pobres da população foi congelada nos últimos trinta anos, enquanto que a do 1% mais rico aumentou 300% no mesmo período.[171]

Contrariamente ao que escreve em apoio às teses de Aron, a contradição entre os mecanismos do mercado e a elevação do nível de vida das grandes massas da população mundial é radical e insolúvel (p. 223). Só se trata de querer ver o evidente, nada mais que isso.

O capítulo termina com um contraponto entre Raymond Aron e Jean-Paul Sartre, que não acrescenta grande coisa ao que já é bastante conhecido. Contudo, o autor não se priva de parafrasear o sociólogo francês para dizer que o grande inimi-

---

[171] Caso Vargas Llosa não saiba, a Oxfam é uma "confederação internacional de vinte organizações que trabalham junto a organizações sociais e comunidades locais em mais de noventa países". Seus informes são expostos anualmente no Fórum Econômico Mundial, em Davos, mas sem que suas estarrecedoras estatísticas comovam a consciência dos donos do mundo. Os dados sobre o 1% mais rico provêm de Deborah Hardoon, Sophia Ayele e Ricardo Fuentes-Nieva. *An Economy for the 1%. How Privilege and Power in the Economy Drive Extreme inequality and how this Can Be Stopped* (Oxford: Oxfam, 2016). <https://www.scribd.com/doc/295120053/An-Economy-For--the-1-How-privilege-andpower-in-the-economy-drive-extreme-inequality-and-how-this-can-bestopped#fullscreen&from_embed>. Os dados sobre a economia dos Estados Unidos e a regressividade na distribuição das receitas se encontram em Patricia Cohen. "A Bigger Economic Pie, but a Smaller Slice for Half of the U.S". *New York Times*, 6 dez. 2016. <http://www.nytimes.com/2016/12/06/business/economy/a-bigger-economic-pie-but-a-smaller-slice-for-half-of-the--us.html?smid=tw-nytimesbusiness&smtyp=cur>.

go da democracia e do progresso material que ele fantasia não é outro senão o Estado, "entidade constitutivamente voraz e opressiva, burocrática, sempre alerta para, ao menor descuido, crescer e abolir tudo aquilo que o freia e o limita". Ao que Aron acrescenta sobre o perigo que deriva dos Estados totalitários, naquela época a União Soviética e a China, "para quem só a existência da sociedade democrática constitui um grave risco". VLL ratifica com sua opinião a suposta verdade contida nessas ideologias, e termina seu exame das contribuições de Aron à causa da liberdade se lamentando de que este "mostrou um desinteresse quase total sobre o terceiro mundo, quer dizer, África, América Latina e Ásia" (p. 225). Como entender que um admirável pensador com uma projeção universal – questiona-se um atormentado VLL – não tivesse nada a dizer sobre dois terços da humanidade? Seria porque não avistava nenhuma esperança para esses países? A resposta Aron levou para o túmulo.

Excursus sobre os intelectuais[172]

Um livro como *O chamado da tribo*, em que o protagonismo dos intelectuais é bem marcante, impõe a necessidade de delinear uma breve reflexão sobre os traços determinantes desta categoria social. Foi Antonio Gramsci quem, dentro da tradição marxista, dedicou uma parte de sua extensa obra à reflexão em torno dos intelectuais e seu papel na vida política e social, descartando de vez qualquer pretensão simplória de defini-los pelas características intrínsecas de seu trabalho. Todos somos intelectuais, disse algumas vezes. Qualquer homem ou mulher, por mais embrutecidos que se encontrem pela necessidade de realizar os mais simples ou elementares trabalhos manuais, devem apelar a um raciocínio mais ou menos elaborado para po-

---

[172] O que segue é uma apertada síntese das ideias expressadas por Antonio Gramsci no "Caderno 14" de *Cuadernos de la cárcel* (México: Era, 1982). [Ed. bras.: *Cadernos do Cárcere*. Rio de Janeiro: Civilização Brasileira, 1999.]

der cumprir a sua tarefa. Daí que o teórico italiano dissera que "os não intelectuais não existem".

Então, o que é um intelectual? O que o distingue como uma categoria sociopolítica especial não é sua permanente atividade no campo das ideias. É a função que cumpre no exercício da dominação política. Resumidamente, na incessante criação das condições – no campo da cultura, no senso comum da época, nos imaginários sociais, nos valores – que fazem possível os grupos e classes dominantes exercerem uma "direção intelectual e moral" sobre o conjunto da sociedade; e, assim, que os poderosos sejam percebidos por grande parte da população como a "vanguarda das energias nacionais" e, portanto, lhe outorguem graus historicamente variáveis de consentimento a seu domínio.

À medida que a evolução das lutas sociais têm forçado o avanço democrático e, em consequência, deslocado para um lugar secundário (porém ainda essencial, não esquecer isto!) os mecanismos repressivos do Estado, que seguem prontos a ocupar o centro da cena quando a luta de classes coloca em perigo a dominação do capital, a função dos intelectuais adquiriu uma relevância extraordinária que não para de crescer. Não erraríamos se disséssemos que, quanto mais avança o processo de democratização, mais transcendental resulta o papel dos "intelectuais orgânicos" que cimentam, no campo das ideias, a supremacia dos dominadores. Pode-se estabelecer um sugestivo paralelo entre a força e a hegemonia no campo da política e as reservas de ouro e o papel moeda circulante no âmbito da economia. As crenças populares e as ideias socialmente aceitas são como o papel moeda, e quando a confiança neste cai, o Estado recorre às reservas áureas para perpetuar pela força a subordinação da população a seu domínio. Do mesmo modo, quando a hegemonia de uma classe dominante (que Gramsci lembrava que deve ser "dirigente" antes de ser quem domine), suas ideias e crenças deixam de ser as que prevalecem na sociedade, os dispositivos repressivos do Estado entram em ação e, de acordo com a correlação de forças, podem ou bem restaurar a ordem ou, se erram nessa tentativa, ser arrasados pela insurgência plebeia e terminar reduzidos à condição de testemunhas desarmadas da queda do velho regime. Isto é precisamente o que define as revoluções.

Gramsci refina sua análise para distinguir entre os intelectuais em dois grupos: (i) "tradicionais", encapsulados ou ensimesmados em seu próprios trabalhos (educadores, clérigos, advogados, cientistas etc.), trancados nos claustros da universidade, em seus templos, no pequeno círculo literário de sua paróquia, laica ou não, dirigindo suas palavras a alguns poucos, e (ii) "orgânicos", vinculados de modo imediato e permanente com as classes dominantes, que escrevem e falam para o grande público. O que os diferencia não é o que pensam e como agem, mas "sua participação ativa" na vida prática, como construtores e organizadores da dominação, como permanentes agentes persuasivos, publicitários, doutrinadores e "educadores" das massas. Tal coisa não é um acontecimento acidental, mas o resultado da vontade daqueles que exercem o poder, adverte o pensador italiano quando, apelando a uma linguagem que lhe permite burlar a censura fascista, assevera que

> [...] uma das características mais relevantes de cada grupo que se desenvolve em direção ao domínio [quer dizer, a burguesia em ascensão ou seu eventual substituto, o proletariado]é sua luta pela assimilação e a conquista "ideológica" dos intelectuais tradicionais, assimilação e conquista que é tanto mais rápida e eficaz quanto mais rapidamente elabora o grupo dado, em forma simultânea, seus próprios intelectuais orgânicos.

Daí sua preocupação de que a nova classe dominante em ascensão, o proletariado, assumisse sem demora a tarefa de gestar seus "intelectuais orgânicos" ou atraísse para a sua causa, como o observaram Marx e Engels, os setores intelectuais do velho regime, conscientes de que este tinha seus dias contados e que o futuro seria obra da força social emergente.

Toda estrutura de dominação se assenta sobre um instável equilíbrio de coerção e consenso. Este último, lembra Gramsci, não é o resultado inerte e passivo de um sentido comum escleroso e perdurável, mas é construído e reconstruído cotidianamente. Os "intelectuais orgânicos" devem ser os diligentes "funcionários" das superestruturas. Finalizando esse raciocínio, o fundador do PCI dizia que no mundo da sociedade civil, formado por um variado conjunto de grupos e organismos "vulgarmente chamados de privados" (e que não o são, dadas as consequências públicas de suas ações), tanto como na "sociedade política ou Estado", o papel dos "intelectuais orgânicos" é de transcendental importância. Na primeira, estes constroem a "hegemonia" que a classe dominante exerce sobre toda a sociedade para que aceite mansamente sua condição subordinada. Esta internalização de sua inferioridade social, econômica e cultural se sustenta, em última instância, na percepção popular que concebe a classe dominante como a mais avançada e progressiva no decisivo campo da produção, e aos grupos subordinados como marcados por inextinguíveis deficiências de todo tipo, desde a inércia até a ignorância, passando pela dissolução de seus costumes, sua indisciplina, vícios como o alcoolismo etc. No Estado, em vez disso, o papel dos "intelectuais orgânicos" é assegurar – inclusive até legalmente – a submissão, a obediência e a disciplina das classes subordinadas, quando, rebeldes e mobilizadas, já não "consentem" nem aceitam, ativa ou passivamente, a supremacia de seus opressores.

Dito isso, entendemos a importância do papel dos "intelectuais orgânicos" da burguesia, entre os quais ocupa um lugar destacável no universo cultural hispano-falante Mario Vargas Llosa e, antes dele, Octavio Paz. Presença essa que cresce cada vez mais, sobretudo no caso do peruano, por sua profusa presença nos meios de comunicação de massas, que amplificam seus devaneios e opiniões até limites impensáveis há apenas pouco mais de uma década. O reconhecido intelectual palestino Edward Said advertiu esta tendência e, em coincidência com o enfoque gramsciano, observou com preocupação que, "na maior parte das sociedades industrializadas ocidentais, a proporção entre as chamadas indústrias do conhecimento e aquelas outras que se movimentam no âmbito da produção física tem crescido sensivelmente em favor das indústrias do conhecimento".[173] Esta hipertrofia é especialmente evidente na exorbitante expansão dos meios de comunicação de massa que, por sua vez, encontram-se cada vez mais (muitíssimo mais) concentrados que o capital financeiro, para fazer uma comparação esclarecedora. Essa nova realidade potencializa o papel do intelectual público, "orgânico", da direita, que conta com a grande imprensa em todas as variantes (gráfica, rádio, televisão e, agora em parte, redes sociais) à sua disposição; mas também sublinha a importância do papel que jogam aqueles que se identificam com o projeto emancipatório da esquerda, ainda que essa batalha seja disputada com uma inferioridade de condições. Daí que Said declara que

> [...] o intelectual é um indivíduo com um papel público específico na sociedade, e não pode se limitar a ser um simples profissional sem rosto, um membro competente de uma classe que unicamente se preocupa com seu negócio. Para mim [continua dizendo Said] o fato decisivo é que o intelectual é um indivíduo dotado da faculdade de representar, encarnar e articular uma mensagem, uma visão, uma atitude, filosofia ou opinião para e em favor de um público [...] alguém cuja missão é a de levantar publicamente questões incômodas, contrastar ortodoxias e dogmas (muito mais que produzi-los) e [...] a quem nem os governos nem outras instituições podem domesticar facilmente, e cuja razão de ser consiste em representar a todas essas pessoas e questões que são rotineiramente esquecidas ou mantidas em segredo.[174]

---

[173] *Representaciones del intelectual* (Barcelona/Buenos Aires: Paidós, 1996), p. 28. [Ed. Bras.: *Representações do intelectual*. São Paulo: Companhia das Letras, 2005.

[174] *Ibid.*, p. 29.

Naturalmente, o palestino se refere aqui não só a um intelectual público, mas ao crítico, ao "franco-atirador", a alguém que está organicamente vinculado às forças sociais da reforma e da revolução. Noam Chomsky é em nossos dias o exemplo mais notável no nível internacional, como o foi Jean-Paul Sartre nas décadas de 1950 e 1960 do século passado. No entanto, como demonstram extensivamente em "Nuestra América", os casos de Vargas Llosa e Paz, há "outros intelectuais públicos" que põem sua inteligência a serviço da conservação da ordem social vigente e das piores causas do imperialismo. Contestar essa influência nefasta é precisamente um dos motivos que me levaram a escrever este livro e a fazer este esclarecimento acerca da função e transcendência política e social dos intelectuais.

Capítulo VIII
Isaiah Berlin:
verdades e morais opostas

O penúltimo capítulo de *O chamado da tribo* foi dedicado a Isaiah Berlin, um homem multifacetado, poliglota, dono de uma produção intelectual tão ampla como variada e dispersa. Letão de nascimento, quando esse país pertencia ao império czarista, adotou a cidadania britânica e começou uma muito bem-sucedida carreira em Oxford, universidade que no ano 1932 lhe concedeu uma bolsa para o All Souls College, a primeira obtida por um judeu na história da universidade. Chegou a ser presidente da British Academy e convertido, pouco depois, em Cavalheiro do Império Britânico, como Karl Popper. Durante a Segunda Guerra Mundial, "foi enviado aos Estados Unidos pelo governo britânico, para que, de Nova York e Washington, assessorasse a chancelaria e a embaixada ante a Casa Branca sobre a atualidade política" (p. 251).

Essa função seguramente lhe permitiu ser facilmente detectado pelo Congresso pela Liberdade da Cultura, quando Washington decidiu lançar a "guerra cultural" contra a União Soviética, os partidos comunistas do mundo ocidental e a esquerda em geral. Entretanto, quando o financiamento da CIA ao Congresso e a várias revistas de política internacional e de filosofia – como *Encounter* e a *Partisan Review* – veio a público, Berlin se afastou desse projeto. O concreto é que, como comprova o livro de Stonor Saunders, o professor de Oxford sabia desde o começo quem estava por trás do Congresso.[175] Assim como Vargas Llosa, Berlin teve habilidade para se relacionar dentro dos "mais elevados círculos sociais, acadêmicos e po-

---

[175] Saunders, *op. cit.*, p. 539 e seguintes.

líticos dos Estados Unidos, em razão de seu encanto pessoal e talento mundano: conversador pirotécnico, fazia a festa nos jantares e reuniões diplomáticas e, além de distraí-los e hipnotizá-los com seu bom-humor, suas anedotas e sabedoria, dava a seus interlocutores a estimulante sensação de, por confraternizar-se com ele, gratificação com um banho de alta cultura" (p. 252). Nesse sentido, o paralelismo entre Berlin e Vargas Llosa é notável. Tudo isso, claro, no caso do britânico, sem diminuir seu trabalho intelectual, sobre o qual jamais se conheceu uma mancha ou uma queda na banalidade. Porém, "a vida social o fazia feliz e ele gostava desses ágapes em que se via rodeado de gente, se não sempre culta, ao menos poderosa, rica ou influente". A diferença entre ambos se encontra em que, enquanto o primeiro era um asceta sexual, a julgar pelo que VLL escreve, este definitivamente não o é.

Este ilustre liberal, tão exaltado pelo Nobel peruano, carregava em suas veias um anticomunismo visceral que o levou, segundo a benévola interpretação de VLL, "a posições extremas, raras nele", como defender o governo dos Estados Unidos durante a Guerra do Vietnã e aprovar a invasão a Cuba ("negou-se a assinar um manifesto de protesto contra Washington") – invasão que, erra mais uma vez VLL quando diz ter acontecido "em maio de 1961", na realidade teve lugar entre 17 e 19 de abril desse mesmo ano (p. 244). Não só isso, esse mesmo liberal encantador e mundano era tão fanático como qualquer outro de seus predecessores tratados no livro de VLL, e, contrariando sua mentirosa ética pluralista, como acontece com quase todos os liberais, interpôs seus (maus) ofícios para impedir que a Universidade de Sussex contratasse como professor nada menos que a Isaac Deutscher, "judeu exilado como ele, porém antissionista e de esquerda" e, dito seja, um brilhante historiador das ideias tanto ou mais que o próprio Berlin. Aqueles que o acusaram por essa ignóbil ação obtiveram como resposta que ele, Berlin, "não podia recomendar para uma cátedra alguém que subordinava o conhecimento à ideologia" (p. 244). Disse isso em momentos em que não só se subordinava, mas jogava para o alto todo o respeito ao conhecimento e ao rigor do trabalho científico, sacrificado em nome de sua ideologia! Outro exemplo de seu "equilíbrio e respeito pela verdade histórica" aparece – a diferença de Popper – na defesa implacável do sionismo e da criação do Estado de Israel, ignorando por completo a questão palestina e sem sublinhar o fato inegável da criminosa ocupação dos territórios árabes pelos sionistas europeus com o apoio das potências ocidentais. Tragédia que perdura até hoje.

Perdido na caverna de Platão

Berlin é um implacável crítico das utopias sociais, de todas elas, "desde Platão até Marx", mas cuida e protege outra que argumenta ser uma fria e sóbria análise da realidade, isenta de tonalidades ideológicas: a utopia liberal – ou melhor, a ficção – do "livre mercado". Berlin examina o que chama "as verdades contraditórias" das construções utópicas e as ilustra com o caso da Revolução Francesa. "Os revolucionários franceses" – aponta – "descobriram, surpresos, que a liberdade era uma fonte de desigualdades… Assim, para estabelecer a igualdade, não haveria outro remédio senão sacrificar a liberdade, impor a coação […] do Estado. Que a injustiça social fosse o preço da liberdade, e a ditadura da igualdade" (pp. 242-243). A existência dessas verdades contraditórias leva Berlin a postular a necessidade da tolerância, da liberdade de escolha, de reconhecer que nunca há respostas únicas aos desafios que levanta a realidade e que há que ponderar com muito cuidado as vantagens e desvantagens de cada opção. Daí que a tolerância e o pluralismo (que, como vimos antes, ele mesmo não respeitou: Vietnã, Baía dos Porcos, o caso Deutscher) "mais que imperativos morais [são] necessidades práticas para a sobrevivência dos homens" (p. 249).

Berlin ergue um debate que, aliás, não é novo na história da filosofia política, o que não diminui sua transcendência. Com sua habitual clarividência, Maquiavel tinha advertido em seus escritos sobre a república romana e florentina de seu tempo, porém, segundo afirma o letão, o fez "de maneira involuntária, casual". Erro grosseiro tanto de Berlin como de seu discípulo peruano, porque não houve nada de casual ou acidental na teorização de Maquiavel. Muito pelo contrário, a reflexão do florentino sobre o conflito entre a ética judaico-cristã – que, no âmbito da vida privada, valorizava sobre qualquer outra – e a ética da virtude pagã, inspirada na Roma republicana, foi produto de uma laboriosa e dilatada reconstrução histórica na qual esteve empenhado por longos anos e da incisiva percepção que tinha dos assuntos de sua época. A contradição ou conflito de regras morais é um dos eixos articuladores de toda sua elaboração teórica, não apenas em *O príncipe*, mas também em *Os discursos*.[176] A moralidade do mundo pagão girava em torno da *virtú*, essa amálgama única entre valor, audácia e prudência que permitia ao príncipe enfrentar as ameaças que pairavam sobre seu reino e que mal podiam se dissipar seguindo os preceitos da moral judaico-cristã, oferecendo a outra face ou dirigindo-se ao Muro das Lamentações ante aqueles que saqueavam seu território, aniquilavam seu povo e destruíam seu reino. Porém, tal como afirmava o jesuíta Leslie J. Walker, exímio tradutor dos *Discursos* ao inglês, "Maquiavel jamais disse que algo era bom quando era mau, ou que era mau quando era bom".[177]

---

[176] Nos referimos a este tema em "Maquiavelo y el infierno de los filósofos ", em Tomás Varnagy (ed.). *Fortuna y virtud en la república democrática. Ensayos sobre Maquiavelo* (Buenos Aires: CLACSO, 2000), pp. 167-178.

[177] Cf. N. Machiavelli, *The Discourses* (Londres: Pelican Books, 1970). Edição a cargo de Bernard Crick sobre a base da tradução de L. Walker, p. 63. Antes de Berlin, Max Weber tinha se referido a este tema da dupla moralidade ou das "verdades contraditórias" reconhecendo a difícil relação entre política e moralidade. Em sua célebre palestra "A política como vocação", fala da natureza problemática da política desde o ponto de vista moral e diz: "quem se mete na política, quer dizer, quem utiliza como meios o poder e a violência, tem selado um pacto com o diabo, de tal maneira que já não é fato que na atividade o

Portanto, não houve causalidade na reflexão de Maquiavel. O que deve se discutir, em vez disso, é se a apelação de Berlin à tolerância e à possibilidade de admitir o erro em nossas vidas são condições suficientes para resolver esses conflitos na pólis, dado que tal coisa supõe que as forças enfrentadas ou os atores em conflito possuem aquelas características e assumem como valores a tolerância ou a falibilidade e, além disso, agem racionalmente ou de acordo com esses valores, o que é flagrantemente refutado pelos fatos. Um breve olhar para a história contemporânea da América Latina revela que os setores nos quais tanto confia VLL, as direitas em todas as suas variantes, carecem de ambas. Nem são tolerantes nem admitem a possibilidade do erro. Suas receitas são infalíveis e indiscutíveis, e qualquer crítica é considerada um ato de subversão política ou de simples e pura ignorância. Será necessário rever a conduta seguida pelos governos como os de Mauricio Macri na Argentina, Jair Bolsonaro no Brasil, Iván Duque na Colômbia, Martín Vizcarra no Peru, Sebastián Piñera no Chile, entre tantos outros, para demonstrar a perdurável vigência da intolerância e a pretensão de infalibilidade?

As duas liberdades

Vargas Llosa examina posteriormente o tema das duas liberdades: a "negativa" e a "positiva". Distinção muito sutil e escorregadia, como assevera, mas clara e transparente quando se des-

---

bom só produza o bem e o mau o mal, mas que frequentemente sucede o contrário. Quem não enxerga isto é uma criança, politicamente falando" (Max Weber, "A política como vocação", em *Escritos políticos* [México: Folios Ediciones, s.d.], p. 358). Por outro lado, acreditamos que a referência a Maquiavel que VLL atribui a Berlin não faz justiça a este último, que escrevera um longo e profundo ensaio sobre o florentino ("La originalidad de Maquiavelo") no seu *Contra la corriente. Ensayos sobre historia de las ideas* (México: Fondo de Cultura Económica, 1983), pp. 85-143.

171

cende dos diáfanos céus das palavras ao proteico emaranhado das situações históricas concretas, das estruturas sociais e das conjunturas políticas. O que nosso autor faz é apelar a essa distinção de Berlin para atacar "a separação artificial entre liberdades "formais" e liberdades "reais" que costumam empunhar os que querem suprimir as primeiras" (p. 255). A concepção de liberdade negativa tem um vilão: o Estado, porque é ele quem exerce a coerção que impede o indivíduo de atuar segundo a sua vontade. Essa liberdade "negativa" é própria de sociedades que "atingiram um alto nível de civilização e uma certa afluência". Essa sociedade é a que deu nascimento ao indivíduo e que, se o coage ou condiciona, limitando-o, terá "como resultado um mundo cinza e medíocre, uma cidade de formigas ou robôs" (p. 256). Este conceito de liberdade subjaz às diversas variantes do "liberalismo democrático" de nosso tempo e, entre cujas características, figura com traços proeminentes "o respeito às minorias", frase misteriosíssima. Pois a quais minorias se referem Berlin e o Nobel peruano? Aos povos originários das Américas, aos setores LGBTQ+, aos cultos de pequenas religiões, aos militantes pelos direitos humanos, aos defensores do meio ambiente? Certamente não. Mas há uma ausência, um silêncio estrondoso, porque o respeito às minorias em um mundo onde o 1% mais rico dispõe da mesma riqueza que os outros 99% da população mundial é um verdadeiro *nonsense*, é injustificável, ainda mais no escopo de uma teorização que se pretende democrática. O respeito a *essa* minoria equivale a desrespeitar todas as outras e validar a degradação da democracia em plutocracia, assunto que analisaremos no último capítulo deste livro. Essa concepção da liberdade "negativa" termina na seguinte conclusão, inaceitável do ponto de vista moral e político, que VLL sintetiza assim:

> Certas ditaduras de direita, que põem ênfase nas liberdades econômicas, em que pese os abusos e crimes que cometem, como a de Pinochet no Chile, garantem em geral uma margem mais ampla de liberdade "negativa" aos cidadãos que as demo-

cracias socialistas e socializantes, como Cuba e a Venezuela de nossos dias. (p. 257)

A liberdade "negativa" é, por exemplo, aquela de que gozam os cidadãos do Chile de Pinochet para serem detidos sem o devido processo, presos, fuzilados ou desaparecidos; ou a "liberdade" que lhes impedia ter acesso a uma imprensa livre. Liberdade "negativa" é a que fez possível que Víctor Jara, por exemplo, fosse mutilado, torturado e fuzilado no Estádio Nacional. Liberdade "negativa" é a que condenou a vastos setores da sociedade chilena a perder seus antigos direitos. Livres para serem privados do direito a uma educação gratuita, à saúde pública, aos direitos trabalhistas e à previdência social para a sua velhice. Mais uma vez, quando a bela canção liberal é cantada no prosaico campo do devir concreto de nossos países, converte-se inexoravelmente em uma apologia ao crime com intuito de preservar os interesses e privilégios da classe dominante.

Se a liberdade "negativa" exemplifica as bondades da ausência de coerção (ainda que os liberais tentem nos fazer acreditar que o Estado é a única fonte de coerção, e não também os mercados, a classe, a religião, os usos e costumes, as tradições etc.), a liberdade "positiva", por outro lado, longe de limitar a autoridade, reforça-se ela a partir da crença de que o exercício concreto da liberdade supõe a existência de certas condições que são atrativas por sua ausência em uma sociedade de classes, especialmente nos capitalismos periféricos. Contudo, aquelas devem ser criadas pelas políticas públicas de um Estado democrático, pois o mercado não só não as criaria, mas, como diria Adam Smith, ainda que quisesse não saberia como fazê-lo. Quando se promove a liberdade "positiva", o que se está fazendo, segundo os liberais, é ressaltar o que os indivíduos possuem de semelhante, em comum, enquanto que a "negativa" reforça o que os faz diferentes. O problema, consequentemente, é que a "liberdade positiva" traz consigo a dissolução do indivíduo na massa ou no "homem-massa" de Ortega y Gasset, ou em um sujeito coletivo, metafísico, segundo nosso autor, como "a classe, a raça, a religião", implacáveis portadores de uma missão histórica. A "liberdade negativa", em vez disso, fortalece o indivíduo, respeita seus interesses pessoais e, ao fazê-lo, contribui com a criação de uma sociedade melhor: livre e democrática. Vargas Llosa reconhece que, do conceito "positivo" da liberdade, "tem se derivado uma multidão de benefícios... e a partir disso existe a consciência social: saber que as desigualdades econômicas, sociais e culturais são um mal corrigível e que podem e devem ser combatidas" (p. 258). No entanto, essa concepção também tem gerado suas iniquidades. Em um pulo acrobático sem rede de proteção, em um *non sequitur* de manual, VLL termina dizendo que "em nome dessa 'liberdade positiva' foram travadas guerras cruéis, estabelecidos campos de concentração, praticado o extermínio de milhões de seres humanos, impostos sistemas asfixiantes e tem-se eliminado toda forma de dissidência ou de crítica" (p. 259). Por quê, onde, quando, como? São perguntas incômodas que nosso autor não se propõe a levantar e muito menos responder. Evade a questão e termina por dizer que, apesar desses dois conceitos de liberdade se repelirem mutuamente, são as "verdades contraditórias" que apontava Berlin antes. Na história real, trata-se "de conseguir uma transação entre ambas liberdades [...] ainda que essa transação seja algo muito difícil e sempre precária [...] porque, mais que interpretações de um conceito, são duas atitudes profundamente divergentes e irreconciliáveis sobre os fins da vida humana" (p. 259). Irreconciliáveis, certamente, porque pensar a liberdade à margem da igualdade substantiva dos seres humanos é pura (e má) metafísica. E não cabe, para refutar este argumento, apelar à "igualdade jurídica" das pessoas, consagradas em todas as nossas constituições, porém desrespeitada em cada um de nossos países. A liberdade na vida social só tem sentido verdadeiro se os que aspiram a exercê-la e usufruir dela são iguais, possuidores dos mesmos direitos e livres de toda opressão. Contudo, no capitalismo, sociedade dividida desde sua origem a partir de uma desigualdade incurável que separa proprietários de não proprietários dos meios de produção, qualquer discussão sobre a liberdade que não se proponha primeiro a abolir essa forma de existência social é uma trapaça. Sob o capitalismo, a liberdade, longe de ser um direito, é um privilégio de alguns poucos: ricos e poderosos.

Sobre raposas e ouriços

Vargas Llosa dedica uma seção de seu capítulo sobre Berlin a um artigo que este publicou sob o título de "O ouriço e a raposa".[178] Esse trabalho começa resgatando uma citação do poeta grego Arquíloco que, segundo Berlin, diz o seguinte: "A raposa sabe muitas coisas, mas o ouriço sabe uma importante".[179] E prossegue dizendo que há muitas maneiras de interpretar o significado da citação. Será que a flexibilidade e agilidade da raposa não podem com a dureza do ouriço? Ou que este, por não possuir aqueles atributos, carece de opções de sobrevivência? A partir dali, Berlin constrói uma dicotomia de intelectuais, políticos e, poderíamos acrescentar, teorias sociais. Existe um hiato incurável, diz o autor, entre aqueles que, como os ouriços, reduzem a complexidade de todo o existente a uma visão central, um sistema mais ou menos articulado segundo o qual podem compreender, pensar e, inclusive, sentir e dar sentido a sua existência. Uma visão, acrescentemos, que poderia se qualificar de "reducionista". De outro lado, estão os que perseguem múltiplos fins, frequentemente sem relação entre si e, inclusive, contraditórios, que podem chegar a se conectar mais por razões psicológicas ou fisiológicas que por princípios morais ou estéticos, sendo estes

---

[178] Ouriço, ou porco-espinho, como é conhecido em diferentes países da América Latina. O título do artigo de Berlin é "The Hedgehog and The Fox: An Essay on Tolstoy's View of History", em *Russian Thinkers* (Londres: The Hogarth Press, 1978).

[179] *Ibid.*, p. 22.

as raposas.[180] Berlin reconhece que a distinção pode ser confusa em algumas ocasiões, que a tendência centrípeta dos ouriços se diferencia nitidamente da centrífuga das raposas, e que, em alguns momentos, pode não ser tão definitiva como parece. Os próprios exemplos que utiliza falam da dificuldade de encaixar distintos pensadores nessas duas categorias. O caso de Tolstói ilustra esta complicação: era uma raposa que acreditava ser um ouriço, enquanto que Dostoiévski era um ouriço que acreditava ser uma raposa.

Se VLL traz à tona esse penetrante artigo de Berlin, é porque, segundo ele, o liberalismo encarna a atitude aberta, refratária a qualquer "grande princípio" ordenador ou reducionista que termine na construção de um relato histórico que fatalmente culmine no abominável "historicismo". O socialismo, ou o coletivismo em qualquer uma de suas variantes, em vez disso, é a expressão do ouriço que só sabe uma coisa – as classes sociais e suas lutas –, e de que os matizes, sucessos individuais, personalidades e os próprios e inevitáveis acidentes da história podem ser reduzidos a uma lógica implacável e determinista. Para o ouriço só existe o "geral", a história com suas leis de movimento, e ao fazê-lo perde de vista a riquíssima variedade do real. Essa imputação que VLL faz obliquamente ao marxismo carece de fundamento. Nada é mais afastado dessa corrente teórica do que endossar uma perspectiva que suprima a complexidade do real. Tal como Marx levanta nos *Grundrisse*, "o concreto é concreto porque é a síntese de múltiplas determinações e, portanto, unidade do diverso".[181] Não há nenhum ouriço em Marx. Para os pensadores da liberdade, assegura VLL, o "geral" não existe. O que há é um mundo de "casos particulares, tantos e tão diversos uns de outros que a soma deles não constitui uma unidade significativa mas, certamente, uma confusão vertiginosa, um magma

---

[180] *Ibid.*, p. 22.

[181] No capítulo 3, "El método de la economía política", em Karl Marx, *Introducción general a la crítica de la economía política/1857* (Córdoba: Cuadernos de Pasado y Presente 1, 1974), p. 58.

de contradições" (p. 263). É impossível não encontrar nessas palavras dolorosas ressonâncias da famosa sentença de Margaret Thatcher, quando, ante uma pergunta que lhe fizeram em uma entrevista sobre o impacto de suas políticas sobre a sociedade, a primeira-ministra britânica respondeu que "a sociedade não existe. O que existe são homens e mulheres individuais, e famílias. E nenhum governo pode fazer nada exceto através de sua gente, e as pessoas devem se preocupar antes de tudo com elas mesmas".[182] Está aí uma boa amostra de um ouriço! A plasticidade e flexibilidade da raposa o torna cético, agnóstico, pragmático; a dureza do ouriço o joga aos braços do dogma, e este o converte em um fanático, como Thatcher, Reagan, Aznar, Trump, Uribe e outros de sua espécie. A suposta correspondência entre raposas e liberalismo e ouriços e coletivismo não existe. Podem existir raposas e ouriços em ambos os lados da barricada. Claro que para certo tipo de grandes empreendimentos históricos, reconhece o novelista peruano, é necessário a presença de ouriços: "descobrimentos, conquistas e revoluções"; as raposas do liberalismo têm demonstrado serem capazes de "melhorar a qualidade da vida" com seu relativo ecletismo, sua aceitação da diferença, tudo o que se traduz no progresso lento, mas real, em direção a um bem-estar coletivo. É claro que isto é uma simples petição de princípios, porque se é sobre dureza e dogmatismo que se fala, poucas podem ser mais férreas que as que se encontram no núcleo essencial do liberalismo contemporâneo. A fé cega na utopia – na realidade, uma distopia – do livre e autorregulado mercado e a confiança infinita na "teoria do gotejamento" são provas mais que suficientes de que os ouriços não se amedrontam ante as fronteiras ideológicas e penetram com mais facilidade nos territórios do liberalismo.[183]

---

[182] Entrevista a *Woman's Own*, outono de 1987.

[183] Sobre o caráter utópico e fantasioso dessas teses do neoliberalismo cabe citar a aguda observação de Ellen Meiksins Wood quando, nas páginas finais de seu magnífico livro afirma que "a lição que estamos obrigados a extrair de nossa condição econômica e política atual é que

A dicotomia de Berlin possui um ilustre ancestral no campo da prática política. Em *O príncipe*, Maquiavel estabeleceu uma distinção entre leões e raposas. VLL acredita que, no ambiente da política, há uma prevalência dos ouriços, ou seja, dos leões. No entanto, o florentino tinha uma visão muito mais sutil e irônica. Assim como uma raposa, ele observou atentamente os vários estilos de liderança que existiam no governo de diferentes principados. Era óbvio para ele que o governante que é apenas raposa ou apenas leão estaria caminhando para sua própria condenação. Seja qual for sua natureza ou objetivos, nenhum projeto é viável, diria Maquiavel, se quem o dirige é apenas raposa ou apenas Leão. O verdadeiro estadista tem que ser uma combinação de ambos: raposa para contornar as inumeráveis armadilhas que seus oponentes colocarão no seu caminho, e leão para lutar com força e valor contra seus inimigos e as adversidades que podem derivar das condições da época. Ou, nas palavras de Gramsci, o governante deve ser como o centauro, unindo a racionalidade do homem com a força do cavalo. Acho que a introdução fracassada desta passagem sobre ouriços e raposas na obra de VLL não é de forma alguma inocente. Procura extrapolar uma dicotomia de forma que os neoliberais (e o projeto neoliberal) apareçam como os portadores do pragmatismo, da astúcia e da flexibilidade da raposa, e por isso propensos ao pluralismo e à tolerância enquanto que a esquerda aparece exatamente como o contrário, vítima de sua estreita e rígida visão de mundo.

O indivíduo como demiurgo da história

As páginas finais do capítulo dedicado a Berlin versam sobre o tema do papel do indivíduo na história, que o professor de

---

um capitalismo humano, 'social', verdadeiramente democrático é mais irrealisticamente utópico que o socialismo". Ver seu *Democracy against Capitalism. Renewing Historical Materialism* (Cambridge: Cambridge University Press, 1995). [Ed. Bras.: *Democracia contra capitalismo: a renovação do materialismo histórico*. São Paulo: Boitempo, 2003.]

Oxford examina no seu livro *Personal Impressions*. O tema de fundo é, mais uma vez, o ataque contra as teorizações que exaltam o papel dos "fatores objetivos" no devir da história e que, em algumas ideologias, terminam em um crasso determinismo historicista. Frente a isso, ergue-se outra concepção que enxerga a história como resultado da "visão, do gênio, da fantasia e das façanhas" dos grandes homens reverenciados na tradicional tese de Thomas Carlyle. Mas Berlin era erudito demais para cair em dicotomias tão simplistas como essas. Tal como notara Georgi Plekhanov em *O papel do indivíduo na história*, os indivíduos só podem exercer uma influência decisiva se as circunstâncias sociais assim permitem e se possuem habilidade, inteligência e audácia para colocá-las em jogo quando as condições sociais estão maduras para fazer produtiva a sua intervenção.[184] Contudo, Berlin parece perder a equanimidade necessária na hora de ponderar alguns casos reais, pois, como assegura VLL, quando o historiador britânico examina os casos de Winston Churchill, Frank D. Roosevelt e Chaim Weizmann, "a intervenção dos indivíduos – líderes governantes, ideólogos – na história, é fundamental e decisiva [e] ...eles podem relegar essas 'forças objetivas' a um segundo plano, determinando, em muitos casos, a direção de todo um povo" (p. 267).

A frase anterior é claramente um exagero, necessária no caso dos autores que se preocupam, no seu afã, em reduzir ao mínimo o papel das condições objetivas e, desse modo, arrancar pela raiz qualquer risco de cair no determinismo historicista. Porém nem mesmo Churchill poderia defender o Reino Unido sem a determinação do povo britânico contra a agressão alemã; nem Roosevelt poderia avançar com seu *New Deal* sem a presença de um poderoso movimento sindical surgido das grandes lutas de sindicatos operários; nem Weizmann teria sido um dos fundadores do Estado de Israel sem a constelação de interesses estadunidenses e britânicos que conceberam

---

[184] Plekhanov, *op. cit.*, edições várias. Originalmente publicado em 1898.

e fizeram possível o despejo dos palestinos e o levantamento de um enclave ocidental na principal região produtora de petróleo do planeta. Não obstante, fiel à sua ojeriza em relação ao caudilhismo, VLL adverte sobre o perigo dessa concepção "heróica" da história, que poderia desembocar na justificação do caudilho, do messias popular, do demagogo que exerce um poder ilimitado e que pretende se edificar na personificação de todo um povo. Os exemplos aos que recorre são habituais: Hitler, Franco, Mussolini, Mao e Fidel, além de "tantos outros pequenos semideuses de nosso tempo". O que é que distingue estes de Churchill, Roosevelt e Weizmann? Resposta: que estes "atuaram sempre dentro de um marco democrático, respeitoso da legalidade, tolerantes para com a crítica e os adversários e obedientes ao veredicto eleitoral". Os outros, em vez disso, operaram exatamente no sentido contrário (p. 267).

Falar de um marco democrático nos Estados Unidos na época de Roosevelt, com os afro-americanos submetidos a uma selvagem segregação e privados de direitos civis, coisa que começaria só depois a se reverter, no final da década de 1950, ou quando o regime eleitoral ainda hoje impede a eleição popular direta dos presidentes, nas mãos dos colégios eleitorais de cada estado, é um erro grosseiro de interpretação histórica. Aliás, não foi por acaso que Roosevelt apadrinhou ninguém menos que o sanguinário ditador dominicano Rafael Leonidas Trujillo, cuja história de seu assassinato é relatada por Vargas Llosa em *A festa do bode*. E fez o mesmo com Anastasio Somoza, quando, diante das reclamações dos membros do Partido Democrata com relação à brutalidade do regime nicaragüense, reconheceu que o ditador "é um filho de uma puta, mas é nosso filho da puta". E o que dizer sobre Churchill e Weizmann, responsáveis pelo despejo e lento genocídio do povo palestino? O inglês foi um racista contumaz, admirador de Mussolini, armou grupos paramilitares para aterrorizar os irlandeses, deixou para a humanidade (e para Vargas Llosa, ainda que não pareça tê-las conhecido) frases dignas de um democrata e tolerante liberal como esta: "Sou totalmente a favor do uso do gás venenoso contra as tribos incivilizadas [...] se propagaria um tremendo terror". As "tribos incivilizadas" eram as que povoavam o Oriente Médio e a Índia.[185] Marco democrático, líderes democráticos: de que fala Vargas Llosa? É possível cair em tamanha obsessão?

O capítulo se encerra com um hino a uma nada inocente confusão, em que o liberalismo é novamente apresentado como sinônimo de democracia e como "o carro-chefe da civilização" (p. 275).[186] Dado que trataremos desse tema detalhadamente no último capítulo de nossa obra, nos limitaremos agora a uma breve consideração acerca do fato, constatado por VLL, de que Berlin não foi suficientemente liberal porque "sempre abrigou dúvidas social-democratas sobre o *laissez faire*". Em uma entrevista póstuma que concedera a Steven Lukes, chegou a dizer que "não podia defender sem certa angústia a irrestrita liberdade econômica que 'encheu de crianças as minas de carvão'" (p. 275). E também disse em outra parte que "a liberdade total para os lobos é a morte para os cordeiros". Justamente, e por

---

[185] "Un carnicero genocida y filofascista convertido en ídolo de la democracia burguesa británica. Los crímenes de Winston Churchill", *El Viejo Topo*, 22 set. 2017. <http://amistadhispanosovietica.blogspot.com.ar/2017/09/un-carnicero-genocida-y-filofascista.html>. O jornal inglês *The Independent* também coincide com o anterior. Ver nota de 8 de setembro 2017 em <https://www.independent.co.uk/news/world/world-history/winston-churchill-genocide-dictator-shashi-tharoor-melbourne-writers-festival-a7936141.html>.

[186] É notável ver como reaparece, de modo fraudulento no caso de VLL, o velho dilema da América Latina oligárquica e colonial que contrapõe "civilização" com barbárie. Nosso autor não apresenta senão um extremo da dicotomia e omite falar explicitamente do outro. Mas ao longo de todo seu livro faz referências a tudo aquilo que não é liberal: coletivismo, estatismo, socialismo, comunismo, populismo, são assimiláveis ao bárbaro. Sobre isto ver a eloquente reflexão de José Martí quando diz "não há oposição entre civilização e barbárie senão entre a falsa erudição e a natureza", em *Nuestra América* (1: pp. 11-12).

isso mesmo um humanista, um ser altruísta e amante da justiça não pode senão rejeitar o *laissez faire* que com tanto ardor predica Vargas Llosa. Mas, por alguma estranha razão, nem Berlim nem VLL tiram as conclusões devidas de tais afirmações.

Capítulo IX
Jean-François Revel, profeta das catástrofes

No último capítulo de *O chamado da tribo* Vargas Llosa se dedica à obra de Jean-François Revel, uma figura de espessura teórica mais modesta do que os que o precederam. Sem dúvida, um homem com uma sólida formação intelectual, egresso da *École Normale*, primeiro dedicado a temas filosóficos e logo a questões de atualidade. VLL o descreve muito bem ao dizer que era um "formidável panfletário [...] em quem a riqueza das ideias e o espírito insubmisso se estendiam em uma prosa suave e incandescente" (p. 283).[187]

Revel destacou-se desde o início por sua crítica pertinente ao totalitarismo, categoria aplicada em sua totalidade e sem matizes aos governos socialistas e aos países do Leste Europeu nos anos do segundo pós-guerra.[188] Também dedicou boa parte de seu tempo a criticar os partidos e as ideologias de esquerda, especialmente o marxismo. Sua obra claramente faz parte das

---

[187] É correta a observação de VLL quando diz que "a palavra panfleto possui agora uma relevância deplorável, vulgar, torpe e insultante, porém no século XVIII era um gênero criativo de alto nível de que se valiam os intelectuais mais ilustres para ventilar suas diferenças" (p. 284). Discordamos de VLL em relação à temporalidade do panfleto como gênero literário que também foi utilizado nos séculos seguintes. *O manifesto comunista* (1848) e o *Imperialismo* de Lenin (1916) são célebres panfletos, assim como alguns textos de Mao *Sobre a contradição* (1937) e também por alguns representantes da direita, como Louis-Ferdinand Cèline em seu *Bagatelas para um massacre* (1938).

188 Para Revel, o sistema do partido único da União Soviética era igual ao regime polaco de um partido hegemônico e com outros partidos subordinados, porém distintos e relativamente independentes, ou ao sistema político da Iugoslávia de Tito. Todos eram totalitarismos!

diretrizes estabelecidas pela CIA na década anterior por meio do seu aparato de propaganda europeu, o já mencionado Congresso pela Liberdade da Cultura, embora não haja evidências de que ele tenha participado de suas atividades. Durante a ocupação nazista, juntou-se aos partisanos por um tempo e, após a guerra, ao Partido Socialista, do qual desertou pouco depois para colocar seu talento a serviço da direita.

Democracia e totalitarismo

A obra mais importante de Revel é sem sombra de dúvidas *Como terminam as democracias*, cuja primeira edição saiu no ano 1983 em (in)feliz coincidência com os inícios da redemocratização da América Latina. A tese central do livro é que a democracia (assim, sem maiores precisões que distingam a democracia burguesa da ateniense e da socialista, para dizer o mais elementar) é um "acidente" na evolução da humanidade e que, VLL *dixit*, "esse 'breve parêntesis' [...] que terá sido a democracia será encerrado em breve [...] e o punhado de países que degustaram de seus frutos voltarão a se confundir com os que nunca saíram da ignomínia do despotismo que acompanha os homens desde os albores da história" (p. 292). A tese, na realidade, não é novidade e já foi exposta em outro formato e com outras palavras por muitos teóricos que o antecederam.[189]

---

[189] Cf. Karl de Schweinitz, *Industrialization and Democracy. Economic Necessities and Political Possibilities* (Glencoe: The Free Press, 1964). Depois de analisar a experiência da democratização no Reino Unido, nos Estados Unidos, na Alemanha e na Rússia, esse autor conclui que "a rota euroamericana para a democracia está fechada" e que os países que pretendam avançar em direção à democracia no século XX deverão apelar a outras estratégias e mobilizar outros agentes sociais para atingir esse resultado (*ibid.*, p. 11). O mesmo pessimismo transpira no trabalho dos teóricos da Comissão Trilateral, especialmente na prosa de Samuel P. Huntington. Ver sobre este autor em Crozier e Watanuki, *The Crisis of Democracy*. Huntington costumava lembrar em suas aulas uma das frases de John Adams, o segundo presidente dos Estados

O interessante é que a nota definitiva do anacrônico macarthismo de Revel é a explicação que oferece para fundamentar sua tese. VLL a resumiu ao dizer que a morte da democracia seria provocada pelo fato de que o "comunismo soviético praticamente ganharia a guerra contra Ocidente democrático, o destruindo psicológica e moralmente através da infiltração de bactérias nocivas que, depois de paralisá-lo, ocasionariam sua queda como uma fruta madura". Mas a responsabilidade desse infausto desenlace recai sobre as próprias democracias, as que "por apatia, inconsciência, frivolidade, covardia ou cegueira haviam colaborado irresponsavelmente com seu adversário em cimentar sua ruína" (p. 293). Basta reler essas palavras e lembrar do que acontecia no momento em que Revel escreveu esse absurdo para verificar que o mentor de VLL o levaria ao fundo de um abismo de onde seu pupilo peruano nunca emergiria. Em que planeta vivia Revel quando publicou seu livro no ano 1983? Certamente não neste. Nessa época, já se havia constituído o mais formidável tridente político reacionário do século XX: Ronald Reagan na Casa Branca, Margaret Thatcher em Downing Street e, por fim, João Paulo II no Vaticano. Todos animados por um único propósito: destruir a União Soviética, recuperar para Ocidente todos os países da Europa Oriental e combater qualquer forma de socialismo, comunismo, movimento social, força política ou ideologia contrários aos valores e instituições e, principalmente, aos interesses do capitalismo mundial e das grandes potências ocidentais, notadamente dos Estados Unidos. Enquanto Ronald Reagan lançava a "Guerra nas Estrelas" contra a União Soviética, organizava o tráfico ilegal de armas e drogas para financiar a "contra" nicaraguense e enviava seus fuzileiros navais para esmagar o governo de esquerda em Granada, Margaret Thatcher recuperava o controle das Malvinas e, montada em uma onda de chauvinismo, salvou

---

Unidos, em relação à democracia, que dizia mais ou menos isto: "as democracias nunca duram muito. Logo se desgastam e esgotam. Não conheço uma democracia que não cometesse suicídio".

187

um governo que antes da guerra estava parado em uma corda bamba. Sua Santidade, por sua vez, iniciava suas intermináveis peregrinações à Polônia e toda Europa Oriental para acabar com o comunismo. Dentro desse cenário, o bom e velho Revel deu vazão à sua paranoia e presenteou seus leitores distraídos com uma visão apocalíptica do poder da União Soviética – definitivamente inclinado para a defensiva – que não tinha absolutamente nada a ver com a realidade. Ele falava da irrefreável progressão do armamentismo soviético sem sequer mencionar o "complexo militar-industrial" dos Estados Unidos, de longe o maior do mundo, ou a "Guerra nas Estrelas" que sobrecarregou Moscou e acelerou a queda da União Soviética. Sua seleção de casos para "demonstrar" as ocorrências beiravam o delírio: segundo ele, a União Soviética ganhara a batalha da desinformação no Ocidente, precisamente no momento em que os meios de comunicação dos Estados Unidos e da Europa consolidavam um processo de concentração monopólica sem precedentes na história e a reação neoconservadora se impunha em quase todo o mundo. Pode-se compreender uma crítica dura à esquerda e à decepcionante experiência dos "socialismos reais";[190] o que é inadmissível é a absoluta falta de respeito ante a evidência e os dados da realidade, os quais, sustentados pela obra de John Pilger, acrescentamos anteriormente. Esse fenomenal e acelerado processo de concentração dos meios de comunicação nas mãos de uma pequena oligarquia, profundamente prejudicial para a democracia, passou totalmente despercebido na "penetrante" análise de Revel, sendo hoje novamente ignorada, dessa vez ante o olhar desatento de VLL. Por isso as análises de ambos não são teoria política e social, nem jornalismo, são simplesmente propaganda, e das piores. Portanto, é ainda mais urgente e necessário agir de acordo com o que Pilger recomendou quando deu o alarme dizendo que

---

[190] Sobre esse complexo assunto, indico ao leitor o luminoso escrito de Dom Adolfo Sánchez Vázquez, "Después del derrumbe. Estar o no a la izquierda", *Dialéctica*, n. 23-24, inverno 1992-primavera 1993, pp. 61-76.

Temos que nos apressar. A democracia liberal se movimenta em direção a uma ditadura corporativa. É uma mudança histórica, e não se pode permitir que a mídia seja sua fachada, ela deve ser um tema popular, ardente, e submetido à ação direta. O grande acusador Tom Paine advertiu que, se a verdade e as ideias de verdade são negadas para a maioria das pessoas, deve-se assaltar o que chamou de Bastilha das palavras. Essa hora é agora.[191]

Consciente de que as previsões catastróficas de Revel foram refutadas pelos fatos, Vargas Llosa percebe que seu ídolo carece de consistência e, em seguida, trata de dar conta do "desvio" que tem sofrido a história em relação às profecias de Revel. Isso foi causado porque o francês não levou em consideração dois elementos fundamentais: "a superioridade econômica, científica e tecnológica das democracias ocidentais" e "os fatores internos de desagregação do império soviético" (p. 296). A negação de ambos conduziu sua análise a um erro incorrigível.

O intelectual como vilão

Apesar desses erros grosseiros, a fama de Revel permaneceu inalterável, sempre de acordo com a peculiar visão de VLL. A aprovação com que a mídia e os intelectuais do *establishment* receberam cada uma de suas novas obras contribuiu em grande medida para essa conquista. Em 1988, publicou *O conhecimento inútil*, livro que se distingue por possuir um começo confuso e um desenvolvimento inconcluso: "A primeira de todas as

---

[191] Ver "Geopolítica y concentración mediática", um artigo do 10 de agosto de 2007 em *Rebelión*. Acessível em: <http://www.iade.org.ar/modules/noticias/article.php?storyid=1925>. Textualmente: "Em 1983, 50 corporações possuíam os principais meios de comunicação globais, a maioria delas estadunidenses. Em 2002 esse número era de 9 corporações. Atualmente são provavelmente umas 5. Rupert Murdoch previu que haverá só três gigantes midiáticos globais e sua companhia será um deles".

189

forças que dirigem o mundo é a mentira", diz na primeira linha de sua obra. O problema é que não importa o quanto o leitor tente, nunca vai saber quando uma mentira é dita ou quando a verdade é dita, quem fabrica a primeira, como ou por quem ela é disseminada nem para quê. Sem falar que não existe, ao longo do livro, qualquer referência que identifique aqueles que governam o mundo, aqueles que constituem a burguesia imperial e suas classes e grupos aliados nos países periféricos. Todo o planeta fica reduzido à sua condição primordial, de um milhão de anos atrás; a única novidade é que agora aparecem alguns pérfidos e nefastos personagens, os intelectuais, que consciente ou inconscientemente destilam diariamente enormes doses de veneno para que a sociedade abrace o totalitarismo comunista. Encontramos aqui uma reedição dos argumentos disseminados por toda a enxurrada de livros e artigos publicados nos anos da Guerra Fria sob a influência da CIA, como vimos nos capítulos anteriores. Na realidade, o livro de Revel é uma reedição do texto de Aron *O ópio dos intelectuais*, em que este vomita um ataque visceral aos intelectuais de esquerda e aos meios de comunicação que, segundo ele, trabalham incansavelmente para corroer as bases da sociedade aberta e favorecer os projetos do totalitarismo comunista.

Vargas Llosa sintetiza muito bem esta visão quando, de forma louvável, diz que

> [...] os piores e talvez mais prejudiciais adversários da sociedade liberal não são os [...] regimes totalitários do leste e as satrapias *progressistas* do Terceiro Mundo, mas aquele vasto conglomerado de objetores internos que constituem a *intelligentsia* dos países livres e cuja motivação predominante parecia ser o ódio à liberdade como ela é entendida e praticada nas sociedades democráticas. (p. 298, grifo do original)

Esses disparates fazem de *O conhecimento inútil* um eficaz livro de propaganda, que compila uma quantidade interminável de dados fragmentários e pouco confiáveis. Estes dão a impressão

190

de terem sido gerados por uma legião de espiões e informantes, para então serem cozinhados por Revel como o faria um magistral *chef de cuisine*, produzindo um relato apocalíptico que não é necessário refutar nestas páginas, uma vez que a história já se encarregou disso de modo inapelável. Existe no livro de Revel uma seleção cuidadosa dos exemplos a serem usados para dar um brilho de objetividade e de verdadeiro conhecimento ao que é dito em suas páginas. Ele não apenas mente ao apresentar os fatos de certa maneira ou ao interpretá-los, como não demonstra interesse nenhum em resenhar os horrores cometidos pelo imperialismo e pela direita nesses anos, que preencheriam um livro muito mais volumoso do que o seu. É difícil acreditar que alguém possa ser convencido da seriedade dos argumentos desse autor quando toda a explicação sobre o mundo daquela época – refiro-me às décadas que seguiram ao fim da Segunda Guerra Mundial até começos dos anos 1980 – é reduzida à interminável sucessão de maldades perpetradas pelos vilões do intelecto contra as boas almas democráticas e liberais que regem as sociedades abertas do Ocidente, as mesmas que se sacrificam por fazer deste mundo um lugar onde imperem a justiça, a liberdade e a democracia. Apesar da simplificação grosseira da trama e do tom paranoico e conspiratório da obra, VLL confessa tê-la lido "com uma fascinação que, fazia tempo, não sentia por romance ou ensaio algum" (p. 302).[192]

---

[192] Ante uma afirmação como esta, não podemos sentir nada além de compaixão pelas porcarias que esteve lendo Vargas Llosa há muito tempo, o que explica também o curso de sua lamentável regressão não só política, mas também intelectual. Porém, por que não pensar que o elogio de VLL talvez seja uma côrtes devolução de favores em retribuição ao que diz Revel na obra que estamos analisando? Efetivamente, há uma passagem onde assegura que: "Desde muito tempo Vargas Llosa é, com Octavio Paz, o anticastrista, o anticomunista, o anti terceiro-mundista, o contrário de García Márquez, o advogado da democracia política na América Latina. Convém, pois, confiná-lo na direita, e inclusive na "nova" direita. Não se tem direito a ser democrata se não se é marxista na América Latina". Cf. *El conocimiento*

Para não entediar os leitores com intermináveis citações de Revel que revelariam o alcance de sua alucinada percepção da realidade, me limitarei a umas poucas que, me parece, representam cabalmente as insanas distorções do seu pensamento.

Sobre a Unesco e seu papel, o autor diz que "sabe-se bem a que tipo de escritório pró-soviético se converteu a Unesco, sob a direção do senhor M'Bow, durante os anos 1970 e 1980". E pouco mais adiante acrescenta "[M'Bow] tem tentado em várias ocasiões, a partir de 1976, fazer com que a Unesco adote uma tristemente célebre 'ordem internacional da informação' que de fato não procura mais que estabelecer um sistema de censura generalizada em proveito dos piores ditadores do Terceiro Mundo".[193] Revel e VLL não podem senão sentir repulsa ante aquela democrática proposta de criar uma "Nova Ordem Internacional da Informação" promovida no começo da década de 1970 pelo Movimento de Países Não Alinhados – e também, de modo muito enfático na América Latina, pelo presidente do México Luis Echeverría Álvarez e pelo governo cubano. Depois de muitas conversas, essa iniciativa recebeu o apoio da Unesco na Conferência Geral de 1980. A partir de um núcleo de estudo sobre o assunto encomendado por uma comissão presidida pelo irlandês Sean MacBride, o caráter assimétrico e tendencioso dos fluxos de informação em detrimento dos países periféricos foi comprovado, e foram formuladas diversas propostas para sanar esse desequilíbrio pernicioso.[194] O informe desatou uma ufanista e raivosa resposta dos governos dos países desenvolvidos e dos grandes meios de comunicação em mãos de poderosas oligarquias midiáticas. Pouco depois de a Unesco apro-

---

inútil (Barcelona: Planeta, 1989), pp. 84-85.

[193] Revel, *op. cit.*, pp. 61 e 81 respectivamente.

[194] Ver o notável, e mais que atual, Informe MacBride publicado com o título de *Un solo mundo, voces múltiples. Comunicación e información en nuestro tiempo* (México: Fondo de Cultura Económica, 1980). Também disponível em: <http://unesdoc.unesco.org/images/0004/000400/040066sb.pdf>.

var o citado informe, os governos de Ronald Reagan e Margaret Thatcher anunciaram sua decisão de abandonar a organização, ato que efetivamente fizeram, provocando uma enorme crise financeira que afetou seriamente suas atividades. Em outras palavras, os Estados Unidos e o Reino Unido aplicaram uma chantagem a todo o mundo e estiveram a ponto de destruir a Unesco para defender a "livre empresa" no mundo da comunicação e da informação. O senegalês Amadou-Mahtar M'Bow, execrado por Revel e Vargas Llosa, foi demitido de seu cargo e substituído por Federico Mayor Zaragoza, que apesar de seus esforços não conseguiu ressuscitar o Informe MacBride ou fazer com que suas recomendações fossem adotadas pelos países membros da Unesco. A oligarquia comunicacional mundial, cada vez menor, respaldada por Washington e Londres, ganhou a batalha, e sofremos suas deploráveis consequências atualmente. Se o jornalismo deixou de ser praticado nos periódicos impressos, estações de rádio e canais de televisão hegemônicos para se converter em sinistras agências de propaganda em que a "pós-verdade" e a "plus-mentiras" são à ordem do dia, isto é devido, em grande medida, à derrota sofrida pelo projeto de democratização da informação auspiciada pela Unesco. Revel, tão esperto e alerta para algumas coisas, não percebeu o que estava acontecendo embaixo de seu nariz em Paris, sede da Unesco, e claro o tema nem é sequer mencionado em seu livro.[195]

Outro exemplo: a opinião de Revel sobre a imprensa dos Estados Unidos oscila entre a inocência e a estupidez. Lemos no seu livro que:

---

[195] Os Estados Unidos se retiraram da Unesco em 1984, e Reino Unido e Cingapura, em 1985. Washington se incorporaria novamente à organização em 2003, enquanto que Londres o fez em 1992. O governo de Donald Trump anunciou que, em 31 de dezembro de 2018, se retiraria da Unesco graças à "tendência anti-israelense" da organização evidenciada pela incorporação da Palestina como Estado Membro. Ver o Informe MacBride, *op. cit.*

É também certo que o jornalismo estadunidense se distingue por uma disciplina rigorosa em sua maneira de redigir os artigos de informação pura, limitando-se a um estilo voluntariamente impessoal, mas sem a frieza obrigatória do estilo de uma agência. Ele evita proceder por alusão e *lembra em cada notícia todos os eventos necessários para a compreensão do fato*, como se o leitor não tivesse lido nada sobre o tema até então. As *news*, as *stories*, os *news analysis* e as *columns* constituem categorias de artigos claramente separadas na concepção e na apresentação, assim como os editoriais, que traduzem somente a opinião da direção do periódico.[196]

Obviamente o francês desconhece por completo o funcionamento efetivo, e não o que indica o manual, da imprensa nos Estados Unidos, seja atualmente, com coisas que pioraram significativamente, seja na época em que produziu seu livro, em 1988. As *news*, as *stories* e os *news analysis* se fundem em um só caldeirão de opinião que determina o que é ou não notícia, assim como estabelece a perspectiva a partir da qual tudo é analisado e reproduzido em escala global. Há milhares de exemplos na América Latina e no Caribe que demonstram isso diariamente. A notícia não é que, em 29 de novembro de 2018, a "Gran Misión Vivienda" do governo da Revolução Bolivariana atingiu a cifra de 2.368.709 moradias entregues à população, tampouco uma breve comparação entre a cifra atingida pelo governo bolivariano e a quantidade irrisória de moradias construídas pelo governo de Mauricio Macri ao longo de três anos de gestão. A notícia é que o êxodo de venezuelanos continua (sem jamais oferecer uma explicação do contexto no qual este se produz). Na negação desses fatos, as notícias, as histórias e a análise da notícia se fundem em uma unidade discursiva única,

---

[196] Revel, *op. cit.*, p. 139. Não entendo por que, com um idioma tão belo e flexível como o francês Revel tem que apelar a expressões na língua inglesa para dizer o que poderia ter dito, e muito corretamente, na sua própria língua. Não será, por acaso, o modo de demonstrar sua subordinada fidelidade a seus patrões?

concebida para execrar a Revolução Bolivariana. Porém, para Revel, tudo isso são trivialidades.

Como nosso autor caracteriza a invasão estadunidense, a subsequente derrubada do governo de Granada e as execuções sumárias realizadas pelos fuzileiros navais naquela pequena ilha? Se irrita com os liberais pois eles "haviam guardado suas reservas de indignação para o desembarque estadunidense em Granada".[197] Entenda bem: o que diz Revel, mentindo descaradamente, é que o que aconteceu em Granada foi um simples e inofensivo desembarque em uma ilha de 344 quilômetros quadrados. Ao iniciar as obras para a construção de um aeroporto rudimentar, os 90 mil habitantes de Granada foram considerados uma ameaça à segurança dos Estados Unidos, especialmente devido à presença de engenheiros civis e construtores cubanos na ilha. Segundo os especialistas da Casa Branca, o aeroporto serviria como base de operações da aviação soviética para atacar os Estados Unidos. A resposta dos apóstolos da liberdade e dos direitos humanos no mundo foi imediata e brutal: bombardeio da indefesa Granada por aviões e helicópteros e posterior desembarque de 7.300 fuzileiros navais e paraquedistas. Essas ações deixaram 88 mortos – entre eles os mais importantes membros do governo e alguns de seus familiares – e mais de quinhentos feridos. O presidente dos Estados Unidos naquele momento, Ronald Reagan, declarou: "Chegamos a tempo para evitar que Granada fosse ocupada pelos cubanos".[198] Revel se indigna com os críticos estadunidenses que disseram que Reagan havia violado a primeira emenda da Constituição dos Estados Unidos ao proibir "que os jornalistas estivessem presentes ao lado das tropas durante as primeiras horas do desembarque em Granada, em 1983".[199] O propagandista francês mente quando fala em "primeiras horas", porque na realidade a

---

[197] Revel, *op. cit.*, p. 132.

[198] Ver mais em <http://lagranfarsa11s.blogspot.com.ar/2008/06/invasin-granada-25-de-octubre-de-1983.html>.

[199] Revel, *op. cit.*, p. 135.

proibição esteve firme durante as primeiras 72 horas, lapso no qual toda a operação militar ("o desembarque") fora concluída. E também revela sua escandalosa duplicidade de critérios ao criticar a censura à imprensa que, segundo ele, é praticada em regimes totalitários, mas se tornando um ardente defensor dela quando quem a pratica são governos amigos, portadores de liberdade. Reagan declarou que "não é a noz-moscada o que está em jogo na América Central e no Caribe, é a segurança nacional dos Estados Unidos".[200]

Isso é mais que suficiente para desmascarar as mentiras de Revel endossadas por seu avançado aluno peruano. O ódio de VLL contra os intelectuais latino-americanos atinge alturas inigualáveis nas páginas finais de sua apologia ao francês. Exaltado e seguramente embriagado pela cólera, investe contra eles denunciando que "entre eles são recrutados os aliados mais prontos, os cúmplices mais covardes e os propagandistas mais abjetos dos inimigos da liberdade, ao extremo de que a noção mesma do 'intelectual', entre nós, chega às vezes a ter uma baforada caricatural e deplorável" (p. 302).[201] Projetando, como ensinara Sigmund Freud, suas próprias pulsões, o novelista as-

---

[200] A invasão de Granada foi um caso escandaloso de censura e de ensaio das "pós-verdades" que passaram despercebidas para Revel e depois se converteriam no padrão normal de informação da imprensa hegemônica. Os dados sobre o que realmente aconteceu encontram-se no site de FAIR, <https://fair.org/extra/book-excerpt-invading-grenada/>. A referência de Reagan à noz-moscada se deve ao fato de ela ser o principal, quase único, produto de exportação da ilha que ameaçava a segurança nacional dos Estados Unidos. O informe publicado pela FAIR demonstra que, assim como no Iraque e na Síria nos últimos anos, não foram encontradas armas de destruição em massa em Granada, nem sequer armas convencionais que pudessem servir para enfrentar uma invasão dos fuzileiros estadunidenses.

[201] Este é um tema que Vargas Llosa dedica especial atenção em *El pez en el agua*, pp. 158-161, em que não poupa nenhuma desqualificação para definir a conduta dos intelectuais que criticavam sua intervenção na política peruana. E o faz com a paixão e o furor de sempre.

segura que essa traição dos intelectuais "não costuma obedecer a opções ideológicas, mas, na maioria dos casos, a puro oportunismo: porque ser 'progressista' é a única maneira possível de escalar posições no meio cultural – já que o *establishment* acadêmico ou artístico é quase sempre de esquerda – ou, simplesmente, de prosperar (ganhando prêmios, obtendo convite e até bolsas da Fundação Guggenheim)" (pp. 302-303).

O peixe preso em seu aquário

Não precisa ser um especialista em psicanálise para constatar que o narrador tinha razão quando, nas primeiras páginas de sua obra, advertia-nos que o escrito era um livro autobiográfico. Sua vertiginosa ascensão econômica e social reflete com exatidão sua trajetória pessoal, já que, em 1954, o contrataram como modesto "bancário, na agência La Victoria do Banco Popular" de Lima, como lembra em *Peixe na água*, até sua condição privilegiada atual.[202] Sua animosidade para com os intelectuais críticos, é só com eles, e os elogios aos complacentes poderiam ser explicados pelos conflitos pessoais que suscitaram seu trânsito desde a rebeldia à submissão ante os ditados da ideologia dominante. Por outro lado, a passagem de sua obra que estamos comentando revela, mais uma vez, seu abismal desconhecimento das sociedades latino-americanas e de sua cena acadêmica e cultural contemporânea. Nesse sentido, o relógio de VLL está atrasado pelo menos cinquenta anos. Uma miopia que lhe faz enxergar, como o alucinado Dom Quixote, um tenebroso gigante onde só havia um moinho de vento. Em seu caso, o gigante é o clichê *Made in USA* amplamente reproduzido pela direita europeia e latino-americana segundo o qual a esquerda domina o campo cultural latino-americano.

Isso não tem nada a ver com nossa realidade e só existe na "elegante irrealidade" onde moram VLL e os seus atuais correligionários. Se algo caracteriza hoje o *establishment* cultural e

---

[202] *Ibid.*, p. 130.

acadêmico do mundo desenvolvido e também de nossos países é a hegemonia que o pensamento das organizações da direita possui. Ser um intelectual de esquerda no mundo real – não na desastrada embriaguez que afeta Vargas Llosa – é um assunto que, no melhor dos casos, produz numerosas inconveniências de todo tipo, desde ostracismo interior, exclusão do mundo acadêmico, desemprego e perseguição pelos serviços de inteligência locais e estrangeiros; e, pior, ser um intelectual de esquerda significa colocar em risco sua liberdade e, às vezes, sua vida.

A ignorância de VLL sobre o assunto é tão grande quanto seu ódio contra o que ele mesmo foi. Como desconhecer que, só em 2017, na América Latina, 47 jornalistas foram assassinados, 26 dos quais atuavam no México de Enrique Peña Nieto, fato que jamais provocou no peruano uma palavra de reprovação? Como ignorar que entre 2006 e 2017, 429 jornalistas foram mortos? E que até a primeira metade de fevereiro de 2018, sete jornalistas em três países da América Latina já haviam sido assassinados: três no México, dois no Brasil e dois na Guatemala.[203] Com ligeiras diferenças, o que aconteceu com os jornalistas se reproduz, em alguns países, com simples acadêmicos cujo imperdoável defeito é ensinar o que as pessoas comuns não devem saber.

Por fim chegamos ao inferno: *O chamado da tribo* culmina nesta vertiginosa queda que sai desse pensador luminoso que

---

[203] Dados produzidos pela Comissão Investigadora de Assassinatos a Jornalistas da Federação Latino-americana de Jornalistas, reproduzido em <http://www.cubadebate.cu/especiales/2018/01/08/47-periodistas-asesinados-en-2017-en-america-latina/>. Os dados de 2018 estão em <http://www.resumenlatinoamericano.org/2018/02/05/america-latina-siete-periodistas-fueron-asesinados-en-35-dias-de-2018/>. Segundo a ONG *Reporteros sin fronteras*, em 2018, trinta jornalistas foram assassinados, dois deles nos Estados Unidos e nenhum na Bolívia, em Cuba ou na Venezuela. Não se conhece nenhuma nota de repúdio sobre os dois trabalhadores da imprensa assassinados nos Estados Unidos. Ver <https://rsf.org/es/barometro>.

foi Adam Smith, grande filósofo e economista, até a lama do panfletário barato a serviço do império Jean-François Revel. É assim que Vargas Llosa conclui seu livro, cheio de falácias, erros e sofismas. Apesar do tom sombrio do capítulo sobre Revel, o novelista peruano reserva uma nota de otimismo sobre o futuro de nossos países, apoiada, segundo ele, "nesta convicção anti-gramsciana: não é a *intelligentsia* que faz a história. Em geral o povo […] é melhor do que a maioria de seus intelectuais: mais sensatos, mais pragmáticos, mais democráticos, mais livres na hora de decidir sobre assuntos sociais e políticos" (p. 303). Esse fragmento revela sua total incompreensão da teorização do comunista italiano, que jamais disse, nem pensou, que os intelectuais faziam a história. Esta é produto do desenvolvimento – às vezes lento, outras, acelerado – das contradições sociais, nas quais o papel dos intelectuais, por importante que seja, está longe de convertê-los em demiurgos. Eles, com suas ideias, podem cristalizar as aspirações ou os sentimentos coletivos e, desse modo, colaborar para que se convertam em estímulos ou impulsos para mudar o mundo. Porém também podem impedir essa tarefa e perpetuar a ordem vigente com construções ideológicas ou variadas retóricas que preguem que o mundo é como é e não é possível mudá-lo; ou que qualquer pretensão de fazer dele um paraíso na terra o converterá em um inferno, como reforçam sem descanso os ideólogos da burguesia, com seus discursos que levam ao imobilismo, ao quietismo e à resignação… Precisamente o que faz Vargas Llosa. No entanto, por mais importante que possa ser a função dos intelectuais, Gramsci jamais disse nem escreveu o que VLL afirma. Outro erro do novelista metido a teórico político, que não conta com leituras requeridas, cuidadosamente aprendidas e internamente elaboradas.

Isso é tudo? Não. Algumas coisas ainda devem ser ditas, o que faremos no próximo e último capítulo de nosso libro, para jogar alguma luz sobre o sofisma fundamental que preside a obra de VLL – e em geral de todo o neoliberalismo – há muito tempo: a deliberada confusão entre liberalismo e democracia. Esta pode ser sintetizada no seguinte aforismo: "se você ama a democracia, deve ser um liberal, e se for liberal, amará a democracia". Sem sombra de dúvida, a maior mentira de sua obra e de todos os seus correligionários.

Capitulo X
Liberalismo, "Liberismo" e Democracia: análises de uma relação infeliz

Neste capítulo, examinaremos a premissa axial sobre a qual se funda toda a ideologia dominante da qual Vargas Llosa é um dos máximos e mais eficazes divulgadores: a ideia de que o liberalismo, o princípio do *laissez faire*, e a democracia são duas caras de uma mesma moeda. Quem quiser a democracia deverá ser um autêntico liberal e promover a sua doutrina sem descanso. Contra todas as evidências, o liberalismo reivindica a virtude de ser nada menos do que o pai da democracia, a fonte da qual ela brota. Contudo, a verdade é outra: o liberalismo, como a ideologia que nasceu com a sociedade burguesa e o capitalismo, legitimando-os, está em uma contradição radical e irresolúvel com a democracia. Os teóricos do liberalismo, tanto o clássico quanto sua versão "neo", pretendem fazer o povo acreditar que só aceitando a injustiça incurável do liberalismo econômico (que asseguram, é só transitória) poderão desfrutar do mel da democracia política. Porém o argumento é falso em um duplo sentido: pela sua incoerência, no plano da teoria, e por ser insustentável à luz da experiência histórica. Por conseguinte, Vargas Llosa – e todos os que pensam como ele – ou bem são vítimas inconscientes dessa falácia (algo que pessoalmente acredito que seja muito pouco provável) ou, pior, são cúmplices dela, assumindo o papel dos apóstolos de um credo que consagra a opulência de uma minoria cada vez menor enquanto, como vimos nos capítulos anteriores, condena à pobreza, à miséria e à exclusão social camadas cada vez maiores das sociedades contemporâneas.

Tendência antidemocrática nos clássicos do liberalismo

Autores como Von Hayek, Popper, Aron e outros que VLL examina em sua obra, seguramente sabiam que, ao longo da história das ideias o liberalismo, não produziu um só pensador que se declarasse partidário da democracia. Nenhum advogado desse regime político surgiu de suas fileiras. O único que se desvia dessa corrente, com um olhar um pouco mais favorável a ela, é John Stuart Mill. Nem John Locke, nem Immanuel Kant, nem Benjamin Constant, nem Alexis de Tocqueville, para mencionar as principais figuras do liberalismo político, escreveram uma só linha a favor da democracia, entendida segundo a feliz fórmula cunhada por Abraham Lincoln como "governo do povo, pelo povo e para o povo". Todos examinaram a democracia como regime político ou forma estatal, coisa que aliás já tinha sido objeto de reflexão na filosofia política clássica grega. Tanto Platão quanto Aristóteles foram agudos observadores das democracias escravistas de seu tempo. No entanto, nenhum deles fez uma apologia à democracia.

Um bom ponto de partida para a reflexão final sobre as teses que levanta Llosa em seu livro é a análise da Constituição dos Estados Unidos. Esta foi, como é sabido, fonte de inspiração para as novas repúblicas que brotaram ao sul do Rio Bravo uma vez que se emanciparam do domínio espanhol. Os admiradores daquele país, entre os quais um dos mais fanáticos é o narrador peruano, deveriam narrar a seus leitores que, curiosamente, a palavra "democracia" não aparece em nenhum momento na Carta Magna estadunidense. Como explicar a contradição de que um país cujos governantes, líderes políticos, grandes empresários e intelectuais notáveis se autoproclamam porta-vozes da principal democracia do planeta e dão lições a todo o mundo sobre como exercê-la sequer tem a palavra nomeada em sua Carta Magna?

Em uma entrevista que tive oportunidade de fazer com Noam Chomsky, o linguista estadunidense esclareceu esta incoerência. Afirmou que Alexander Hamilton, primeiro-secretário do Tesouro dos Estados Unidos, sentia uma profunda desconfiança do povo das Treze Colônias. Alinhado com as ideias liberais, Hamilton chegou a dizer que o povo era "a grande besta" que devia ser domada e submetida.[204] Por isso aconselhava ensinar aos fazendeiros independentes e rudes das rebeldes colônias – ainda que fosse preciso usar a força em caso de necessidade – que os ideais radicais incluídos nos panfletos revolucionários de pessoas como Tom Paine não deviam nem podiam ser tomados ao pé da letra. Em resumo: as pessoas comuns não deveriam ser representadas por outros de sua mesma classe, mas deixar que a aristocracia, os comerciantes, os advogados e outros de sabida responsabilidade e patriotismo no manejo dos assuntos do Estado o fizessem por eles.[205]

James Madison foi um dos principais, se não o mais importante, redator da Constituição dos Estados Unidos e autor da crucial Carta de Direitos [*Bill of Rights*] agregada como as dez primeiras emendas à Constituição. Político brilhante e intelectual, foi coautor, junto com o já mencionado Hamilton e John Jay, dos 85 artigos de jornal escritos para o público da época e que ficaram conhecidos na história como os *Federalist Papers*. Porém, além disso, Madison foi presidente dos Estados Unidos

---

[204] Há um grande debate a respeito das palavras de Hamilton, se teriam sido expressão de um ataque de ira em um jantar – pois foi nessa ocasião em que pronunciou aquela frase – ou se foram reflexo genuíno de seu pensamento. A maioria dos estudiosos do tema se inclinam por esta segunda linha de interpretação. Independentemente disso, o que é indubitável é a desconfiança que, nos grupos dirigentes da nova república, provocava o povo. Daí a necessidade de moderar sua influência na vida política. Uma discussão sobre o tema encontra-se em <http://foundingfatherfest.tumblr.com/post/27419993446/on-hamiltons-great-beast-quote>.

[205] Cf. *Tras el búho de Minerva*, Apêndice. Tom Paine foi autor de um panfleto que teve enorme difusão nos alvores da vida independente dos Estados Unidos. Ver seu *Derechos del hombre* (Madrid: Alianza Editorial, 2008).

205

entre 1809 e 1817. Nos debates que precederam a adoção da Constituição, afirmava que, se na Inglaterra não existissem restrições ao exercício do sufrágio, a propriedade dos grandes donos de terra se veria ameaçada por uma legislação agrária, tema que reapareceria um século depois na obra de J. S. Mill. Para Madison, o desenho constitucional deveria ter como objetivo evitar tão ameaçador desenlace e assegurar a intangibilidade dos direitos de propriedade. Segue-se que a responsabilidade primária de qualquer governo é "proteger a minoria opulenta contra a maioria", afirma Chomsky, e esse mandato permaneceu incólume (se não reforçado) até hoje.

Em consequência, quando VLL e os autores que ele examinou em seu livro falam da "proteção das minorias" o que subliminarmente estão dizendo é "proteção dos ricos e muito ricos" contra as pretensões dos demais. Tal como Hamilton, Madison defendia uma concepção segundo a qual se supunha que aqueles que deviam exercer funções governamentais seriam "estadistas ilustrados" e/ou "filósofos benevolentes" cuja sabedoria lhes permitisse discernir, melhor que os homens comuns (nem vamos falar das mulheres!), os verdadeiros interesses da nação, guiados pelas luzes claras da razão e da compaixão.[206] A respeito disso, em 1792, Madison comprovaria com amargura que sua esperança desapareceu, que tinha sido uma ilusão e que a responsabilidade pelo bem público havia sido substituída pelo predomínio dos interesses privados, levando a uma "verdadeira dominação de poucos sob a aparente liberdade de muitos". Como presidente, pouco ou nada fez – ou conseguiu fazer – para reverter essa situação.[207]

---

[206] Postura que de forma alguma era compartilhada por Adam Smith, que em sua passagem em *A riqueza das nações* assegura que "A violência e a injustiça dos governantes da humanidade são um mal antigo para o qual, receio, a natureza dos assuntos humanos muito pouco pode contribuir para remediá-lo" (Smith, *An Inquiry...*, p. 396).
[207] Chomsky, *op. cit.* Esta seção refaz algumas reflexões dirigidas em "Las vicisitudes históricas del liberalismo", em Atilio A. Borón e Fer-

No entanto, revisemos como estavam as coisas um século depois. Em seu clássico livro *Considerações sobre o governo representativo* (1861), John Stuart Mill expõe numerosas reflexões em torno do tema da democracia.[208] A pergunta inicial do livro é a seguinte: qual é o propósito fundamental do governo? Se a tradição liberal, de matriz lockeana, respondia que era a defesa da propriedade, Mill afirma, em concordância com seu formidável conhecimento da cultura clássica, que aquele não pode ser outro que a educação de seus cidadãos. Governar é educar, coisa que os neoliberais contemporâneos ignoram por completo quando, como acontece na Argentina sob o governo de Mauricio Macri, a educação é submetida a uma criminosa asfixia financeira que conspira contra o ideal postulado por Mill. Por isso, para ele uma das provas da excelência de um governo está dada pelo nível educativo de sua população e de seus grupos dirigentes. Mas essa educação está longe de ser apenas assunto de professores e alunos em uma aula, já que, em boa medida, adquire-se mediante a participação política dos cidadãos na gestão do governo e o aprendizado a partir de seus acertos e erros nessa tarefa. Essa formulação que afirma que a legitimidade de um governo só pode se fundar em um certo grau de participação popular é inédita na história do liberalismo. Mill rejeita o argumento de que possa existir uma classe ou uma elite capaz de promover interesses distintos aos próprios, tese que, por exemplo, afirma Platão com seus "guardiães" orientados somente para o império da justiça; ou os do teórico conservador irlandês Edmund Burke quando exalta as virtudes da aristocracia. A participação popular no governo fará com que os homens atuem em defesa de seus interesses, porém ao mesmo tempo, dada a universalização da educação,

---

nando Lizárraga (eds.), *El liberalismo en su laberinto: Renovación y limites en la obra de John Rawls* (Buenos Aires: Edições Luxemburgo, 2014), pp. 15-40.

[208] *Gobierno representativo y otros ensayos* (México: Porrúa Editores, 1979).

aqueles que se autogovernam aprenderão também a conviver com outros indivíduos e grupos que defendam interesses distintos dos seus e com quem deverão dialogar, concordar e chegar a um consenso.[209]

O problema, em consequência, é ver que tipo de instituições políticas podem garantir a conquista destes objetivos. Já que a solução democrática radical e participativa de Rousseau é inviável, uma vez que, como dizia o genebrino, seu modelo de democracia direta só seria aplicável em pequenas comunidades, a resposta que Mill oferece é o "governo representativo". Como a alternativa do "despotismo esclarecido e benevolente" baseado na obediência e na passividade popular – duas atitudes que se opõem à sua necessidade proclamada de elevar a estatura intelectual e moral da população como um todo – foi completamente descartada, resta portanto, para Mill, buscar a solução na representação política.

Contudo, o inglês não concebia o governo representativo como um sistema no qual os representantes do povo efetivamente governassem. As diversas funções do Executivo, do Legislativo e do Judiciário são altamente especializadas e requerem talentos e capacidades dificilmente acessíveis para o conjunto da população. Por isso, pela porta traseira de sua teorização se introduzem em cena dois grandes rivais da democracia: os tecnocratas e a burocracia. Os representantes do povo são pessoas que controlam as operações do governo supostamente em função do interesse público, mediante a eleição periódica de deputados ou representantes. O Parlamento se converte, portanto, em um corpo eminentemente deliberativo que recebe da sociedade suas demandas e as processa, porém não necessariamente sabe realmente o que a sociedade necessita nem possui os recursos intelectuais para distinguir entre necessidades e desejos, as primeiras sendo indispensáveis para uma vida plena e as segundas, não. Supõe-se que o governo deve identificar cada

---

[209] Mill, *op. cit.*, cap. 2.

208

uma delas, mas a dificuldade é que quem faz isso não são mais os representados, mas os burocratas e tecnocratas.

Nessa abordagem, o povo está excluído do governo por meio de duas instâncias institucionais: por um lado, devido ao fato de que não governa nem delibera diretamente, mas por meio de seus representantes, cumprindo, no melhor dos casos, uma função de crítica e vigilância das ações do executivo; e por outro, pelo fato de que quem governa e toma as decisões são uns especialistas, supostamente controlados pelos integrantes do poder Legislativo. O conclusão dessa situação, que aparece repetidamente em todos os governos democráticos, é um paradoxo:

a) Quanto mais representativos são os membros do Legislativo, menor é sua competência técnica para governar, uma vez que essas competências não estão ao alcance do cidadão comum.

b) Quanto mais capazes e bem formados forem os governantes, menos eles representarão sua população.

Em resumo: se o governo é genuinamente representativo de sua população, carecerá da idoneidade necessária para governar; e se possui essa qualidade, então já não é representativo. Em concordância com isso, Mill identifica duas grandes ameaças ao governo representativo: primeiro, a ignorância e a incapacidade geral do corpo legislativo, quer dizer, a deficiência ou as limitações de suas capacidades intelectuais; segundo, o perigo de que a assembleia caia sob a influência de interesses particulares de distintos tipos, não identificados com o bem-estar geral da comunidade, mas com interesses pessoais não confessados.

Deixemos de lado o primeiro perigo para focar no segundo, que é o crucial. Com efeito, Mill o define apelando a um termo originariamente empregado por Jeremy Bentham: o acionar dos "interesses obscuros", em contradição com o interesse geral da comunidade. Quais são esses interesses obscuros? Fundamentalmente, os que respondem a motivações classistas, sejam das classes dominantes como das dominadas. No primeiro caso, os poderosos buscarão satisfazer seus interesses egoístas "em detrimento duradouro da massa". No segundo, o povo buscará impor uma legislação de classe que exproprie, limite ou destrua o capital. Ambos extremos devem ser evitados, aconselha Mill. Para afastar o primeiro perigo "o sistema representativo deveria estar constituído de tal forma que [...] não permitisse que nenhum interesse de classe fosse poderoso o bastante para se impor à verdade e à justiça e aos interesses combinados das outras classes".[210] Para burlar a segunda armadilha, que os dominados imponham uma "tirania da maioria" contra minorias desarmadas – ao menos politicamente, já que não o são do ponto de vista econômico – requer-se o desenho de dispositivos institucionais que impeçam a adoção de uma legislação classista.

A solução que propõe Mill para sair dessa encruzilhada consiste em educar os integrantes da sociedade para que atuem em função de seus interesses e preferências individuais, e não como membros de um coletivo e, mais particularmente, de uma classe. Se chegasse a prevalecer o caráter coletivista – o retorno ao "chamado da tribo" de Vargas Llosa –, as perspectivas da democracia seriam muito pouco alentadoras. Se, em vez disso, os cidadãos atuassem como indivíduos, o sistema chegaria a um ponto de equilíbrio graças à permanente constituição de maiorias de distinta composição – econômica, social, étnica, cultural – construídas em função de uma diversidade de temas e, portanto, sempre transitórias e substituíveis. Em outras palavras, a estabilização da democracia requer que exista uma mutante sequência de transitórias maiorias, porém de maiorias plurais e heterogêneas, nunca classistas ou de qualquer outra subjetividade coletiva. A teorização contemporânea da ciência política de inspiração estadunidense, e no fundamental a de Robert Dahl e seus seguidores da "democracia pluralista", encontra seu fundamento precisamente no argumento explicitado por Mill.

Mas claro, a questão é como conseguir esse equilíbrio. A paradoxal resposta que oferece o autor consiste na introdução de

---

[210] Tal é a conclusão do capítulo sexto de *Governo representativo*.

critérios antidemocráticos e no funcionamento de um governo supostamente democrático. A título meramente ilustrativo, Mill propõe o seguinte:

a) Deixando uma ampla margem de ação discriminatória nas mãos do governo e da burocracia, isolando a ambos das influências que pudessem derivar dos interesses setoriais.

b) Agregando representantes no Legislativo que não sejam eleitos pela vontade popular. Em muitos países, por exemplo, existem "senadores vitalícios" designados pelo Executivo ou por outras instâncias do Estado.[211]

c) Outorgando assentos parlamentares a personalidades ilustres da sociedade: professores universitários, membros aposentados do serviço público, bispos de distintas igrejas e outros notáveis.

d) Introduzindo um sistema de representação proporcional, que potencialize a presença das minorias e diminua o peso das maiorias.

e) A adoção de um sistema bicameral, em que uma câmara "alta" composta por notáveis – como a Câmara dos Lordes no caso da Inglaterra, até pouco tempo atrás – se encarregue de assumir importantes funções judiciais e de revisar as leis ditadas pela Câmara dos Comuns.

f) O voto qualificado, ou plural, para "as classes ou profissões que carreguem as mais importantes responsabilidades da comunidade", quer dizer, os proprietários e os intelectuais atri-

---

[211] Ver sobre isso as experiências do Chile, país que até pouco tempo sobrevivia da legislação eleitoral imposta pelo ditador Augusto Pinochet e que contemplava a existência de "senadores vitalícios"; ou as da Itália, onde o mesmo princípio está vigente desde finais da Primeira Guerra Mundial. No Reino Unido, a Câmara dos Lordes, embora privada do peso que outrora tinha no processo legislativo, é também designada à margem da vontade popular e seus componentes principais são membros com títulos de nobreza. O caso do Reino da Espanha possui alguns elementos dessa tradição, com os Senadores por Designação Autonômica, porém não é estritamente comparável aos demais.

buídos à sua dominação. Também estende este argumento a favor das "classes mais educadas", porém estas costumam se confundir com os proprietários e os profissionais.

A democracia sob a lupa

Essa sucinta enumeração é suficiente para comprovar que a teorização de Mill, o mais alto expoente do liberalismo democrático do século XIX, contém dispositivos não democráticos concebidos para compensar os "excessos" a que poderia conduzir a conflitiva dinâmica da democracia. Embora o autor demonstre estar preocupado também pela eventual tirania que poderiam gestar maiorias religiosas, raciais ou nacionais, sua principal preocupação reside na constituição de uma maioria de "classista" composta por trabalhadores a quem foi concedido o direito de voto. Uma legislação que, por exemplo, debilite a segurança da propriedade ou que consinta sua progressiva expropriação pela via da tributação não faria outra coisa que deteriorar as condições de vida do conjunto da sociedade. Por numerosas razões, então, Mill se encontra a favor da extensão do sufrágio, porém tomando as "devidas precauções" para evitar o surgimento de uma legislação de classe proletária. O mesmo vale em relação à mulher, embora seja necessário reconhecer que seu módico argumento a favor do sufrágio feminino foi consideravelmente à frente de seu tempo.

Para concluir, Mill não consegue se despojar das determinantes de classe que estabelecem claros limites a seu pensamento político. Suas propostas, por inovadoras que tenham sido, não chegaram ao ponto de fundar na tradição liberal um argumento inequivocamente democrático. Menos radical que Abraham Lincoln, observado de maneira suspeita pela burguesia de seu tempo e, não só na Grã Bretanha, por suas inclinações moderadamente socialistas – manifestadas nos últimos anos de sua vida em suas alegações em favor do sufrágio universal masculino e, com certas restrições, feminino –, deve se reconhecer que a ideologia burguesa de seu tempo se entendia muito melhor com o utilitarismo austero de Jeremy Bentham do que com o liberalismo esclarecido e progressista de Mill.

Não obstante, além dessas distinções, o que permanece em evidência é a incompatibilidade entre liberalismo e democracia. A tradição política liberal, desde os escritos inaugurais de John Locke até os dias de hoje, passando pelos Federalistas estadunidenses de finais do século XVIII, o próprio Mill na segunda metade do XIX e as formulações em voga durante o século passado, nunca deixou de apontar que o objetivo fundamental dessa doutrina era a defesa da liberdade dos indivíduos frente às perseguições dos governos e ao onipresente perigo da "tirania das maiorias". E os indivíduos aos quais se referia o discurso, como certeiramente ressalta C. B. Macpherson, não eram todos os membros de uma sociedade, mas, e tão só, os proprietários ou, como ele as denomina, as "classes possuidoras".[212] A elas estava dirigida a proteção que o liberalismo reclamava contra as intromissões dos governos. Tal corrente doutrinária prestou um serviço inestimável ao colocá-las fora do perigo da perturbadora influência do sufrágio universal.

Em concordância com o que foi dito, um autoproclamado "socialista liberal" como Norberto Bobbio se preocupou em "ressaltar que democracia e liberalismo – desde o século passado até a atualidade, considerados consequência natural um do outro – já mostram signos inequívocos de não serem mais compatíveis".[213] Isto é assim porque a democracia deixou de ser um acordo de minorias – um *acordo de cavalheiros,* como o po-

---

[212] Sobre o individualismo na tradição liberal ver seu *The Political Theory of Possessive Individualism. Hobbes to Locke* (Oxford: Oxford University Press, 1962). Vamos ler uma das suas conclusões: "A continuidade dos estados liberal-democráticos em sociedades de mercado possessivas [...] se deve à capacidade das classes possuidoras de manter o poder político em suas mãos apesar do sufrágio universal" (p. 274).

[213] *El futuro de la democracia* (México: Fondo de Cultura Económica, 1984) p. 98. [Ed. bras.: *O futuro da democracia*. São Paulo: Paz e Terra, 1984.]

litólogo Alexander Wilde de maneira precisa definiu a democracia na Colômbia dos anos 1950 e 1960 – para se converter em evento de massas. Essa passagem de uma democracia de minorias, ou com "participação limitada", como estabelecera o sociólogo ítalo-argentino Gino Germani, à outra de "participação total" provou ser catastrófica para o liberalismo que, embora aceitasse relutantemente um jogo democrático nos elegantes salões da classe dominante, reagiu com inusitada violência quando aquele tinha como sujeitos e protagonistas o povo, seus partidos e organizações sindicais. A resposta na América Latina foi a derrubada das "democracias elitistas" (um verdadeiro *contradictio in adjecto*), o surgimento de projetos populistas e o consequente estabelecimento de violentas ditaduras de "segurança nacional" patrocinadas, de acordo com os documentos de Santa Fé, pelo governo do Estados Unidos.[214]

A contradição entre liberalismo e democracia foi assim levada às últimas consequências, e não só o liberalismo, mas o próprio capitalismo, enfrenta sua incompatibilidade com a democracia. Por isso, se antes os liberais queriam resgatar o capitalismo da nascente democracia, uma vez que esta se estabeleceu e se arraigou, o desafio tornou-se o contrário: manter, se ainda for possível, uma democracia de asas curtas e expectativas diminuídas sem sair do capitalismo. Se na crise dos anos 1930 parecia que era o capitalismo que estava colocando a democracia em crise, hoje os novos liberais acusam a democracia de ser "aquela que coloca o capitalismo em crise". Isso requer uma reformulação completa do problema.

A transição do liberalismo ao neoliberalismo: apogeu do "liberismo" e crise das democracias

Em resumo, a extensão global do capitalismo e seu aprofundamento tem colocado em questão a viabilidade da democracia.

---

[214] Cf. Gino Germani, *Política y sociedad en una época de transición* (Buenos Aires. Paidós, 1962), pp. 289-309.

A reconciliação entre uma e outra foi provisória e frágil: durou nos "anos de ouro" da recuperação do pós-guerra e se manteve graças à militância dos sindicatos e às forças de esquerda. A construção de uma ordem liberal no pós-guerra iria corroer inexoravelmente as raízes da democracia, não até o ponto de fazê-la sumir de onde conseguiu se implantar, mas sim até deixá-la reduzida a uma rotina inoperante e improdutiva, visto que, como lembra Macpherson, as "classes proprietárias" permaneceram no controle do poder e neutralizaram os efeitos enlouquecedores ou pelo menos perturbadores do sufrágio universal e o ativismo de sindicatos e movimentos sociais.

A "qualidade" da democracia, sua genuína capacidade de representar a vontade popular, está fortemente questionada em nosso tempo. E se o liberalismo e a democracia alguma vez tiveram uma certa compatibilidade (e aqui nos permitimos discordar da tese de Norberto Bobbio, porque acreditamos ter demonstrado que nunca a tiveram), hoje já não possuem. Daí a importância da rápida revisão feita anteriormente sobre as raízes antidemocráticas do pensamento liberal, cujos frutos se revelam hoje com toda clareza no velado ataque à democracia por parte dos publicitários contemporâneos do liberalismo.[215]

Por isso, a pretensão de VLL de reconstruir a relação causal entre liberalismo e democracia fracassa estrepitosamente. O liberalismo atual se esquece dos autores clássicos desse movimento de ideias, entre os quais Bobbio menciona como suas figuras mais proeminentes pensadores como "Locke, Montesquieu, Kant, Adam Smith, Humboldt, Constant, John Stuart Mill, Tocqueville, para nomear alguns autores que subiram ao céu dos clássicos", enquanto outros como Von Hayek, Von Mises e Friedman, os grandes expoentes do liberalismo econômico, desentendem-se

---

[215] Uma discussão recente sobre o tema se encontra em Javier Amadeo e Gabriel Vitullo, *Liberalismo contra democracia. Ensayos de teoría política* (Buenos Aires: Ediciones Luxemburg, 2014). Os parágrafos que seguem recolhem algumas das ideias vertidas no prólogo escrito para essa obra.

quase que por completo com a herança teórica daqueles, salvo uma ou outra referência ocasional ao pensamento econômico – não político! – de Adam Smith. Em consonância com o observado por Bobbio em vários de seus escritos, Von Hayek, Von Mises, Friedman e o próprio VLL, mais que liberais são "liberistas"; quer dizer, pensadores que reduzem a doutrina do liberalismo tão só a seu componente econômico, livre-comércio, e nada mais. Não apenas porque mantêm uma relação tensa e incômoda com a democracia, mas também porque não dão muita importância ao legado humanista do liberalismo clássico. Por isso não é um jogo de palavras afirmar que os neoliberais contemporâneos são na realidade "protoliberais", formas rudimentares ou antediluvianas do liberalismo que foi sintetizada na construção humanista de Adam Smith. O "neo", que sugere algo novo, juvenil, renovado, atual, não corresponde à essência de seu argumento, o que é, sem dúvida, um retrocesso em relação à obra do grande filósofo e economista escocês. Mas como um dispositivo de propaganda, o prefixo "neo" mais do que satisfez as expectativas de seus cultistas por ser capaz de enganar milhões de pessoas.

O "liberalismo" consagra a emancipação completa das forças de mercado de qualquer controle societário ou estatal. Um dos dogmas atuais dessa corrente de pensamento é, por exemplo, a pretendida "independência" do Banco Central. Ou seja, independência em relação ao Estado ou à sociedade democrática da instituição que tem nada menos que a missão de emitir moeda, algo que, lembremos, Polanyi considerava uma aberração. De fato, não há tal independência, visto que os bancos centrais dependem praticamente 100% dos donos do dinheiro, dos capitalistas. Da tradição do liberalismo clássico, os "liberistas" retém, mais ou menos e com reticências, uma relativa separação de poderes – longe, muito longe do reclamado por Montesquieu –, devido ao controle que exercem os capitalistas sobre o processo político e sobre a administração da Justiça, e não só sobre o poder Executivo.[216] A defesa de certos direitos

---

[216] Em relação aos limites preexistentes para realizar doações às cam-

fundamentais, como de pensamento, de expressão, de reunião e associação, continuam sendo proclamados, porém mais como um tributo ao pensamento politicamente correto do que como uma realidade. Voltando aos Estados Unidos, comprovam-se os limites, às vezes tênues em aparência, mas firmes na sua eficácia, à liberdade de expressão de qualquer força ou movimento que suponha uma mínima ameaça ao consenso dominante. Sempre se fala do bipartidarismo do sistema político dos Estados Unidos, porém na realidade há pelo menos cinco ou seis partidos que tratam de disputar a presidência e simplesmente são ignorados por uma imprensa que deveria informar sua existência e de seus projetos de governo. A existência por si dos partidos Socialista, Comunista, da Constituição, Libertário e Verde desaparece ante os olhos do eleitorado, tal é a liberdade de expressão e de pensamento que existe naquele país![217] E, evidentemente, os "liberistas" desencorajam a participação política e a extensão dos direitos democráticos. Nos Estados Unidos, o voto não só não é obrigatório, como também se vota em dia

---

panhas políticas em 21 de janeiro de 2010, a Corte Suprema dos Estados Unidos estabeleceu a inconstitucionalidade de qualquer limitação, argumentando que o que valia para as pessoas físicas valia para pessoas jurídicas como empresas. A partir dali, o vínculo entre governo e capital não cessou de se fortalecer. Cf. "Las empresas toman la democracia de EEUU", *Público*, 7 fev. 2010. Um estudo dos membros do Congresso dos Estados Unidos, de ambas as câmaras, concluiu que pouco mais da metade dos doadores eram milionários, enquanto que a proporção destes na população estadunidense não atinge 1%. Ver o informe do *New York Times* em <https://www.nytimes.com/2014/01/10/us/politics/more-than-half-the-members-of--congress-are-millionaires-analysis-finds.html>. Em poucas palavras: o capital domina o Executivo, os governos estaduais, o sistema judiciário e o poder Legislativo. Pobre Montesquieu!

[217] A sistemática sabotagem à candidatura de Bernie Sanders nas primárias do partido Democrata em 2016 é um claro exemplo dessa política de discriminação contra quem se aparta do consenso conservador dominante.

e horários de trabalho (a primeira terça-feira de novembro, a cada dois anos), mediante inscrição; mais ainda, a decisão sobre quem é eleito como presidente não repousa no povo eleitor, senão nos "colégios eleitorais" (um por cada estado), que são os que somam seus votos e elegem ao primeiro mandatário. Na eleição que consagrou como presidente Donald Trump, a candidata democrata Hillary Clinton obteve uns 2.800.000 votos a mais que o magnata nova-iorquino, no entanto ganhou em vinte estados e em Washington D.C., acumulando apenas 227 sufrágios no Colégio Eleitoral. Trump, ao contrário, triunfou em trinta estados, recolhendo 304 votos de colégios eleitorais e se alçou à presidência. Ou seja, aquele que perdeu no voto popular obteve a presidência![218]

Na atualidade, a direita, tão bem representada por VLL, é uma síntese eclética de tradições conservadoras e liberais, mas nunca democráticas. Como já vimos, não existe, no campo da filosofia política, uma doutrina ou pensamento sistemático que possa se caracterizar como "liberalismo democrático". Max Weber era um liberal convencido, de inspiração kantiana, mas nunca foi um democrata. Seus ataques à revolução bolchevique e, na Alemanha, à Liga Espartaquista, em particular a Rosa Luxemburgo e Karl Liebknecht, foram de um ódio e de uma ferocidade beirando a criminalidade. No discurso que o sociólogo pronunciara em 4 de janeiro de 1919, em um ato organizado pelo recém-fundado Partido Democrata, o acadêmico – cultivador da mentirosa "neutralidade valorativa" nas ciências sociais, que ele mesmo desmentiu com sua conduta toda sua vida – atacou brutalmente a ambos dizendo que "Liebknecht deveria estar em um manicômio e Luxemburgo no zoológico". Onze dias depois, os *Freikorps* (grupos paramilitares tolerados pelo governo social-democrata de Friedrich Ebert) assassinaram e jogaram os corpos de ambos no Canal Landwehr de Berlim.[219]

---

[218] Ver <http://www.bbc.com/mundo/noticias-internacional-37933771>.

[219] A história é bastante conhecida, porém recentemente foi lembrada por Terry Maley em *Democracy and the Political in Max Weber*

Que Weber reagisse como um energúmeno ante a "ameaça comunista" na Alemanha não pode surpreender a ninguém. Que ainda hoje sua obra seja o ápice do pensamento burguês no mundo das ciências sociais também não. E que sua concepção da democracia fosse um despotismo temperado é indiscutível, como se reflete no afamado diálogo que o sociólogo teve com o marechal Erich von Ludendorff. Isto foi recolhido por Marianne Weber na biografia que fizera sobre a vida de seu marido, depois da derrota da Alemanha na Primeira Guerra Mundial. Reunido com o marechal, preocupado pelas "ameaçadoras" consequências que a derrota na Primeira Guerra Mundial, a queda do império e a fundação da República de Weimar tinham para a nação alemã, Weber o tranquilizou com as seguintes palavras:

> Na democracia, o povo elege seu líder, em quem deposita sua confiança. Depois disso, o eleito diz: "agora é fechar o bico e amamentar". Nem o povo nem os partidos têm direito de responsabilizá-lo. Mais tarde o povo vai dar seu julgamento, e se o Führer tiver errado, forca para ele!. Ao que o velho marechal respondeu: "Ah, uma democracia assim conta com toda a minha aprovação!".[220]

Recapitulando: o receio e a desconfiança do liberalismo para com a democracia são perduráveis, profundos e irreparáveis. O que produz uma certa confusão, aproveitada muito bem pelos publicitários liberais, são certas práticas e instituições que, nas sociedades capitalistas, combinam elementos de ambas tradições, a liberal por um lado e a democrática pelo outro. Isto

---

Thought's (Toronto: University of Toronto Press, 2011).

[220] Diálogo reproduzido no meu prefácio à obra de Pablo Salvat Bologna, *Max Weber: poder y racionalidad. Hacia una refundación normativa de la política* (Santiago: RIL Editores, 2014). O prefácio se encontra disponível em um periódico digital chileno: <http://www.eldesconcierto.cl/2014/10/10/prologo-de-atilio-boron-max-weber-poder-y-racionalidad-de-pablo-salvat/>.

como produto de processos simultâneos e contraditórios. Por um lado, a força do impulso plebeu que obrigou aos Estados capitalistas a se democratizarem, sobretudo depois da Revolução Russa e da Grande Depressão dos anos 1930. Por outro, a pressão "de cima", originada nas classes dominantes que lutam para se emancipar do jugo das regulações estatais impostas pelos avanços democráticos que se intrometem no jogo dos mercados.

Atualmente, ninguém pode se declarar adversário da democracia, nem propiciar o voto qualificado como queria J. S. Mill, porém nenhum Estado capitalista tem ido além da mera assimilação formal dessa ideia. Aceitaram a democracia, porém logo depois a desvalorizaram, esvaziaram-na de conteúdo e converteram-na em um rito em que se pode eleger um candidato ou um partido, mas sem ter à mão a opção real de governo. Como diz Chomsky, nos capitalismos avançados prevalece um sistema de partido único, o do capital, com dois rostos, como o deus Jano: um representado nos Estados Unidos pelo partido Democrata, um pouco – apenas um pouco – mais receptivo às demandas dos movimentos sociais e das classes populares, porém completamente refratário diante da concepção da democracia como o governo do povo, pelo povo e para o povo. E o outro, muito mais corporativo e empresarial, representado pelo partido Republicano.

E isto é assim porque uma democracia de alta intensidade, de base plebeia e mobilizada, seria absolutamente incompatível com a preservação de uma ordem social marcada por uma radical e irrecuperável desigualdade de base: a divisão entre os proprietários da força de trabalho que vão ao mercado para vendê-la e os proprietários dos meios de produção, dispostos a comprá-la de acordo com sua conveniência. Sobre a base dessa "falha geológica" que caracteriza todas as sociedades capitalistas, qualquer pretensão de fundar uma ordem democrática deve necessariamente reduzir esta a um acordo puramente formal. Tal como demonstrou precocemente Ellen Meiksins Wood em um livro excepcional, a incompatibilidade entre o capitalismo e a democracia é estrutural, crescente e incorrigível. Se aquela se atenuou durante um tempo – o "quarto do século de ouro" do capitalismo keynesiano (1948-1973) –, a partir da crise desse padrão de acumulação e da restauração neoconservadora que ocorreu depois, as contradições entre capitalismo e democracia só se aprofundaram e não há perspectivas de um retorno àquela época. Em um trabalho posterior, a autora refina ainda mais seu argumento ao afirmar que

> [...] para mim, o capitalismo é – em sua análise final – incompatível com a democracia, se por "democracia" entendemos, tal como o indica sua significação literal, o poder popular ou o governo do povo. Não existe um capitalismo governado pelo poder popular no qual o desejo das pessoas esteja acima dos imperativos da ganância e da acumulação, e no qual os requisitos da maximização do benefício não ditem as condições mais básicas de vida. O capitalismo é estruturalmente antitético à democracia, em princípio, pela razão histórica mais óbvia: nunca houve uma sociedade capitalista em que a riqueza não tivesse acesso privilegiado ao poder. Capitalismo e democracia são incompatíveis também, e principalmente, porque a existência do capitalismo depende, como condição irredutível e contrária ao ânimo democrático, da sujeição das condições básicas de vida e reprodução social aos ditames da acumulação capitalista e às "leis" do mercado.[221]

Como vimos mais acima, o impulso ascendente, plebeu, vulcânico de uma democracia merecedora desse nome se combina, nos "capitalismos realmente existentes", com uma poderosa corrente neoliberal, "liberista" para ser mais exato, que trabalha incansavelmente para emancipar as empresas e os mercados

---

[221] A citação se encontra em seu artigo "Estado, capitalismo, globalización", incluído em Atilio A. Borón, Javier Amadeo y Sabrina González (eds.). *La teoría marxista hoy* (Buenos Aires: CLACSO, 2006), pp. 396. Ver também *Democracy Against Capitalism*, pp. 218-237.

das "interferências governamentais", bem como para suprimir o "barulho" que a atividade política gera e que provoca o nervosismo dos mercados, ao mesmo tempo, que estimula sua completa liberalização, a privatização das empresas públicas (e também de numerosas agências e departamentos do aparato estatal) e a desregulação da economia.[222] Em uma palavra, atingir o sonho de um "Estado mínimo" submetido às forças do mercado, porém suficientemente forte para conter o protesto social e manter a submissão das classes e camadas populares.

A radicalidade dos levantamentos da direita, visível no tom desafiante e pejorativo com que VLL fustiga a esquerda, tem se potencializado em razão da lenta, porém irrefreável, declinação do império estadunidense que faz com que seus agentes políticos e intelectuais na América Latina reforcem sua agressividade e suas posturas intolerantes e reacionárias. Por isso o novelista peruano chegou a dizer, em maio de 2018, em Santiago do Chile, que apoiaria um golpe militar contra Maduro na Venezuela (ainda que, como esclareceu, "não como algo definitivo, senão como algo transitório", dando mostras de ingenuidade ou de uma soberana hipocrisia), enquanto prosseguia com suas advertências aos mexicanos para que não votassem em López Obrador. Aí estava o apóstolo da democracia em ação![223] Em resumo: o império começa seu curso descendente e se militariza, e seus comparsas locais na América Latina e seu máxi-

---

[222] É claro que, quando os "liberistas" falam sobre "desregular" a economía, estão dizendo para deixar que as forças que dominam os mercados se encarreguem de regulá-la. Como dizia Berlin, sem medir as consequências, conceder total liberdade aos lobos para que cuidem dos cordeiros.

[223] Ambas declarações estão disponíveis na web. A efetuada sobre México está em <https://www.efe.com/efe/usa/mexico/el-triunfo-de-lopez-obrador-en-mexico-seria-preocupante-segun-vargas-llosa/50000100-3605569>. A relativa à Venezuela em <http://www.eldesconcierto.cl/2018/05/04/vargas-llosa-el-liberal-que-visito-chile-si-hay-una-accion-militar-contra-la-dictadura-de-maduro-yo-la-voy-a-apoyar/>.

mo pontífice na Espanha empreendem uma raivosa campanha contra qualquer forma de política de esquerda, da mais moderada até a mais radical.

Contradições irrecuperáveis

A pretensão dos liberais de se apropriar da tradição democrática deve ser denunciada e combatida sem trégua. Não podemos deixar que nos arrebatem essa bandeira. E não é só um capricho de nossa parte, mas porque a discordância entre o capitalismo e sua ideologia legitimadora, o liberalismo, e a democracia é patente e irresolúvel. Porém essa incompatibilidade é obscurecida pelo fetichismo que a partir da mercadoria se irradia para toda a sociedade, cobrindo com um véu ideológico a sórdida materialidade da dominação classista. É justamente devido aos efeitos nebulosos do fetichismo da mercadoria que se transfere toda a vida social no capitalismo. Após a massificação do sufrágio nos países do capitalismo metropolitano depois da Primeira Guerra Mundial, prosperou a crença de que o liberalismo tinha definitivamente se reconciliado com a democracia, a tal ponto que era possível dizer que existia uma sorte de "identidade natural" entre um e outro. Poucos superam nesse campo a contundência do aforismo exposto por Milton Friedman em seu clássico *Capitalismo e liberdade*, segundo o qual capitalismo e democracia são duas faces de uma mesma e única moeda. Com a democracia, dizia o economista de Chicago, deverá se promover o reinado do livre mercado e a expansão ilimitada do capitalismo. E aqueles que pretendem frear sua dinâmica expansiva e criadora de riqueza terminarão por socavar irremediavelmente os fundamentos da ordem democrática.

Não são muitos os elementos do universo simbólico do capitalismo contemporâneo que têm tido uma influência tão profunda e estendida como essa crença de que a implantação das relações burguesas de produção constitui a garantia final – e a condição de possibilidade – da estabilidade da ordem democrá-

223

tica. Crença totalmente errônea, mas que, no entanto, transformou-se a obra-prima da hegemonia burguesa, responsável pelo fato de que durante longas décadas essa suposição tornou-se uma espécie de segunda natureza, uma verdade axiomática e evidência irrefutável cujo alcance chega, embora em parte diminuído, até os dias de hoje. A erosão de sua credibilidade adquiriu inesperados ares depois da explosão da nova crise geral do capitalismo, em 2008. As faixas das manifestações nas ruas de Nova York, Madri e muitas outras cidades nos Estados Unidos e Europa proclamavam, pela primeira vez, que o problema era o capitalismo e não apenas os bancos ou as políticas públicas; e que em uma sociedade em que 1% se enriquecia cada vez mais condenando os outros 99% à penúria, o regime político que permitia uma desordem desse tipo dificilmente podia se qualificar como democrático. Essa ideia, fundada nos dados da experiência histórica, contradiz o que afirma a ideologia burguesa e demonstra que a democracia e o capitalismo são, no melhor dos casos, um matrimônio muito mal estruturado, um acordo de conveniência frágil e conjuntural. A liberdade de mercado é uma necessidade, disse uma vez Von Hayek; a democracia, uma conveniência. A primeira é imprescindível, a segunda é aceitável enquanto não prejudique a primeira.[224] É claro, ninguém pode dizer que o exame da relação entre liberalismo e democracia seja uma questão simples em nossos dias. Tinha razão o teórico marxista italiano Umberto Cerroni, quando escreveu que a análise desse vínculo constitui o proble-

---

[224] Remetemos o leitor a algumas obras de nossa autoria que examinam em detalhe essa problemática: *Estado, capitalismo y democracia en América Latina* (Hondarribia: Editorial Hiru, 2007); *Tras el búho de Minerva. Mercado contra democracia en el capitalismo de fin de siglo* (Buenos Aires: Fondo de Cultura Económica, 2000) e, mais recentemente, *Aristóteles en Macondo: notas sobre democracia, poder y revolución en América Latina* (Santiago: América en Movimiento, 2015).

ma mais importante da filosofia política como campo de reflexão e análise.[225]

Os mentores de Vargas Llosa concordam, com exceção do mais refinado deles, Adam Smith, que a liberdade dos mercados daria nascimento e estabilidade à democracia. No entanto, como acreditamos ter demonstrado em inúmeros trabalhos sobre o assunto, são quatro as contradições que transpassam a relação entre capitalismo e democracia e impedem um casamento tão feliz.[226] Em primeiro lugar, porque:

(a) A lógica de funcionamento da democracia, ainda em uma forma tão imperfeita como a que existe no âmbito do capitalismo, é incompatível com a que exige a dinâmica dos mercados. Uma democracia, por elementar que seja, remete a um modelo ascendente de organização do poder social.[227] Este se constrói, de baixo para cima, sobre a base do reconhecimento da absoluta igualdade formal e substantiva e a plena autonomia dos sujeitos constitutivos do "demos", que, desse modo, confluem para constituir a autoridade política. O mercado, pelo contrário, obedece a uma lógica descendente: são os grupos mais poderosos – principalmente os oligopólios – que do topo têm a capacidade de "construí-lo", organizá-lo e modificá-lo à sua imagem e semelhança, e o fazem de cima para baixo com critérios diametralmente opostos aos que presidem a constituição de uma ordem democrática. Se na democracia o que vale é a base sobre a qual repousa o topo da pirâmide do sistema, nos mercados os atores cruciais são os que se concentram no topo.

---

[225] Umberto Cerroni, *Teoría política y socialismo* (México: Ediciones ERA, 1977).

[226] Para um exame detalhado dessas contradições remetemos a nosso *Tras el búho*, pp. 104-110.

[227] Norberto Bobbio, "¿Esiste una dottrina marxista dello Stato?", en Norberto Bobbio et al. *Il marxismo e lo Stato* (Roma: Quaderni di Mondo Operaio, 1976), pp. 28-29.

(b) Liberada das restrições que edificam a estrutura social do capitalismo, a democracia está animada por uma dialética inclusiva e participativa, tendencialmente orientada para a criação de uma ordem política efetivamente fundada na soberania popular. Uma democracia cabalmente merecedora desse nome supõe a completa identificação entre o povo de uma nação e o "demos" da pólis. Uma democracia sem plena participação popular não é merecedora desse nome. Se a irrefreável tendência em direção à inclusão e ao empoderamento popular são as marcas características da democracia, a exclusão é a marca indelével dos mercados. Se, ao menos tendencialmente, a democracia se orienta para a integração de todas e todos, conferindo aos membros da sociedade o *status* de cidadão ou cidadã, o mercado opera sobre a base da competência e da "sobrevivência dos mais aptos", e não está em sua lógica promover o acesso universal da população a todos os bens e serviços que se negociam em seu âmbito. Para participar, para consumir, para disfrutar de um serviço é necessário pagar. Nos mercados "não há almoço grátis", como dizem os publicitários do neoliberalismo. Os mercados são "clubes" privados e, para ingressar neles, é preciso adquirir um bilhete de ingresso. A democracia, em contrapartida, empodera a população e lhe dá direitos: o mercado não reconhece direitos para aceder aos bens e serviços oferecidos. A gratuidade é uma afronta para os grandes oligopólios que o controlam.

(c) Igualmente significativa é a diferença existente entre os fins perseguidos pela democracia pelos mercados. O que anima a democracia é o afã por justiça. Assim o entende Platão ao início de dois mil e quinhentos anos de reflexão filosófico-política. E assim o entende também um dos mais distintos liberais do século XX, o neocontratualista John Rawls, para quem "a justiça é a virtude primeira das instituições sociais".[228] Porém,

---

[228] Rawls em seu *Uma teoria da justiça*, p.19 da edição argentina de 1979. Esclarecemos, ante qualquer dúvida, que a visão de um liberalismo igualitarista de Rawls é oposta à de todos os autores compreendi-

se a justiça é a estrela que orienta a vida de uma democracia, o mercado é – seja por sua estrutura, tanto como por sua lógica de funcionamento – completamente indiferente a ela. O que o mobiliza e o põe em tensão é a procura do lucro – o *animus lucrandi* do Direito Romano – e a insaciável paixão pela riqueza. O que reina no território dos mercados é o lucro e não a justiça, a receita e não a equidade. A justiça é uma incômoda distorção "extraeconômica" que interfere no cálculo de custos e benefícios e que só pode ter um efeito paralisante na dinâmica impiedosa dos mercados. Uma citação de Marx nos ajudará a compreender os alcances dessa atitude:

> "O Capital", diz o *Quarterly Reviewer*, "foge do tumulto e da contenda, sendo tímido por natureza. Isso é certo, entretanto não é toda a verdade. O capital tem horror à ausência do lucro ou ao lucro muito pequeno, assim como a natureza ao vácuo. Com um lucro adequado, o capital torna-se audaz. Dez porcento certos, e se pode aplicá-lo em qualquer parte; com 20%, torna-se vivaz; 50%, positivamente temerário; por 100%, tritura sob seus pés todas as leis humanas; 300%, e não há crime que não arrisque, mesmo sob o perigo do cadafalso. Se tumulto e contenda trazem lucro, ele encorajará a ambos. Prova: contrabando e comércio de escravos".[229]

Sendo esse o caso, é oportuno então sublinhar que a justiça supõe o desenvolvimento de um argumento irredutível ao cálculo de custo/benefício que preside toda transação mercantil. A

---

dos no texto de Vargas Llosa. Não obstante, como temos comprovado em outro lugar, também não há lugar em sua refinada elaboração para um argumento genuinamente democrático, apesar de a influência de sua obra não ter transcendido além de alguns claustros universitários. A burguesia adora Friedman e ignora por completo Rawls. Temos examinado sua teoria em nosso já citado "Justicia sin capitalismo, capitalismo sin justicia. Una reflexión acerca de las teorías de John Rawls".
[229] Karl. Marx, *O Capital*, cap. 24. "La llamada acumulación originaria" (México: Siglo XXI Editores, Tomo I, Vol. 3, 1975), pp.950 e 951.

democracia, por outro lado, é uma ficção se não repousa sobre uma plataforma mínima de igualdade e justiça sociais. Se a justiça ou a equidade absolutas são impossíveis de atingir, um certo umbral mínimo de justiça – historicamente variável, por certo, e de acordo às características de cada sociedade – é absolutamente imprescindível para que, nas palavras de Fernando H. Cardoso (em seus melhores dias, claro) possa se "suprimir o cheiro da farsa da política democrática".[230] Em conclusão: a sobrevivência da democracia em uma sociedade dilacerada pela injustiça, com seus desestabilizadores extremos de pobreza e de riqueza e com sua extraordinária vulnerabilidade à pregação destrutiva de demagogos, é altamente improvável e mais do que problemática.

(d) Tanto a democracia como os mercados possuem uma tendência expansiva praticamente incontrolável, sobretudo nos segundos. A repressão governamental pode conter um pouco o peso dessa tendência em um processo democrático. A igualdade estabelecida na esfera da política – institucionalizada no sufrágio universal e na igualdade ante a lei – impulsiona o "demos" a "transportar" sua dinâmica igualitária para os mais diversos campos da sociedade e da economia. Esta tem sido a história dos capitalismos democráticos em nosso século: em virtude da força e da capacidade mobilizadora dos sindicatos, dos partidos de esquerda, dos diversos movimentos sociais e das organizações representativas das classes e camadas populares, produziu-se uma conquista progressiva de direitos sociais e econômicos que, ao menos em parte, foram traduzidos em benefícios sociais tangíveis e concretos para os trabalhadores e na democratização dos mais distintos âmbitos da vida social, desde a família até a escola, a vida cotidiana e, em alguns países, as forças armadas. Porém a expansividade própria de um modelo democrático encontra seus limites no movimento em sentido contrário ao que se origina nos mercados. Se nas con-

---

[230] Fernando H. Cardoso, "La democracia en América Latina", *Punto de Vista* (Buenos Aires), n. 23, abr. 1985, p. 17.

junturas de ascensão da luta de classes e de ofensiva dos setores populares, a democratização dos capitalismos se traduz na "socialização de demandas" e em amplos processos de conquista de novos direitos, na fase que se constitui a partir da contraofensiva neoliberal lançada desde finais dos anos 1970, o que se verifica é um processo diametralmente oposto de "privatização" ou "mercantilização" dos velhos direitos cidadãos. O correlato de tudo isto é uma acentuada – e, segundo os países, acelerada – "de-cidadania" de grandes setores sociais vítimas do esmagador predomínio de critérios econômicos ou contáveis em esferas antigamente estruturadas em função de categorias éticas, normativas ou, ao menos, extramercantis. Direitos, demandas e necessidades previamente consideradas como assuntos públicos e atributos próprios da cidadania se transformaram, do dia para a noite, em bens e serviços e em questões individuais ante as quais os governos de inspiração neoliberal consideram que nada deve ser feito, salvo criar as condições favoráveis para que seja o mercado que se encarregue de lhes dar uma resposta. O "transporte" de critérios de "custo-benefício", "eficiência" e "racionalidade econômica" da economia para o âmbito da cidadania termina na recriação de uma nova ordem política marcada pela desigualdade e exclusão próprias dos mercados na arena até então dominada pelo igualitarismo da política. Se antes do tsunami neoliberal a saúde, a educação, a segurança social ou o mais elementar acesso a água potável eram direitos substanciais para a definição da cidadania, a colonização da política pelos mercados, sob a égide doutrinária do liberalismo, os converteu em outras tantas mercadorias passíveis de ser adquiridas no mercado por aqueles que possam pagá-las.[231]

---

[231] No Chile, país cujo governo recebe permanentes elogios de VLL, a água, e não só seu transporte e distribuição, encontra-se em mãos privadas. É o caso mais radical no nível mundial. Segundo Alexander Panez, especialista no tema, no Chile se criaram "'mercados de águas' em que a água se compra, vende, aluga e/ou permuta como se fosse um carro ou um celular". Ver sobre isso <http://www.fenae.org.

229

Dessa apresentação surgem claramente a ingenuidade e as inconsistências de todo projeto que aspire democratizar a sociedade capitalista – como o levantam certas correntes "progressistas" no interior da ciência política estadunidense –, ou a "democratizar a democracia" no marco de uma sociedade burguesa, como se aquela fosse um mero aparato administrativo desenhado para adotar decisões e não, como de fato o é, uma das formas em que uma aliança de classes estabelece as condições de sua dominação por meio do Estado.[232] A democracia, como mais uma vez lembrou o eminente sociólogo peruano Aníbal Quijano, é um pacto (na maioria das vezes implícito) que combina uma variável extensão de direitos sociais, fortemente dependentes dos avatares que atravessam a luta de classes, em troca de que a classe trabalhadora consinta à sua exploração e renuncie a seu direto à revolução. Gostaríamos de sublinhar que é um pacto altamente instável e submetido a permanentes retificações.

A hora da plutocracia?

À luz do que foi exposto anteriormente, comprova-se que as contradições entre o capitalismo e a democracia são insolúveis. Esta não pode atravessar a linha vermelha a partir da qual se põe em questão a comunidade da reprodução ampliada do capital e da dominação classista. O mesmo cabe dizer da relação entre a expressão ideológica privilegiada do capitalismo, o liberalismo, e a democracia. Que esta não possa na sua plenitude coexistir com o capitalismo é tão evidente que surpreende contemplar, ainda hoje, a eficácia da mistificação que a burguesia tem conseguido introduzir no imaginário popular, fazendo-lhe

---

br/portal/fama-2018-2/noticias/chile-es-la-experiencia-mas-radical--de-privatizacion-del-agua-en-el-mundo.html>.

[232] É claro, há outras formas: o fascismo é uma delas; o bonapartismo e o populismo são outras, porém não é matéria na que devamos analisar nesta ocasião.

acreditar que sob o capitalismo e o império do liberalismo será possível construir uma sociedade justa, livre e, sobretudo, democrática. Tal como observara Boaventura de Sousa Santos, um estudioso desse assunto, nos anos do segundo pós-guerra "a tensão entre capitalismo e democracia desapareceu, porque [...] uma democracia sem redistribuição social não tem problemas com o capitalismo; pelo contrário, é o outro lado do capitalismo, é a forma mais legítima de um Estado débil".[233]

Difundir essas "mentiras que parecem verdades" é a tarefa à que há meio século se propôs a levar a cabo, com suas artes do mal, Vargas Llosa junto aos fanáticos da igreja neoliberal contemporânea. Mentira absoluta, porque se há algo que caracteriza a democracia como seu traço essencial – reconhecido por igual por autores tão diversos como Rousseau, Tocqueville, Marx, Engels, Lenin e, entre autores mais recentes, Bobbio e o próprio Rawls – é a primazia do princípio cardinal da igualdade, em seu sentido mais profundo e substantivo. Visto que o capitalismo é uma formação social que se constrói sobre a base da desigualdade existente entre proprietários e não proprietários dos meios de produção, ou entre os primeiros e o resto da sociedade – o proletariado, de velho e novo tipo –, que para sobreviver deve encontrar mil formas de vender sua força de trabalho, as rotinas e formalidades processuais da democracia não serão suficientes para dar legitimidade a uma ordem política que, cada vez com mais força, responde aos interesses das classes endinheiradas e não das classes baixas. Em uma sociedade marcada por essa fratura, a democracia como projeto pode atingir limites muito modestos em seu desenvolvimento, uma "democracia de baixa intensidade" ou o que em algum outro lugar temos denominado como uma "democracia eleitoral" no melhor dos casos; quer dizer, um regime em que existe um

---

[233] Boaventura de Sousa Santos, *Renovar la teoría crítica y reinventar la emancipación social* (Buenos Aires: CLACSO/Instituto Gino Germani, 2006), p. 75. [Ed. bras.: *Renovar a teoria crítica e reinventar a emancipação social*. São Paulo: Boitempo, 2007.]

grau minimamente aceitável de competência política entre forças que propõem alternativas reais à cidadania.[234]

Naturalmente, a tendência para a degradação da vida democrática nas últimas décadas, a partir do auge da contrarrevolução neoconservadora lançada na década de 1980 e da aplicação sistemática das receitas neoliberais, têm tido como resultado uma sensível diminuição da qualidade das instituições democráticas, uma crescente desvalorização pública da democracia e uma prática desaparição da competição política. Na América Latina, transitamos por esse mesmo caminho de decadência política, que condena muitos países – afortunadamente não a todos – a uma insípida "alternância sem alternativas", exemplificada magistralmente na maioria das "democracias realmente existentes" em todo o mundo. Daí que um número crescente de autores, tanto nos Estados Unidos quanto na Europa e na América Latina, tenham soado o alarme ante a metamorfose fugaz das democracias em plutocracias, nas quais os donos da riqueza passam eles mesmos a governar se apoderando do aparato estatal. Caso paradigmático: Donald Trump, porém também suas réplicas latino-americanas como Mauricio Macri na Argentina, Sebastián Piñera no Chile, Juan M. Santos na Colômbia, Horacio Cartes no Paraguai, Jair Bolsonaro no Brasil e Vicente Fox no México, além de outros não tão notórios no

---

[234] A democracia eleitoral seria o grau mais baixo de desenvolvimento democrático; um degrau superior seria a democracia política, em que a voz do povo reverbere pelo conjunto das instituições políticas do Estado e adquira presença para além da periódica consulta eleitoral; um grau ainda elevado seria a democracia social, em que os dois níveis anteriores dão lugar a uma vigorosa expansão da cidadania social, cultural e econômica. Finalmente, a etapa mais elevada de desenvolvimento democrático seria a democracia econômica, em que a comunidade assume o controle – se não a propriedade – das principais corporações empresariais. Temos desenvolvido essa ideia em "La verdad sobre la democracia capitalista", em *Socialist Register en Español* (Buenos Aires: CLACSO, 2006), pp. 70-74.

232

resto da região.[235] Essa mutação regressiva obriga a redefinir a célebre fórmula de Lincoln da seguinte maneira: "governo dos mercados, pelos mercados, para os mercados".[236]

São essas as razões pelas quais o pessimismo sobre o futuro da democracia se encontra tão difundido. Recentemente tem surgido uma copiosa literatura sobre o tema. Não foi de forma alguma casual que o sóbrio cientista político britânico Colin Crouch tenha publicado no começo do século um livro cujo tí-

---

[235] Cf. <https://www.telesurtv.net/multimedia/De-magnates-a-presidentes-5-casos-de-empresarios-en-el-poder-20170323-0076.html#>.

[236] Sobre a regressão plutocrática ver Sheldon Wolin, *Democracia S.A. La democracia dirigida y el fantasma del totalitarismo invertido* (Buenos Aires: Katz Editores, 2009). Ver também o levantamento coincidente de Jeffrey Sachs, um economista que parece ter abjurado do neoliberalismo e que disse em "Understanding and Overcoming America's Plutocracy": "This is our time and responsibility to help save democracy" [É nosso hora e nossa responsabilidade ajudar a salva a democracia] nos Estados Unidos. Ver sua nota do *Huffington Post* em <http://www.huffingtonpost.com/jeffrey-sachs/understanding-and-overcom_b_6113618.html>. Um dos autores que mais extensamente tem trabalhado sobre o tema do "governo secreto" dos Estados Unidos é Peter Dale Scott. Suas investigações refutam os clichês sobre a "democracia norte-americana" cultivados com fruição tanto pelos cientistas políticos estadunidenses como por seus epígonos de ultramar. Entre seus livros principais estão *Deep Politics and the Death of JFK* (1993); *Deep Politics II: Essays on Oswald, Mexico, and Cuba* (1996); *Cocaine Politics: Drugs, Armies, and the CIA in Central America* (1998); *Drugs, Oil, and War: The United States in Afghanistan, Colombia, and Indochina* (2003); *The Road to 9/11: Wealth, Empire, and the Future of America* (2008) e, o mais recente, *American War Machine: Deep Politics, the CIA Global Drug Connection and the Road to Afghanistan* (2010). Até onde pudemos indagar, não existe tradução ao castelhano de nenhuma destas obras, o que não nos parece de forma alguma casual. Outro autor que tem seguido o tema durante décadas é Tom Engelhardt, animador do Tom's Dispatch e diretor do American Empire Project. Informação sobre ele pode se obter em <http://americanempireproject.com/>.

tulo diz tudo: *Pós-democracia*. Na obra, argumenta que devemos nos preparar para sobreviver em sombrios capitalismos pós-democráticos, pois a era da democracia se encerrou.[237] Outros autores, como os já mencionados Boaventura de Sousa Santos e Ellen Meiksins Wood, a britânica Hilary Wainwright e, já faz um tempo, C. B. Macpherson e Karl de Schweinitz, têm apontado esse mesmo diagnóstico.[238] Em *O chamado da tribo*, Vargas Llosa também manifesta um radical pessimismo sobre o futuro da democracia. Reiteramos o que ele dissera no capítulo dedicado a Revel, ao prognosticar ser muito provável que o "breve parêntesis" que tem sido esta curta época democrática logo terá se encerrará para regressar à "ignomínia do despotismo" que tem nos acompanhado "desde os alvores da história" (p. 292). A profecia talvez se cumpra, e não há nenhuma lei histórica que nos presenteie com o desfrute da democracia para toda a eternidade. Porém VLL erra porque seus limites ideológicos lhe impedem de compreender que o verdugo da democracia não é outro senão o capitalismo que defende com tanto vigor. Para os clássicos do marxismo, e especialmente para Rosa Luxemburgo, a voz de ordem era "socialismo ou barbárie". E é indiscutível que, como recordou István Mészáros em sua obra magna, se bem somos contemporâneos da

> [...] época de transição para o socialismo – nosso inevitável transe histórico – não significa de forma alguma que os vários países envolvidos nessa transformação realmente mostrem um certo grau de aproximação da meta socialista em uma escala linear. Nem mesmo significa que estejamos destinados a lá

---

[237] *Posdemocracia* (Madrid: Taurus, 2004).

[238] C. B. Macpherson, "Post-Liberal Democracy", em *Democratic Theory: Essays in Retrieval* (Oxford: Clarendon Press, 1973). Boaventura de Sousa Santos (ed.), *Democratizar a democracia. Os caminhos da democracia participativa* (Rio de Janeiro: Civilização Brasileira, 2002) e o já mencionado texto do ano 2006. Hilary Wainwright, *Cómo ocupar el Estado: experiencias de democracia participativa* (Barcelona: Icaria, 2005).

chegar com certeza, já que a alarmante e crescente acumulação das forças de destruição – graças às inclinações suicidas da "astúcia da história" – pode nos mergulhar na "barbárie".[239]

Por conseguinte, ante um capitalismo que se interna temerariamente em um rumo suicida (destruição do meio ambiente, riscos de enfrentamentos termonucleares por desígnio ou por erro, holocausto social sem precedentes etc.), hoje é mais necessário do que nunca estar claro e desmontar a falácia habilmente difundida por Vargas Llosa e seus acólitos em seus escritos e intervenções públicas. Suas mentiras e "pós-verdades" devem ser expostas assim como as obscuras motivações de sua conduta e os beneficiários de suas armadilhas retóricas. É imprescindível combater suas ocorrências – pois não se trata de ideias, no sentido epistemológico estrito da palavra – sobre a democracia e a liberdade, que demonstram a debilidade e a inconsistência, teórica e prática, dos levantamentos dos liberais sobre a matéria como pudemos comprovar ao longo de nosso livro.

Não é a primeira vez que um notável escritor demonstra uma radical inaptidão para compreender os problemas políticos de seu tempo. Ou que, se os compreende, adota um ponto de vista francamente reacionário por razões que só um psicanalista – ou, talvez, um banqueiro – poderiam explicar. Como o observamos anteriormente, Louis-Ferdinand Cèline, um dos maiores escritores franceses do século XX, foi também um dos mais destacados apologistas dos nazistas, ativo colaborador do regime de Vichy. Além de suas memoráveis novelas, Cèline escreveu, em 1937, um violentíssimo panfleto antissemita intitulado "Bagatelas para um massacre" em que fazia uma fervorosa – e oportuna, para Hitler – exortação a exterminar os judeus. Outro caso similar é de George Orwell, um socialista radical que arriscou sua vida como miliciano republicano na

---

[239] István Mészáros, *Más allá del Capital. Hacia una teoría de la transición* (Caracas: Vadell, 2001), pp. 640-641. [Ed. bras.: *Para além do capital: rumo a uma teoria da transição*. São Paulo: Boitempo, 2002.]

Guerra Civil Espanhola e, quando foi captado pela CIA, canalizou suas habilidades para escrever um par de notáveis obras de propaganda "anti-totalitária" como *A revolução dos bichos* e *1984*. Orwell terminou penosamente seus dias como um escritor cooptado pela CIA nos anos da pós-guerra.[240] O caso de Vargas Llosa se assemelha ao do francês, não por seu antissemitismo (que sua incondicional submissão a Washington lhe proíbe absolutamente), mas porque seu silêncio ante os crimes perpetrados por seus amos imperiais é tão estridente e infame como o panfleto de Cèline.

Estamos em um momento em que grande parte da humanidade tem tomado consciência dos constantes "crimes de guerra" perpetrados pelos Estados Unidos, país que possui o triste privilégio de ser o único que lançou duas bombas atômicas sobre duas cidades japonesas indefesas em agosto de 1945 e que exibe um governo que exerce um intervencionismo sistemático e desestabilizador na vida política e econômica de outros países, sobretudo, mas não unicamente latino-americanos, com sanções econômicas, ofensivas midiáticas, pressões diplomáticas e a monstruosa extraterritorialidade das suas leis, convertidas em *ukases*[241] imperiais que são obedecidas ainda por governos de países desenvolvidos como França e Alemanha.[242] Governo e

---

[240] Ver <http://canarias-semanal.org/not/19258/george-orwell-breve-biografia-de-un-alcahuete-al-servicio-de-la-cia/> e no *New York Times*, https://www.nytimes.com/2000/03/18/books/how-the-cia-played-dirty-tricks-with-culture.html

[241] N. da E.: Decretos tsaristas.

[242] Os exemplos são inumeráveis. Ver, entre tantos, os seguintes: <https://www.europapress.es/economia/noticia-eeuu-multa-1170-millones-societe-generale-violar-sanciones-contra-cuba-20181119192712.html>; ou a "multa recorde" de 8.834 milhões de dólares aplicada ao BNP Paribás por intermediar em transações comerciais que incluíam a Cuba, Irã e Sudão do Sul; ou a aplicada ao Commerzbank da Alemanha também por intervir em atividades de comércio exterior desses países e uma suposta "lavagem de dinheiro". Ver <https://www.eldiario.es/economia/EEUU-millones-aleman-Commerzbank-dine-

classe dominante que mantêm durante seis décadas um criminoso bloqueio a Cuba, caso absolutamente único na história da humanidade; ou que ordena dia após dia cometer assassinatos políticos perpetrados contra forças políticas opositoras, lutadores sociais ou supostos terroristas; um país que diz combater ao narcotráfico, mas que com a DEA o que faz é organizá-lo para canalizar esses imensos fundos para os paraísos fiscais e para o sistema bancário estadunidense;[243] um país, em suma, que não tem parado um minuto de cometer atrocidades por todos os cantos do planeta para defender sua supremacia, declinante de todos os modos, e que trava com todas suas forças um combate sem trégua no campo cultural. Em um momento como este, dizíamos, Vargas Llosa desempenha um papel de primordial importância na criação de um clima de opinião favorável ao imperialismo e seus aliados.

Daí que chama poderosamente a atenção que, em momentos como estes, o que preocupa ao novelista peruano seja o papel da esquerda "tradicional, autoritária, antidemocrática, que é a esquerda de Fidel Castro, de seu discípulo Hugo Chávez, do discípulo do discípulo que é Evo Morales", como escrevera em uma ocasião e que exala ao longo de todo seu livro.[244]

---

ro_0_365714515.html>. O indignante é que nem o presidente francês dessa época, François Hollande, nem a Chanceler alemã Angela Merkel tiveram uma mínima cota de dignidade para repudiar esse verdadeiro atraco propiciado por Washington.

[243] Cf. <http://www.elpais.com.co/mundo/ee-uu-califica-como-inaceptable-el-aumento-en-cultivos-de-coca-en-colombia.html> em que se demonstra que "os cultivos de coca na Colômbia aumentaram 11% em 2017 até atingir a cifra recorde de 209 mil hectares, enquanto que a produção potencial de cocaína pura também subiu 19%, até as 921 toneladas métricas, segundo uma estimativa publicada esta segunda pelo governo dos Estados Unidos". O que Washington não diz é que, com suas sete bases militares instaladas em território colombiano e a onipresença do DEA, esses aumentos só foram possíveis pela cumplicidade das forças de ocupação dos Estados Unidos no país sul americano.

[244] Em honra à verdade, temos que reconhecer a consistência de VLL

237

A democracia que nos propõe VLL é, em síntese, a que existe nos Estados Unidos, com seus massacres de civis inocentes em qualquer lugar do mundo sob pretexto da "luta contra o terrorismo", autorizados pelo Secretário de Defesa e pela própria Casa Branca e, portanto, não atribuíveis a "excessos" de uma patrulha de fuzileiros enlouquecidos. Democracia é organizar uma rede mundial de centros de detenção para onde se enviam, em voos secretos e com a cumplicidade de algumas (outrora exemplares) democracias europeias, prisioneiros para que sejam "legalmente" torturados. Democracia é o país alienado cujos habitantes provocam com estremecedora regularidade matanças indiscriminadas que cegam a vida de dezenas de mortos em cada ocasião.[245] Democracia é condenar milhões de seus cidadãos à dependência de drogas; ou conspirar para tirar a poupança dos trabalhadores; ou garantir para os amigos da família governante fabulosos contratos firmados sem licitação; ou construir um muro de centenas de quilômetros para conter a entrada dos "novos bárbaros". Democracia, em suma, é consentir e promover o sequestro da política pelas grandes empresas e reduzir o imposto que pagam os ricos aumentando

---

ao longo do tempo. Em seu livro anterior, *El lenguaje de la pasión* (Buenos Aires: Aguilar, 2000), melhor escrito que o que estamos comentando, ele antecipa o tratamento de vários dos temas que examina detalhadamente em *O chamado da tribo*. O capítulo dedicado a Hugo Chávez em *El lenguaje*, redigido a poucos meses de este ter assumido a presidência da república em fevereiro de 1999, é um conjunto de xingamentos, infâmias e mentiras que revela como nunca o ódio imparável de VLL para tudo o que lembre seu passado. O furor e o iracundo ressentimento dos convertidos em sua máxima expressão. Ver pp. 299-304.

[245] Ver dados sobre este drama em "Mass Shootings in the US: There Have Been 1,624 in 1,870 days" em <https://www.theguardian.com/us-news/ng-interactive/2017/oct/02/america-mass-shootings-gun-violence>. Também um informe da revista *Time* sobre 35 anos de assassinatos massivos nos Estados Unidos. Ver <http://time.com/4965022/deadliest-mass-shooting-us-history/>.

as contribuições e as cobranças praticadas aos pobres. Essa verdadeira fraude política é o que Vargas Llosa nos propõe como modelo para não cair na retrógrada teia de aranha da tribo. São ideias próprias? Não. O que faz o escritor é regurgitar ideias que correspondem às classes dominantes do império. Ideias falsas e mentirosas, de uma pseudodemocracia imperial, vazia e ilegítima, que os epígonos do Imperador repetem com uma repugnante mistura de servilismo e solenidade. Fiel a seus mandatos, o feiticeiro prossegue incansavelmente desdobrando suas más artes graças a seu bem remunerado trabalho, enquanto os povos de *Nuestra América* convulsionam em meio à injustiça, ao desânimo, ao desespero. Mas, dom Mario, não tenho ilusões: não por muito tempo mais. O ciclo emancipatório aberto pela Revolução Cubana e potencializado à escala continental pela ascensão à presidência de Hugo Chávez Frías (cujo vigésimo aniversário se cumpriu o 2 de fevereiro de 2019) segue seu curso. Ele tem sofrido algumas derrotas – sobretudo na Argentina e, por uma via inconstitucional e ilegal, no Brasil – e tem perdido algo de sua força. Porém logrou que o México, ao se libertar do jugo do bipartidarismo neocolonial de priístas e panistas, se incorporou tardiamente a essa marcha. Os tropeços na Argentina e no Brasil e a inqualificável traição de Lenín Moreno à Revolução Cidadã têm sido uma fonte de aprendizado político para as grandes massas. Quando recuperarem o impulso agora titubeante, já não voltarão a cometer os erros do passado; eles entenderam que a direita jamais será uma oposição leal que aposta na democracia e, portanto, radicalizarão suas políticas para neutralizar definitivamente qualquer tentativa restaurativa promovida pelo império e seus tenentes locais.

Agradecimentos

Como sempre, um livro é uma empresa coletiva. Há alguém que materialmente o escreve, mas são muitas e muitos os que fazem possível o exercício da escrita. Inumeráveis diálogos, leituras várias, conferências e debates que têm me permitido conversar com pessoas de todos os tipos, que com as suas perguntas e críticas enriqueceram – até onde permitiu meu intelecto – minhas capacidades analíticas. Mencionar a cada uma dessas pessoas seria uma missão impossível e na qual seguramente cometeria mais de uma injustiça, produto de um involuntário esquecimento. Porém, além de minha família, resignada às minha ausências quando me disponho a redigir a versão final de meu livro, gostaria de agradecer a Ana María Ramb por sua cuidadosa leitura e inteligentes sugestões, que me ajudaram a melhorar a clareza do argumento que desenvolvo nesta obra; a Fabián di Stéfano pela ajuda prestada na procura de indispensáveis apoios bibliográficos; a minha companheira Andrea Vlahusic e a Paula Klachko e Sabrina González por suas cuidadosas leituras de alguns capítulos deste livro; a Alejo Brignole por suas sugestões de toda índole e pelas múltiplas e fecundas conversações mantidas em torno aos temas deste livro; a Roberto Fernández Retamar e Jorge Fornet, de Casa das Américas, com quem mantive uma estimulante conversação na fase prévia à redação desta obra. Agradecimento que faço extensivo a meus colegas e amigos do Centro Cultural da Cooperação Floreal Gorini, de Buenos Aires, pelo apoio recebido ao longo de todos estes anos, assim como aos do Instituto de Estudos da América Latina e Caribe da Faculdade de Ciências Sociais da Universidade de Buenos Aires e aos do Departamento de

Humanidades e Artes da Universidade Nacional de Avellaneda. Por último, às milhares de pessoas que ao longo destes últimos anos me honraram com sua presença nas minhas quase cotidianas conferências e palestras realizadas na Argentina e em toda América Latina e aos outros tantos que, nas redes sociais e no meu próprio blog, me educaram com suas críticas e comentários, e me permitiram melhorar meu conhecimento da complexa realidade atual de *Nuestra América*. Por isso, a todas e todos estes, dedico meu mais emocionado reconhecimento por seu permanente alento e sua generosa ajuda.

Buenos Aires, 23 de dezembro de 2018.

Impresso por :

gráfica e editora

Tel.:11 2769-9056